中华人民共和国社会保险法

注释本

Law of the People's Republic of China on Social Insurance

法律出版社法规中心　编

法律出版社
LAW PRESS CHINA

编辑出版说明

现代社会是法治社会,社会发展离不开法治护航,百姓福祉少不了法律保障。遇到问题依法解决,已经成为人们处理矛盾、解决纠纷的不二之选。然而,面对纷繁复杂的法律问题,如何精准、高效地找到法律依据,如何完整、准确地理解和运用法律,日益成为人们"学法、用法"的关键所在。

为了帮助读者快速准确地掌握"学法、用法"的本领,我社开创性地推出了"法律单行本注释本系列"丛书。本丛书自首次出版至今已十余年,历经多次修订完善,现已出版近百个品种,涵盖了社会生活的重要领域,已经成为广大读者学习法律、应用法律之必选图书。

本丛书具有以下特点:

1. 出版机构权威。成立于1954年的法律出版社,是全国首家法律专业出版机构,始终秉承"为人民传播法律"的宗旨,完整记录了中国法治建设发展的全过程,享有"社会科学类全国一级出版社""全国百佳图书出版单位"等荣誉称号。

2. 编写人员专业。本丛书皆由相关法律领域内的专业人士编写,并引入匿名审稿评估制度,确保图书内容始终紧跟法治进程,反映最新立法动态,体现条文本义内涵。

3. 法律文本标准。作为专业的法律出版机构，多年来，我社始终使用全国人民代表大会常务委员会公报刊登的法律文本，积淀了丰富的标准法律文本资源，并根据立法进度及时更新相关内容。

4. 条文注解精准。本丛书以立法机关的解读为蓝本，对每个条文提炼出条文主旨和适用提要，并对重点条文进行注释，使读者能精准掌握立法意图，轻松理解条文内容。

5. 配套附录实用。书末"附录"部分收录的均为重要的相关法律、法规和司法解释，使读者在使用中更为便捷，使全书更为实用。

需要说明的是，本丛书中"适用提要""条文主旨""条文注释"等内容皆是编者为方便读者阅读、理解而编写，不同于国家正式通过、颁布的法律文本，不具有法律效力。本丛书不足之处，恳请读者批评指正。

我们用心打磨本丛书，以期待为法律相关专业的学生释法解疑，致力于为每个公民的合法权益撑起法律的保护伞。

法律出版社法规中心

2019 年 7 月

目　录

附　录

一、综合

六、失业保险

《中华人民共和国社会保险法》适用提要

《中华人民共和国社会保险法》(以下简称《社会保险法》)由全国人大常委会经四次审议后于2010年10月28日通过,这是最高国家立法机关首次就社会保险制度进行立法。2018年12月29日,十三届全国人大常委会七次会议通过了《全国人民代表大会常务委员会关于修改〈中华人民共和国社会保险法〉的决定》,对该法进行了修正。

社会保险是一种为年老、丧失劳动能力、暂时失去劳动岗位或因健康原因造成损失的人口提供收入或补偿的一种社会和经济制度。社会保险法是国家通过立法设立社会保险基金,使劳动者在暂时或永久丧失劳动能力以及失业时获得物质帮助和补偿的一种社会保障制度。社会保险计划由政府举办,强制某一群体将其收入的一部分作为社会保险税费形成社会保险基金,在满足一定条件的情况下,被保险人可从基金中获得固定的收入或损失的补偿,它是一种再分配制度。它的目标是保证物质及劳动力的再生产和社会的稳定。社会保险制度是完善社会主义市场经济体制、构建社会主义和谐社会和全面建设小康社会的重要支柱性制度。

在《社会保险法》通过之前,我国社会保险体系已初步建立,但各项社会保险分别通过单项法规或政策进行规范,缺乏综合性统一法律;社会保险强制性偏弱,一些用人单位拒不参加法定社保，或长期拖欠保费；城乡之间，地区之间，机关、事业单位、企业之间社保制度缺乏衔接，社保资源分配存在不公；社保资金管理混乱，未能专款专用；参保人知情权不足，无法有效参与监督，权益受到侵害时救济不足。

在全面性、公平性、安全性、效率性、可操作性和可持续性原则六大基础原则上，遵循“广覆盖、保基本、多层次、可持续”的十二字方针，《社会保险法》针对现存弊病，从法律角度系统性规定了国家建立基本养老保险、基本医疗保险、工伤保险、失业保险、生育保险等社会保险制度，保障公民在年老、疾病、工伤、失业、生育等情况下依法从国家和社会获得物质帮助的权利。

根据《社会保险法》规定，社会保险制度主要包括以下五项：

1. 基本养老保险制度。基本养老保险制度，是指缴费达到法定期限并且个人达到法定退休年龄后，国家和社会提供物质帮助以保证年老者有稳定、可靠的生活来源的社会保险制度。基本养老保险制度由三个部分组成：职工基本养老保险制度、新型农村社会养老保险制度、城镇居民社会养老保险制度。基本养老保险制度从法律制度层面上实现了“覆盖城乡居民”，基本养老保险制度的目标是“老有所养”。

2. 基本医疗保险制度。基本医疗保险制度，是指按照国家规定缴纳一定比例的医疗保险费，在参保人因患病和意外伤害而发生医疗费用后，由医疗保险基金支付其医疗保险待遇的社会保险制度。基本医疗保险制度由三个部分组成：职工基本医疗保险制度、新型农村合作医疗制度、城镇居民基本医疗保险制度。基本医疗保险制度实现了“覆盖城乡居民”，使全体公民实现“病有所医”。

3. 工伤保险制度。工伤保险制度，是指由用人单位缴纳工伤保险费，对劳动者因工作原因遭受意外伤害或者职业病，从而造成死亡、暂时或者永久丧失劳动能力时，给予职工及其相关人员工伤保险待遇的一项社会保险制度。

4. 失业保险制度。失业保险制度，是指国家为因失业而暂时失去工资收入的社会成员提供物质帮助，以保障失业人员的基本生活，维持劳动力的再生产，为失业人员重新就业创造条件的一项社会保险制度。

5. 生育保险制度。生育保险制度，是指由用人单位缴纳保险费，其职工或者职工未就业配偶按照国家规定享受生育保险待遇的一项社会保险制度。生育保险具体的待遇包括生育医疗费用和生育津贴。

与《社会保险法》相关的法规有：《社会保险费征缴暂行条例》《工伤保险条例》《失业保险条例》等。

中华人民共和国社会保险法

（2010年10月28日第十一届全国人民代表大会常务委员会第十七次会议通过　根据2018年12月29日第十三届全国人民代表大会常务委员会第七次会议《关于修改〈中华人民共和国社会保险法〉的决定》修正）

第一章　总　　则

第一条　【立法目的】[1]为了规范社会保险关系，维护公民参加社会保险和享受社会保险待遇的合法权益，使公民共享发展成果，促进社会和谐稳定，根据宪法，制定本法。

条文注释[2]

1982年《宪法》将保障对象从劳动者扩展到了全体公民。为落实《宪法》第十四条第四款关于建立健全同经济发展水平相适应的社会保障制度的要求，以及第四十五条第一款关于公民从国家和社会获得物质帮助的权利与发展社会保险等事业的要求，制定出台了《社会保险法》。本法是《宪法》中涉及社会保险事项规定的落实和具体化，本法的规定要符合《宪法》的基本精神和原则，不得违背《宪法》的规定。

①② 条文主旨、条文注释为编者所加，全书同。

第二条 【社会保险制度】国家建立基本养老保险、基本医疗保险、工伤保险、失业保险、生育保险等社会保险制度,保障公民在年老、疾病、工伤、失业、生育等情况下依法从国家和社会获得物质帮助的权利。

条文注释

公民在年老、疾病、工伤、失业、生育等情况下依法从国家和社会获得物质帮助是一项宪法权利,社会保险是公民从国家和社会获得物质帮助最主要的一种途径。社会保险具有以下特点:(1)社会共济。社会保险按照大数法则,在全社会范围内统一筹集资金,建立社会保险基金,实行互助共济。集合社会多数人的经济力量,均衡分担少数人遭遇的社会风险。社会保险的覆盖范围越广,统筹层次越高,抵御风险的能力就越强。(2)责任分担。社会风险由全体社会成员共同承担。个人、用人单位、国家都应承担社会保险责任。参保人享受社会保险待遇,因此应缴纳社会保险费;用人单位承担一部分社会保险费用,以维护劳动力再生产的要求;社会财富是全体劳动者辛勤劳动创造的,国家通过税收方式参与国民财富分配,公共财政资金取之于民,也要用之于民,国家应当作为社会保险的后盾,承担起社会保险责任。(3)国家干预和主导。社会保险不同于商业保险,具有强制性,通过立法强制单位和个人参加,政府参与组织社会保险组织和运作,并对社会保险工作进行监督。

据此,社会保险具有防范风险、稳定社会、实现社会公平、保证社会劳动力再生产顺利进行、调解收入再分配等重要功能。从国情出发,坚持以人为本,本条规定,国家积极致力于社会保险制度的建立。具体而言:(1)基本养老保险制度。这是指缴费达到法定期限并且个人达到法定退休年龄后,国家和社会提供物质帮助以保证年老者稳定、可靠的生活来源的社会保险制度。(2)基本医疗保险制度。这是指按照国家规定缴纳一定比例的医疗保险费,在参保人因患病和意外伤害而发生医疗费用后,由医疗保险基金支付其医疗保险待遇的社会保险制度。(3)工伤保险制度。这是指由用人单位缴纳工伤保险费，对劳动者因工作原因遭受意外伤害或者职业病，从而造成死亡、暂时或者永久丧失劳动能力时，给予职工及其相关人员工伤保险待遇的一项社会保险制度。(4)失业保险制度。这是指国家为因失业而暂时失去工资收入的社会成员提供物质帮助，以保障失业人员的基本生活，维持劳动力的再生产，为失业人员重新就业创造条件的一项社会保险制度。(5)生育保险制度。这是指由用人单位缴纳保险费，其职工或者职工的未就业配偶按照国家规定享受生育保险待遇的一项社会保险制度。(6)除了五项险种之外，本法的“等”字为今后设立其他险种留有了空间。

第三条　【制度方针】社会保险制度坚持广覆盖、保基本、多层次、可持续的方针，社会保险水平应当与经济社会发展水平相适应。

条文注释

根据本条规定，社会保险制度建设应当坚持以下方针：(1)广覆盖。就是要扩大社会保险的覆盖面，使尽可能多的人纳入社会保险制度中来。(2)保基本。这即是说，我国社会保险待遇以保障公民基本生活和需要为主。较低水平的社会保险待遇，是由我国经济发展水平相对落后决定的。除了客观条件的制约外，“保基本”还有两个功能：一是可以防止高标准的社会保险造成国家财政、用人单位和个人的负担过重；二是就某些保险而言，如失业保险，可以避免有劳动能力的人过分依赖社会保险，而放弃以劳动为本的生存方式。(3)多层次。社会保险的多层次表现在除了基本养老保险、基本医疗保险外，还有补充养老保险、补充医疗保险，以及补充性的商业保险。(4)可持续。即社会保险基金收支能够平衡，自身能够良性运行，主要是指在人口老龄化来临时基本养老保险制度能够持续，不给财政造成过大的压力，不给企业和个人造成太大缴费压力。

本条同时规定，社会保险水平应当与经济社会发展水平相适应。这与《宪法》第十四条第四款“国家建立健全同经济发展水平相适应的社会保障制度”的要求是一致的。

第四条　【权利和义务】中华人民共和国境内的用人单位和个人依法缴纳社会保险费，有权查询缴费记录、个人权益记录，要求社会保险经办机构提供社会保险咨询等相关服务。

个人依法享受社会保险待遇，有权监督本单位为其缴费情况。

条文注释

社会保险法律关系的内容是各主体之间特定的权利和义务。

1.关于用人单位的权利和义务。用人单位是指雇佣劳动力组织生产劳动，且向劳动者支付工资等劳动报酬的单位。《劳动法》中规定的用人单位包括：企业、个体经济组织、国家机关、事业组织和社会团体。(1)用人单位的权利。用人单位可以免费向社会保险经办机构查询、核对其缴费记录，要求社会保险经办机构提供社会保险咨询等相关服务。(2)用人单位有以下主要义务：一是缴费义务；二是登记义务；三是申报和代扣代缴义务。用人单位应当自行申报、按时足额缴纳社会保险费，非因不可抗力等法定事由不得缓缴、减免。职工应当缴纳的社会保险费由用人单位代扣代缴，用人单位应当按月将缴纳社会保险费的明细情况告知本人。

2.个人的权利和义务。(1)个人有以下主要权利：一是个人依法享受社会保险待遇。根据本法规定，参加基本养老保险的个人，达到法定退休年龄时累计缴费满十五年的，按月领取基本养老金。参加基本养老保险的个人，达到法定退休年龄时累计缴费不足十五年的，可以缴费至满十五年，按月领取基本养老金；也可以转入新型农村社会养老保险或者城镇居民社会养老保险，按照国务院规定享受相应的养老保险待遇。职工基本医疗保险、新型农村合作医疗和城镇居民基本医疗保险的待遇标准按照国家规定执行。职工因工作原因受到事故伤害或者患职业病，且经工伤认定，享受工伤保险待遇；其中，经劳动能力鉴定丧失劳动能力的，享受伤残待遇。用人单位已经缴纳生育保险费的，其职工享受生育保险待遇；职工未就业配偶按照国家规定享受生育医疗费用待遇。二是个人有权监督本单位为其缴费情况。三是个人可以免费向社会保险经办机构查询、核对其缴费和享受社会保险待遇记录，要求社会保险经办机构提供社会保险咨询等相关服务。(2)个人有以下主要义务：一是缴费义务。职工要承担职工基本养老保险、职工基本医疗保险、失业保险的缴费义务；无雇工的个体工商户、未在用人单位参加基本养老保险的非全日制从业人员以及其他灵活就业人员可以参加基本养老保险、职工基本医疗保险，由个人缴纳基本养老保险和基本医疗保险费；农村居民参加新型农村社会养老保险、新型农村合作医疗，要承担缴费义务；城镇居民参加城镇居民社会养老保险、城镇居民基本医疗保险，要承担缴费义务。二是登记义务。自愿参加社会保险的无雇工的个体工商户、未在用人单位参加社会保险的非全日制从业人员以及其他灵活就业人员，应当向社会保险经办机构申请办理社会保险登记；失业人员应当持本单位为其出具的终止或者解除劳动关系的证明，及时到指定的公共就业服务机构办理失业登记。

本法还具体规定了用人单位和个人在面对违法行为或遇到纠纷时的救济权利：(1)用人单位和个人有权对违反社会保险法律、法规的行为进行举报、投诉。(2)用人单位或者个人认为社会保险费征收机构的行为侵害自己合法权益的，可以依法申请行政复议或者提起行政诉讼；用人单位或者个人对社会保险经办机构不依法办理社会保险登记、核定社会保险费、支付社会保险待遇、办理社会保险转移接续手续或者侵害其他社会保险权益的行为，可以依法申请行政复议或者提起行政诉讼。(3)个人与所在用人单位发生社会保险争议的，可以依法申请调解、仲裁、提起诉讼；用人单位侵害个人社会保险权益的，个人也可以要求社会保险行政部门或者社会保险费征收机构依法处理。

第五条　【纳入发展规划和财政保障】县级以上人民政府将社会保险事业纳入国民经济和社会发展规划。

国家多渠道筹集社会保险资金。县级以上人民政府对社会保险事业给予必要的经费支持。

国家通过税收优惠政策支持社会保险事业。

条文注释

社会保险事业具有公共物品的属性,政府对其负有不可推卸的主导责任。本条要求县级以上人民政府将社会保险事业纳入国民经济和社会发展规划。同时,国家还应多渠道筹集社会保险资金,并通过税收优惠政策支持社会保险事业。县级以上人民政府对社会保险事业给予必要的经费支持。具体而言,国家对社会保险的财政责任体现在两个方面:一方面,对于国家公职人员,国家承担雇主的各种缴费责任;另一方面,国家作为最终担保人,对社会保险制度承担起公共财政责任,包括承担经办机构的人员、运行和管理经费,补贴基金收支缺口等。对于社会保险基金的投资收益以及社会保险待遇,国家应通过免征税收的形式予以支持。国家可以通过将个人和企业所缴纳的基本养老保险费、基本医疗保险费、工伤保险费、失业保险费、生育保险费和住房公积金在税前列支,免征所得税;还可以通过对社会保险基金投资收益不计税、费等方式对社会保险事业予以支持。

第六条　【社会保险基金监管】国家对社会保险基金实行严格监管。

国务院和省、自治区、直辖市人民政府建立健全社会保险基金监督管理制度,保障社会保险基金安全、有效运行。

县级以上人民政府采取措施,鼓励和支持社会各方面参与社会保险基金的监督。

条文注释

社会保险基金是指按照国家规定，由用人单位和个人分别按缴费基数的一定比例缴纳以及通过其他合法方式筹集的由专门机构管理并用于支付参保人员社会保险待遇的专项资金。

社会保险基金监督，是以维护基金安全、有效运行为目的，对基本养老保险、基本医疗保险、工伤保险、失业保险和生育保险五项基金的收支、管理和投资运营情况进行监督。社会保险基金监督有以下特点：(1)监督主体多元化。国家对社会保险基金实行严格监管。社会保险基金监督管理制度按照主体不同，可以分为人大监督、行政监督、社会监督三大方面。(2)全过程监督。对社会保险基金的收支、管理和投资运营情况的监督涵盖了社会保险基金事前、事中、事后的全方位运作。(3)监督的目的是保证社会保险基金安全、有效运行。社会保险基金安全是第一位的，只有在保证社会保险基金安全的基础上，才能审慎提高社会保险基金运行效率。

关联法规

《社会保险基金会计制度》

《社会保险基金行政监督办法》

《社会保险基金监督举报工作管理办法》

《社会保险审计暂行规定》

《社会保险稽核办法》

第七条　【行政管理的职责分工】国务院社会保险行政部门负责全国的社会保险管理工作，国务院其他有关部门在各自的职责范围内负责有关的社会保险工作。

县级以上地方人民政府社会保险行政部门负责本行政区域的社会保险管理工作，县级以上地方人民政府其他有关部门在各自的职责范围内负责有关的社会保险工作。

条文注释

国务院社会保险行政部门负责全国的社会保险管理工作。国务院社会保险行政部门是人力资源和社会保障部。根据有关规定，其主要职责是：统筹建立覆盖城乡的社会保障体系。统筹拟定城乡社会保险及其补充保险政策和标准，组织拟订全国统一的社会保险关系转移接续办法和基础养老金全国统筹办法，统筹拟订机关企事业单位基本养老保险政策并逐步提高基金统筹层次。会同有关部门拟订社会保险及其补充保险基金管理和监督制度，编制全国社会保险基金预决算草案，参与制定全国社会保障基金投资政策。

国务院其他有关部门在各自的职责范围内负责有关的社会保险工作。例如，财政部门的职责是：负责各项社会保险基金不足时给予补贴；负责核定和拨付各类社会保险经办机构的经费；负责社会保险基金存入的财政专户的管理；负责审核全国社会保险基金预算、决算草案；负责对社会保险基金的收支、管理和投资运营情况实施财政监督。又如，审计机关的职责是对社会保险基金的收支、管理和投资运营情况实施审计监督。

县级以上地方政府设立了社会保险行政部门，主要是人力资源和社会保障厅（局），负责本行政区域的社会保险管理工作。县级以上地方政府其他有关部门，如财政、审计、卫生部门，在各自的职责范围内负责有关的社会保险工作。

第八条 【社会保险经办机构】社会保险经办机构提供社会保险服务，负责社会保险登记、个人权益记录、社会保险待遇支付等工作。

条文注释

社会保险经办机构是为满足社会成员社会保险直接需求而设立的社会保险服务机构。统筹地区设立社会保险经办机构。社会保险经办机构根据工作需要，经所在地的社会保险行政部门和机构编制管理机关批准，可以在本统筹地区设立分支机构，在社区、街道、乡镇设立工作站点。社会保险经办机构的人员经费和经办机构发生的基本运行费用、管理费用，由同级财政按照国家规定予以保障。

根据本条规定,社会保险经办机构负责社会保险登记、参保人员权益记录、社会保险待遇支付等各项工作:(1)社会保险登记。(2)建档。社会保险经办机构应当及时为用人单位建立档案,完整、准确地记录参加社会保险的人员、缴费等社会保险数据,妥善保管登记、申报的原始凭证和支付结算的会计凭证。(3)个人权益记录。社会保险经办机构应当及时、完整、准确地记录参加社会保险的个人缴费和用人单位为其缴费,以及享受社会保险待遇等个人权益记录,定期将个人权益记录单免费寄送个人。(4)咨询服务。社会保险经办机构应当免费为用人单位和个人提供社会保险咨询等相关服务。(5)社会保险待遇支付。社会保险经办机构应当按时足额支付社会保险待遇。(6)公布和汇报社会保险基金情况。社会保险经办机构应当定期向社会公布参加社会保险情况以及社会保险基金的收入、支出、结余和收益情况。社会保险经办机构应当定期向社会保险监督委员会汇报社会保险基金的收支、管理和投资运营情况。(7)社会保险稽核。这是指社会保险经办机构依法对社会保险费缴纳情况和社会保险待遇领取情况进行的核查。主要采取日常稽核、重点稽核和举报稽核等方式进行。(8)受理举报、投诉。任何组织或者个人有权对违反社会保险法律、法规的行为进行举报、投诉。社会保险经办机构对属于本机构职责范围的举报、投诉,应当依法处理;对于不属于本机构职责范围的,应当书面通知并移交有权处理的部门、机构处理。(9)加强内部管理。社会保险经办机构应当建立健全业务、财务、安全和风险管理制度,完善社会保险信息系统。

第九条　【工会职责】工会依法维护职工的合法权益,有权参与社会保险重大事项的研究,参加社会保险监督委员会,对与职工社会保险权益有关的事项进行监督。

条文注释

根据本条规定,工会在社会保险事业中的主要职责具体包括以下内容：

1. 参与社会保险重大事项的研究。参与社会保险重大事项的研究包括以下几个方面：(1) 国家机关在组织起草或者修改直接涉及职工切身利益的有关社会保险的法律、法规、规章时，应当听取工会意见。(2) 县级以上各级人民政府制定国民经济和社会发展计划，对涉及职工利益的有关社会保险的重大问题，应当听取同级工会的意见。(3) 县级以上各级人民政府及其有关部门研究制定劳动就业、工资、劳动安全、卫生、社会保险等涉及职工切身利益的政策、措施时，应当吸收同级工会参加研究，听取工会意见。县级以上地方各级人民政府可以召开会议或者采取适当方式，向同级工会通报政府的有关社会保险的重要工作部署和与工会工作有关的行政措施，研究解决工会反映的职工群众的意见和要求。

2. 参与社会保险的监督。本法第八十条规定，统筹地区人民政府成立由用人单位代表、参保人员代表，以及工会代表、专家等组成的社会保险监督委员会，掌握、分析社会保险基金的收支、管理和投资运营情况，对社会保险工作提出咨询意见和建议，实施社会监督。社会保险监督委员会对社会保险基金的监督是社会监督。工会代表作为四方成员之一，代表职工对社会保险基金运作的全过程进行监督。根据工会法和相关法律的规定，工会对用人单位违反社会保险法律、法规，侵犯职工社会保险权利的行为进行以下监督：(1) 通过职工代表大会或者其他形式进行监督。工会依照法律规定通过职工代表大会或者其他形式，组织职工参与本单位的民主决策、民主管理和民主监督。企业、事业单位违反职工代表大会制度和其他民主管理制度，工会有权要求纠正，保障职工依法行使民主管理的权利。工会通过组织职工参与本单位的民主监督，监督用人单位的各项管理活动，其中包括对用人单位的社会保险登记、社会保险缴费等情况的监督。(2) 监督劳动合同的履行。社会保险是劳动合同的必备条款。工会依法维护劳动者的合法权益，对用人单位履行劳动合同、集体合同的情况进行监督。(3) 对侵犯职工社会保险合法权益的问题进行调查。工会有权对企业、事业单位侵犯职工社会保险合法权益的问题进行调查，有关单位应当予以协助。职工因工伤亡事故和其他严重危害职工健康问题的调查处理，必须有工会参加。工会应当向有关部门提出处理意见，并有权要求追究直接负责的主管人员和有关责任人员的责任。对工会提出的意见，应当及时研究，给予答复。(4)法律救济协助。职工认为企业侵犯其社会保险权益而申请劳动争议仲裁或者向人民法院提起诉讼的，工会应当给予支持和帮助。工会还有权对违反社会保险法律、法规的行为进行举报、投诉。对于工会的举报、投诉，有权处理的部门、机构应当及时处理，不得推诿。

关联法规

《工会法》

《中国工会章程》

第二章　基本养老保险

第十条　【覆盖范围】职工应当参加基本养老保险，由用人单位和职工共同缴纳基本养老保险费。

无雇工的个体工商户、未在用人单位参加基本养老保险的非全日制从业人员以及其他灵活就业人员可以参加基本养老保险，由个人缴纳基本养老保险费。

公务员和参照公务员法管理的工作人员养老保险的办法由国务院规定。

条文注释

本条规定分主要分为三个方面的内容：

1. 关于企业职工。我国的基本养老保险制度改革首先从企业开始，是为了适应经济体制改革的需要逐步建立起来的。改革开放前，我国企业实行的是退休养老制度，个人不缴费，由国家、企业负担退休养老费用。20 世纪 80 年代实行养老保险社会统筹试点，开始进行改革探索,90年代改革全面展开并不断深化,建立了由国家、企业和个人共同负担的资金筹集方式,确定了社会统筹与个人账户相结合的基本模式,统一了企业职工基本养老保险制度。2005年,国务院制定了《关于完善企业职工基本养老保险制度的决定》,进一步完善企业养老保险制度。目前,企业职工是参加基本养老保险的主力。此外,还有一些与机关、事业单位签订劳动合同或者聘用合同的个人,也按照规定参加了职工基本养老保险。

2. 关于灵活就业人员。灵活就业人员是指以非全日制、临时性、季节性、弹性工作等灵活多样的形式实现就业的人员,包括无雇工的个体工商户、非全日制从业人员以及律师、会计师、自由撰稿人、演员等自由职业者等。非全日制用工,是指以小时计酬为主,劳动者在同一用人单位一般平均每日工作时间不超过四小时,每周工作时间累计不超过二十四小时的用工形式。这类人员在工作时间、劳动报酬、工作场所、劳动关系等方面与传统的建立在工厂制度基础上的劳动者不一样,有的没有用人单位,有的与用人单位没有建立固定的劳动关系;但是他们提供了某种形式的劳动,有劳动收入,可以将他们纳入职工基本养老保险覆盖范围。本条规定,灵活就业人员可以自愿参加职工基本养老保险。但同时应注意,有些非全日制从业人员与用人单位建立了比较固定的劳动关系,应当由用人单位与劳动者共同缴纳基本养老保险费。

3. 关于事业单位职工、公务员和参照公务员法管理的工作人员。此前,我国公务员和参照公务员法管理的工作人员实行的是退休养老制度,费用由国家财政负担,个人不缴费,养老金标准以本人工资为基数,按工龄长短计发。2008年2月,国务院通过了《事业单位工作人员养老保险制度改革试点方案》,决定在山西、浙江、广东、上海、重庆五个省、市先期开展试点,事业单位工作人员养老保险制度改革与事业单位分类改革配套推进,就是现有承担行政职能的事业单位执行公务员的养老保险制度,从事生产经营的事业单位执行企业职工养老保险制度,分类改革后保留的公益性事业单位实行单独的事业单位养老保险制度,制度模式与企业职工养老保险一样,实行社会统筹和个人账户相结合，由单位和个人缴费，缴费水平、基本养老金计发办法与企业职工基本养老保险完全一致，基本养老保险基金单独管理，个人账户逐步做实。2015年1月14日，国务院发布《关于机关事业单位工作人员养老保险制度改革的决定》，决定从2014年10月1日开始为机关事业单位工作人员逐步建立独立于机关事业单位之外、资金来源多渠道、保障方式多层次、管理服务社会化的养老保险体系。该决定适用于按照公务员法管理的单位、参照公务员法管理的机关（单位）、事业单位及其编制内的工作人员。

关联法规

《国务院关于企业职工养老保险制度改革的决定》

《国务院关于深化企业职工养老保险制度改革的决定》

《国务院关于建立统一的企业职工基本养老保险制度的决定》

《国务院关于完善企业职工基本养老保险制度的决定》

《国务院关于机关事业单位工作人员养老保险制度改革的决定》

《事业单位工作人员养老保险制度改革试点方案》

第十一条　【制度模式和筹资方式】基本养老保险实行社会统筹与个人账户相结合。

基本养老保险基金由用人单位和个人缴费以及政府补贴等组成。

条文注释

关于基本养老保险的模式选择，我国从1995年提出实行社会统筹和个人账户相结合的模式，1997年将这一模式予以了明确。在这种模式下，基本养老保险基金和待遇分为两部分，一部分是用人单位缴纳的基本养老保险费进入基本养老统筹基金，用于支付职工退休时社会统筹部分养老金，基本养老统筹基金用于均衡用人单位的负担，实行现收现付，体现社会互助共济；另一部分是个人缴纳的基本养老保险费进入个人账户，用于负担退休后个人账户养老金的支付,体现个人责任。从2001年起,我国开始在部分省市做实个人账户试点。

我国的基本养老保险制度是缴费制的,基本养老保险基金主要由用人单位和个人缴费组成。同时,我国政府对基本养老保险资金的筹集也负担一定比例,每年根据地方基本养老保险金的支出情况和做实个人账户的需要给予补贴。根据本法的规定,我国政府财政对社会保险承担四项责任:一是对社会保险基金主要是基本养老保险基金承担补贴责任;二是国有企业、事业单位实行基本养老保险制度前,职工视同缴费期间应当缴纳的基本养老保险费,也就是制度转轨成本;三是承担社会保险运行费用、管理费用;四是对社会保险基金主要是基本养老保险基金承担兜底责任。

第十二条 【缴费基数和比例】用人单位应当按照国家规定的本单位职工工资总额的比例缴纳基本养老保险费,记入基本养老保险统筹基金。

职工应当按照国家规定的本人工资的比例缴纳基本养老保险费,记入个人账户。

无雇工的个体工商户、未在用人单位参加基本养老保险的非全日制从业人员以及其他灵活就业人员参加基本养老保险的,应当按照国家规定缴纳基本养老保险费,分别记入基本养老保险统筹基金和个人账户。

条文注释

本条中的"本单位职工工资总额",是指用人单位在一定时期内直接支付给本单位全部职工的劳动报酬总额。工资总额由以下六个部分组成:(1)计时工资;(2)计件工资;(3)奖金;(4)津贴和补贴;(5)加班加点工资;(6)特殊情况下支付的工资。

本条中的"本人工资",也即缴费工资,是指职工本人上一年度月平均工资。月平均工资按国家统计局规定列入工资总额统计的项目计算,包括工资、奖金、津贴、补贴等收入。

第十三条 【财政责任】国有企业、事业单位职工参加基本养老保险前，视同缴费年限期间应当缴纳的基本养老保险费由政府承担。

基本养老保险基金出现支付不足时，政府给予补贴。

条文注释

本条对财政承担基本养老保险制度转轨成本和基本养老保险基金支付不足时的兜底责任作了规定。这里的"视同缴费年限"是相对于实际缴费年限而言的。实际缴费年限是指职工参加基本养老保险后，按规定按时足额缴纳基本养老保险费的年限；视同缴费年限是把没有实行个人缴纳养老保险费制度之前的工作年限也看作缴费年限，即实行个人缴费制度前，职工在国有企业、事业单位工作的工龄。

现行基本养老保险制度建立以前，我国企业职工实行的是企业养老制度，个人不缴费，退休后由国家和企业负担职工的退休金。1991年国务院发布了《关于企业职工养老保险制度改革的决定》，改革养老保险由国家、企业包下来的办法，实行国家、企业和个人三方共同负担，职工个人也要缴纳一定的费用。1995年国务院发布了《关于深化企业职工养老保险制度改革的通知》，进一步明确了基本养老保险费由企业和个人共同负担，实行社会统筹和个人账户相结合，确立了基本养老保险待遇与缴费年限和缴费工资挂钩的制度。为了做好制度顺利转轨，保护制度实施前职工的利益，明确实行个人缴费制度前，职工的连续工龄可视同缴费。由于视同缴费期间，作为用人单位的国有企业和事业单位并没有为职工缴纳社会保险费，职工个人也没有缴费，但职工退休时养老保险基金要支付统筹养老金、个人账户养老金，这部分费用由政府承担。

之前，事业单位职工实行退休养老制度，个人不缴费，退休后由财政或者单位负担退休金。根据国务院发布的《关于机关事业单位工作人员养老保险制度改革的决定》，自2014年10月1日起将事业单位职工也纳入基本养老保险制度的范畴，在此之前未缴费的工作年限计入视同缴费年限。

第十四条 【个人账户养老金】个人账户不得提前支取，记账利率不得低于银行定期存款利率，免征利息税。个人死亡的，个人账户余额可以继承。

条文注释

我国基本养老保险实行的是社会统筹和个人账户相结合的模式，个人缴纳的基本养老保险费记入个人账户，作为退休后养老金的一部分，补充退休养老费用。建立个人账户实际上是强制个人储蓄，体现养老保险中的个人责任。具体而言：(1)个人账户养老金不得提前支取。个人账户养老金是个人工作期间为退休后养老积蓄的资金，是基本养老保险待遇的重要组成部分，是国家强制提取的，退休前个人不得提前支取，尤其是在目前名义账户下，这部分资金实际上用于支付当期退休人员的基本养老待遇，如果提前支取，养老保险基金会有很大的资金缺口，基金支出会出现困难。(2)个人账户记账利率不得低于银行定期存款利率，且免征利息税。(3)个人账户养老金余额可以继承。个人账户养老金是个人工作期间为退休后养老积蓄的资金，具有强制储蓄性质，属于个人所有，个人死亡的(包括退休前和退休后)，个人账户养老金余额可以继承。需要说明的是，2006年1月1日后个人账户资金全部由个人缴纳形成，在此以前，个人账户中一部分资金是个人缴纳，一部分是由单位缴费中划入的。根据国家规定，个人死亡的，其个人账户余额中的个人缴费部分可以继承，单位缴费部分不能继承，应当并入统筹基金。2006年1月1日以后，个人账户资金全部由缴费形成，个人账户养老金余额可以继承，继承的数额为其死亡时个人账户全部储存额中的本息。继承额一次性支付给死者生前指定的受益人或法定继承人。

第十五条　【基本养老金的构成及确定因素】基本养老金由统筹养老金和个人账户养老金组成。

基本养老金根据个人累计缴费年限、缴费工资、当地职工平均工资、个人账户金额、城镇人口平均预期寿命等因素确定。

条文注释

根据本条规定，基本养老金由两部分组成：一部分是由统筹基金支付的统筹养老金，另一部分是由个人账户支付的个人账户养老金。具体而言：(1)社会统筹养老金。这来自于由用人单位缴费和财政补贴等构成的社会统筹基金，根据个人累计缴费年限、缴费工资、当地职工平均工资等因素确定，既体现社会互济，又与个人缴费挂钩。法律没有明确具体的计算方式，只规定了确定基本养老保险金的因素，方便政策对基本养老保险金计发方式进行调整。(2)个人账户养老金。这是基本养老金的重要组成部分，是个人为自己养老储蓄的资金，体现养老保险中的个人责任。按照现行的制度规定，个人账户养老金月标准为个人账户储存额除以计发月数，计发月数根据职工退休时个人账户金额、城镇人口平均预期寿命和本人退休年龄等因素确定。

第十六条　【最低缴费年限和制度接转】参加基本养老保险的个人，达到法定退休年龄时累计缴费满十五年的，按月领取基本养老金。

参加基本养老保险的个人，达到法定退休年龄时累计缴费不足十五年的，可以缴费至满十五年，按月领取基本养老金；也可以转入新型农村社会养老保险或者城镇居民社会养老保险，按照国务院规定享受相应的养老保险待遇。

条文注释

根据本条规定，享受养老保险待遇必须符合两个条件：一是必须达到法定退休年龄；二是累计最低缴费满十五年。具体而言：

(1)法定退休年龄。目前,我国法定退休年龄是1978年5月第五届全国人大常委会第二次会议批准的《国务院关于安置老弱病残干部的暂行办法》和《国务院关于工人退休、退职的暂行办法》所规定的退休年龄。企业职工退休年龄为:男职工为年满六十周岁,女干部为五十五周岁,女工人为五十岁;从事井下、高空、高温、特别繁重体力劳动或者其他有害身体健康的工作,男年满五十五周岁、女年满四十五周岁连续工作满十年的;男年满五十周岁,女年满四十五周岁,连续工作满十年,由医院证明,并经劳动鉴定委员会确认,完全丧失劳动能力的;因工致残,由医院证明,并经劳动鉴定委员会确认,完全丧失劳动能力的。本法没有明确法定退休年龄,目前退休年龄还是按照国家有关规定执行,这样也可以给今后改革留下空间。(2)缴费年限。其一,缴费满十五年是享受基本养老保险待遇的"门槛"。规定最低缴费年限为十五年,并不是缴满十五年就可以不缴费。对职工来说,缴费是法律规定的强制性义务,只要与用人单位建立劳动关系,就应当按照国家规定缴费。同时,个人享受基本养老保险待遇与个人缴费年限直接相关,缴费年限越长、缴费基数越大,退休后领取的养老金就越多。其二,缴费不足十五年的,可以缴费至满十五年。其三,缴费不足十五年的,也可以转入新型农村社会养老保险和城镇居民社会养老保险。

第十七条　【因病或者非因工致残的待遇】参加基本养老保险的个人,因病或者非因工死亡的,其遗属可以领取丧葬补助金和抚恤金;在未达到法定退休年龄时因病或者非因工致残完全丧失劳动能力的,可以领取病残津贴。所需资金从基本养老保险基金中支付。

条文注释

基本养老保险基金主要用于参保人员的基本养老金支出。除此之外,根据本法规定,基本养老保险基金还承担参保人员因病或者非因工死亡的丧葬补助金和遗属抚恤金,以及在未达到法定退休年龄时因病或者非因工致残完全丧失劳动能力时病残津贴的支付责任。具体包括：

1. 因病或者非因工死亡的，其遗属可以领取丧葬补助金和遗属抚恤金。丧葬补助金是职工死亡后安葬和处理后事的补助费用。遗属抚恤金是职工死亡后给予其家属的经济补偿和精神安慰。遗属的范围一般包括死者的配偶、子女、依靠死者生前供养的父母，以及依靠死者生活的其他亲属。目前全国没有统一的标准，从一些地方的规定看，丧葬补助金，一般按照职工死亡时当地上年度职工月平均工资的一定月数计发，也有的按职工死亡当月本企业养老保险人均缴费工资的一定月数计发。对于遗属抚恤金，各地的规定不一样，有的没有抚恤金，只规定按月发给供养亲属救济费；有的规定了一次性的抚恤金，还规定按月发给遗属生活补助费。本法没有规定丧葬补助金和遗属抚恤金的标准，本法通过后国务院或者有关部门可以作出统一规定。

2. 在未达到法定退休年龄时因病或者非因工致残完全丧失劳动能力的，可以领取病残津贴。病残津贴是基本养老保险基金对未达到法定退休年龄时因病或者非因工致残、完全丧失劳动能力的参保人员的经济补偿。病残津贴是一个新制度，目前还没有相应的津贴标准。《工伤保险条例》对因工致残丧失劳动能力伤残津贴的标准作了规定，国务院或者有关部门可以参照上述规定作出病残津贴标准的规定。

第十八条　【基本养老金调整机制】国家建立基本养老金正常调整机制。根据职工平均工资增长、物价上涨情况，适时提高基本养老保险待遇水平。

条文注释

2005年国务院制定的《关于完善企业职工基本养老保险制度的决定》就明确规定，建立基本养老金正常调整机制。根据职工工资和物价变动等情况，国务院适时调整企业退休人员基本养老金水平，调整幅度为省、自治区、直辖市当地企业在岗职工平均工资年增长率的一定比例。基本养老金调整机制主要考虑的两个因素是：职工平均工资增长情况和物价上涨情况。2015 年《国务院关于机关事业单位工作人员养老保险制度改革的决定》也明确规定，建立基本养老金正常调整机制。根据职工工资增长和物价变动等情况，统筹安排机关事业单位和企业退休人员的基本养老金调整，逐步建立兼顾各类人员的养老保险待遇正常调整机制，分享经济社会发展成果，保障退休人员基本生活。

第十九条 【基本养老保险关系转移接续制度】个人跨统筹地区就业的，其基本养老保险关系随本人转移，缴费年限累计计算。个人达到法定退休年龄时，基本养老金分段计算、统一支付。具体办法由国务院规定。

条文注释

基本养老保险关系转移包括统筹地区内的关系转移和跨统筹地区的关系转移。对于统筹地区内的基本养老保险关系转移原则上"只转关系，不转移基金"，即职工以及转出单位向所在地社会保险经办机构办理相关的转出手续，再由职工或转入单位到其所在地的社会保险经办机构办理转入手续即可，不涉及个人账户资金的转移。对于跨统筹地区的基本养老保险关系转移，则不仅涉及关系转移，还涉及养老保险基金的转移。

"个人达到法定退休年龄时，基本养老金分段计算、统一支付"中的"分段计算"，是指参保人员以本人各年度缴费工资、缴费年限和待遇取得的对应的各年度在岗职工平均工资计算其基本养老金；"统一支付"，是指无论参保人员在哪里退休，退休地社会保险经办机构应当将各统筹地区的缴费年限和相对应的养老保险待遇分段计算出来，将养老金统一支付给参保人。

关联法规

《国务院办公厅关于转发人力资源社会保障部、财政部城镇企

业职工基本养老保险关系转移接续暂行办法的通知》

《人力资源和社会保障部关于贯彻落实国务院办公厅转发城镇企业职工基本养老保险关系转移接续暂行办法的通知》

《城乡养老保险制度衔接暂行办法》

《人力资源和社会保障部办公厅关于贯彻实施〈城乡养老保险制度衔接暂行办法〉有关问题的通知》

《人力资源和社会保障部关于印发城镇企业职工基本养老保险关系转移接续若干具体问题意见的通知》

《人力资源社会保障部关于城镇企业职工基本养老保险关系转移接续若干问题的通知》

第二十条　【农村社会养老保险制度】国家建立和完善新型农村社会养老保险制度。

新型农村社会养老保险实行个人缴费、集体补助和政府补贴相结合。

第二十一条　【农村社会养老保险待遇】新型农村社会养老保险待遇由基础养老金和个人账户养老金组成。

参加新型农村社会养老保险的农村居民，符合国家规定条件的，按月领取新型农村社会养老保险待遇。

第二十二条　【城镇居民社会养老保险】国家建立和完善城镇居民社会养老保险制度。

省、自治区、直辖市人民政府根据实际情况，可以将城镇居民社会养老保险和新型农村社会养老保险合并实施。

条文注释

城镇居民社会养老保险制度是指由城镇非就业居民参加的一项社会保险制度，是针对无养老保险的老年人及大量处于劳动年龄但没有被纳入职工基本养老保险制度的城镇居民的养老保险制度。2014 年 2 月 21 日，国务院发布《关于建立统一的城乡居民基本养老保险制度的意见》，正式将新农保和城居保两项制度合并实施，在全国范围内建立统一的城乡居民基本养老保险制度。

关联法规

《国务院关于建立统一的城乡居民基本养老保险制度的意见》

《城乡养老保险制度衔接暂行办法》

第三章 基本医疗保险

第二十三条 【职工基本医疗保险覆盖范围和缴费】职工应当参加职工基本医疗保险，由用人单位和职工按照国家规定共同缴纳基本医疗保险费。

无雇工的个体工商户、未在用人单位参加职工基本医疗保险的非全日制从业人员以及其他灵活就业人员可以参加职工基本医疗保险，由个人按照国家规定缴纳基本医疗保险费。

条文注释

职工基本医疗保险是针对城镇所有用人单位和职工，以强制参保为原则的一项基本医疗保险制度。这一制度建立于20世纪90年代。在计划经济体制下，我国在城市实施的是劳保医疗和公费医疗制度。1993年，党的十四届三中全会提出了在20世纪末建立起社会主义市场经济体制基本框架的目标，确定在城镇建立社会统筹与个人账户相结合的职工医疗保险制度。国务院从1994年起，在江苏镇江和江西九江进行城镇职工医疗保险制度改革试点，试点后来扩大到二十多个省区的近四十多个城市。同时，国家将实施职工基本医疗保险制度纳入法制化轨道，1995年制定的劳动法明确规定国家建立社会保险制度，使劳动者在年老、患病、工伤、失业、生育等情况下获得帮助和补偿，从而以国家立法的形式确立了我国建立包括基本医疗保险制度在内的五大社会保险制度。此后，国务院于1998年12月发布了《关于建立城镇职工基本医疗保险制度的决定》，决定在全国范围内进行城镇职工医疗保险制度改革。目前，城镇职工基本医疗保险制度已经在全国普遍建立，覆盖范围包括国家机关、企业事业单位职工和退休人员，并逐步扩大到灵活就业人员。本条规定实际分为两个层次理解：

1. 职工应当参加职工基本医疗保险。对于有用人单位的职工来说，其参加职工基本医疗保险是强制性的，必须参加。《国务院关于建立城镇职工基本医疗保险制度的决定》明确规定，城镇所有用人单位及其职工都要参加基本医疗保险，包括：企业（国有企业、集体企业、外商投资企业、私营企业等）、机关、事业单位、社会团体、民办非企业单位及其职工。医疗保险实行属地管理，所有用人单位及其职工都要按照属地管理原则参加所在统筹地区的基本医疗保险，执行统一政策，实行基本医疗保险基金的统一筹集、使用和管理。铁路、电力、远洋运输等跨地区、生产流动性较大的企业及其职工，可以相对集中的方式异地参加统筹地区的基本医疗保险。其基本医疗保险费由用人单位和职工双方共同负担。基本医疗保险基金由统筹基金和个人账户构成。职工个人缴纳的基本医疗保险费，全部计入个人账户。用人单位缴纳的基本医疗保险费分为两部分：一部分用于建立统筹基金，一部分划入个人账户。

2. 灵活就业人员参加职工基本医疗保险。本条明确规定无雇工的个体工商户、未在用人单位参加职工基本医疗保险的非全日制从业人员以及其他灵活就业人员可以参加职工基本医疗保险，按照国家规定缴纳基本医疗保险费。这里应当指出的是，灵活就业人员参加职工基本医疗保险实行自愿原则，这部分人员可以根据个人意愿决定是否参加基本医疗保险，这一点与用人单位的职工参加基本医疗保险的强制原则是不同的。原劳动和社会保障部于2003年出台了《关于城镇灵活就业人员参加基本医疗保险的指导意见》，规定灵活就业人员参加基本医疗保险要坚持权利和义务相对应、缴费水平与待遇水平相挂钩的原则。在参保政策和管理办法上既要与城镇职工基本医疗保险制度相衔接，又要适应灵活就业人员的特点。已与用人单位建立明确劳动关系的灵活就业人员，要按照用人单位参加基本医疗保险的方法缴费参保。其他灵活就业人员，要以个人身份缴费参保。灵活就业人员参加基本医疗保险的缴费率原则上按照当地的缴费率确定。缴费基数可参照当地上一年职工年平均工资核定。灵活就业人员缴纳的医疗保险费纳入统筹地区基本医疗保险基金统一管理。

关联法规

《国务院关于建立城镇职工基本医疗保险制度的决定》

《劳动和社会保障部办公厅关于城镇灵活就业人员参加基本医疗保险的指导意见》

第二十四条 【新型农村合作医疗】国家建立和完善新型农村合作医疗制度。

新型农村合作医疗的管理办法,由国务院规定。

条文注释

新型农村合作医疗制度是由政府组织、引导、支持,农民自愿参加,个人、集体和政府多方筹资,以大病统筹为主的农民医疗互助共济制度。2002 年 10 月,《中共中央、国务院关于进一步加强农村卫生工作的决定》明确指出,要逐步建立完善以大病统筹为主的新型农村合作医疗制度。到 2010 年,新型农村合作医疗制度要基本覆盖农村居民,使之成为覆盖全体农村居民的社会医疗保险制度。从 2003 年开始,国务院按照"财政支持、农民自愿、政府组织"的原则组织进行试点。到 2008 年,全国所有有农业人口的县(市、区)都建立了新型农村合作医疗制度。

根据相关规定,新型农村合作医疗制度的主要政策包括:(1)基本原则。一是自愿参加,多方筹资。农民以家庭为单位自愿参加新型农村合作医疗,遵守有关规章制度,按时足额缴纳合作医疗经费;乡(镇)、村集体要给予资金扶持;中央和地方各级财政每年要安排一定专项资金予以支持。二是以收定支,保障适度。新型农村合作医疗制度要坚持以收定支、收支平衡的原则,既保证这项制度持续有效运行,又使农民能够享有最基本的医疗服务。要随着农村社会经济的发展和农民收入的增加，逐步提高新型农村合作医疗制度的社会化程度和抗风险能力。(2)组织管理。新型农村合作医疗制度一般采取以县(市)为单位进行统筹。条件不具备的地方，在起步阶段也可采取以乡(镇)为单位进行统筹，逐步向县(市)统筹过渡。县级人民政府成立由有关部门和参加合作医疗的农民代表组成的农村合作医疗管理委员会，负责有关组织、协调、管理和指导工作。(3)筹资标准。新型农村合作医疗制度实行个人缴费、集体扶持和政府资助相结合的筹资机制。(4)政府补贴。政府对所有参加新型合作医疗的农民给予一定的补贴，许多地方根据当地经济社会发展情况，适时提高补贴标准。(5)资金管理。农村合作医疗基金是由农民自愿缴纳、集体扶持、政府资助的民办公助社会性资金，按照以收定支、收支平衡和公开、公平、公正的原则进行管理，专款专用，专户储存，不得挤占挪用。农村合作医疗基金由农村合作医疗管理委员会及其经办机构进行管理。农村合作医疗基金中农民个人缴费及乡村集体经济组织的扶持资金，原则上按年由农村合作医疗经办机构在乡(镇)设立的派出机构(人员)或委托有关机构收缴，存入农村合作医疗基金专用账户。农村合作医疗经办机构要定期向农村合作医疗管理委员会汇报农村合作医疗基金的收支、使用情况；要采取张榜公布等措施，定期向社会公布农村合作医疗基金的具体收支、使用情况，保证参加合作医疗的农民的参与、知情和监督的权利。

关联法规

《国务院办公厅转发卫生部等部门关于建立新型农村合作医疗制度意见的通知》

《卫生部、民政部、财政部等关于巩固和发展新型农村合作医疗制度的意见》

第二十五条 【城镇居民基本医疗保险】国家建立和完善城镇居民基本医疗保险制度。

城镇居民基本医疗保险实行个人缴费和政府补贴相结合。

享受最低生活保障的人、丧失劳动能力的残疾人、低收入家庭六十周岁以上的老年人和未成年人等所需个人缴费部分，由政府给予补贴。

条文注释

城镇居民基本医疗保险制度是以大病统筹为主，针对城镇非从业居民的一项基本医疗保险制度。结合相关规定，城镇居民基本医疗保险的主要政策包括：(1)基本原则。第一，坚持低水平起步，根据经济发展水平和各方面承受能力，合理确定筹资水平和保障标准，重点保障城镇非从业居民的大病医疗需求，逐步提高保障水平；第二，坚持自愿原则，充分尊重群众意愿，不搞强制，通过政策引导群众参保；第三，明确中央和地方政府的责任，中央确定基本原则和主要政策，地方制定具体办法，对参保居民实行属地管理；第四，坚持统筹协调，做好各类医疗保障制度之间基本政策、标准和管理措施等的衔接。(2)参保范围。城镇中不属于城镇职工基本医疗保险制度覆盖范围的中小学阶段的学生（包括职业高中、中专、技校学生）、少年儿童和其他非从业城镇居民都可自愿参加城镇居民基本医疗保险。2008年，国务院办公厅发布了《关于将大学生纳入城镇居民基本医疗保险试点范围的指导意见》，决定将各类全日制普通高等学校（包括民办学校）、科研院所中接受普通高等学历教育的全日制本专科生、全日制研究生纳入城镇居民基本医疗保险试点范围，按照属地原则参加学校所在地城镇居民基本医疗保险。(3)筹资水平。试点城市根据当地的经济发展水平以及成年人和未成年人等不同人群的基本医疗消费需求，并考虑当地居民家庭和财政的负担能力，恰当确定筹资水平；探索建立筹资水平、缴费年限和待遇水平相挂钩的机制。(4)管理制度。原则上与职工基本医疗保险的规定一致,由人力资源和社会保障部门所属的医疗保险经办机构统一管理,居民参保实行属地管理。

城镇居民基本医疗保险以个人缴费为主,政府给予适当补贴。同时,在上述一般补助的基础上,对享受最低生活保障的人、丧失劳动能力的残疾人、低收入家庭六十周岁以上的老年人和未成年人等所需个人缴费部分,由政府给予补贴。

关联法规

《国务院关于开展城镇居民基本医疗保险试点的指导意见》

《国务院办公厅关于将大学生纳入城镇居民基本医疗保险试点范围的指导意见》

第二十六条　【待遇标准】职工基本医疗保险、新型农村合作医疗和城镇居民基本医疗保险的待遇标准按照国家规定执行。

条文注释

基本医疗保险待遇主要包括以下几个方面:一是医疗期内的待遇;二是致残待遇;三是死亡待遇;四是非医疗期间看病的待遇等。具体区分职工基本医疗保险、新型农村合作医疗和城镇居民基本医疗保险的待遇标准,包括以下几个方面:

1. 职工基本医疗保险的待遇标准。职工基本医疗保险的统筹基金和个人账户要划定各自的支付范围,分别核算,不得互相挤占。个人账户主要支付门诊费用、住院费用中个人自付部分以及在定点药店购药费用。个人账户归个人使用,可以结转和继承。统筹基金用于支付住院医疗和部分门诊大病费用。统筹基金支付有起付标准和最高支付限额。起付标准以下的医疗费用,从个人账户中支付或由个人自付。起付标准以上、最高支付限额以下的医疗费用,主要从统筹基金中支付。统筹基金的具体起付标准、最高支付限额以及在起付标准以上和最高支付限额以下医疗费用的个人负担比例,由统筹地区根据以收定支、收支平衡的原则确定。一些统筹地区在国家确立的待遇标准的基础上，根据本地区的具体情况，本着以收定支、收支平衡的原则，对本地区的职工基本医疗保险待遇标准作了进一步的细化规定。

2. 新型农村合作医疗待遇标准。新型农村合作医疗主要补助参合农民的大额医疗费用或者住院医疗费用。有条件的地方，可实行大额医疗费用补助与小额医疗费用补助结合的办法。农村合作医疗报销基本药物目录由各省、自治区、直辖市制定。各县（市）根据筹资总额，结合当地实际，科学合理地确定农村合作医疗基金的支付范围、支付标准和额度，确定常规性体检的具体检查项目和方式，防止农村合作医疗基金超支或过多结余。同时，鼓励参合农民充分利用乡镇以下医疗机构的服务。

3. 城镇居民基本医疗保险的待遇标准。城镇居民基本医疗保险基金重点用于参保居民的住院和门诊大病医疗支出，有条件的地区可以逐步试行门诊医疗费用统筹。在支付政策上，城镇居民基本医疗保险只建立统筹基金，不建立个人账户，基金主要用于支付住院医疗和部分门诊大病费用。基金支付比例原则上低于职工基本医疗保险，但高于新型农村合作医疗。有条件的地方可以探索门诊普通疾病医疗费用统筹的保障办法，划出部分资金，专项用于支付一般门诊费用。医疗保险基金结余较多的地方，可采取多种方式，加大对医疗负担过重的大病重病患者的保障力度。对儿童重大疾病患者，可以通过探索到指定医疗机构诊治、医疗保险基金对医疗机构按病种限额或定额结算、适当降低个人自付比例等方式，进一步减轻个人负担。同时，将城镇居民医保参保人员住院分娩和产前检查发生的符合规定的医疗费用纳入城镇居民医保基金支付范围。

从待遇水平上来看，企业职工从城镇职工基本医疗保险中享受到的待遇要好于城镇居民和农村居民分别从城镇居民基本医疗保险、新型农村合作医疗中享受到的待遇。此外，城镇居民基本医疗保险与新型农村合作医疗在筹资模式、待遇重点方面都具有很强的相似性，有条件的地区可以进一步合并成城乡居民基本医疗保险或者将这两项制度合并经办。为此，国务院于 2016 年 1 月 12 日发布了《关于整合城乡居民基本医疗保险制度的意见》,加快推进城乡居民基本医疗保险制度整合工作,逐步建立统一的城乡居民基本医疗保险制度。

关联法规

《国务院关于整合城乡居民基本医疗保险制度的意见》

第二十七条　【退休后医疗保险待遇】参加职工基本医疗保险的个人,达到法定退休年龄时累计缴费达到国家规定年限的,退休后不再缴纳基本医疗保险费,按照国家规定享受基本医疗保险待遇;未达到国家规定年限的,可以缴费至国家规定年限。

条文注释

本条规定的最低缴费年限,是指职工实现退休后继续享受医疗保险待遇,不需要再缴纳基本医疗保险费所应达到的最低缴纳医疗保险费的年限。目前,我们国家对最低缴费年限没有的统一规定,由各统筹地区根据本地情况来确定。

至于本条规定的法定退休年龄,国务院于1978年6月颁布了《国务院关于安置老弱病残干部的暂行办法》和《国务院关于工人退休、退职的暂行办法》,对退休年龄的问题作出了规定。党政机关、群众团体、企业、事业单位的干部,男年满六十周岁,女年满五十五周岁,参加工作年限满十年的,可以退休。男年满五十周岁,女年满四十五周岁,参加革命工作年限满十年的,经过医院证明完全丧失工作能力的,可以退休。企业、事业单位和党政机关、群众团体的工人,男年满六十周岁,女年满五十周岁,连续工龄满十年,或者从事井下、高空、高温、特别繁重体力劳动或者其他有害身体健康的工作,男年满五十五周岁、女年满四十五周岁,连续工龄满十年的,应该退休。男年满五十周岁,女年满四十五周岁,连续工龄满十年,由医院证明,并经劳动鉴定委员会确认,完全丧失劳动能力的,应该退休。

本条一方面规定,参加职工基本医疗保险的个人,达到法定退休年龄时累计缴费达到国家规定年限的,退休后不再缴纳基本医疗保险费,按照国家规定享受基本医疗保险待遇;另一方面规定,参加职工基本医疗保险的个人,退休时未达到国家规定年限的,可以缴费至国家规定年限。职工由于各种原因,可能在达到法定退休年龄时,其缴纳基本医疗保险的年限未达到国家规定的最低缴费年限。对这样的职工,为了更好地保障他们在退休后的医疗待遇,本条规定允许其采用补缴的方式缴费至国家规定年限,补缴的费用包括其实际缴费年限与国家规定的最低缴费年限相差的期间内,应当由用人单位和个人缴纳的全部医疗保险费用。

第二十八条 【支付范围】符合基本医疗保险药品目录、诊疗项目、医疗服务设施标准以及急诊、抢救的医疗费用,按照国家规定从基本医疗保险基金中支付。

条文注释

基本医疗保险基金支付的范围包括参保人员治病所需要的基本用药、基本诊疗项目、医疗服务设施以及急诊、抢救的医疗费用。这些费用只有纳入基本医疗保险药品目录、诊疗项目目录的范围,符合医疗服务设施标准,才能由统筹基金予以支付。具体而言:

1. 基本医疗保险药品目录。2017 年 2 月 21 日,人力资源和社会保障部印发了《国家基本医疗保险、工伤保险和生育保险药品目录(2017 年版)》(以下简称《药品目录》)。《药品目录》分为凡例、西药、中成药、中药饮片四部分,西药部分包括了化学药和生物制品,中成药部分包括了中成药和民族药,中药饮片部分采用排除法规定了基金不予支付费用的饮片。参保人员使用目录内西药、中成药及目录外中药饮片发生的费用,按基本医疗保险、工伤保险、生育保险有关规定支付。国家免费提供的抗艾滋病病毒药物和国家公共卫生项目涉及的抗结核病药物、抗疟药物和抗血吸虫病药物,参保人员使用且在公共卫生支付范围的,基本医疗保险、工伤保险和生育保险基金不予支付。各省(区、市)社会保险主管部门对《药品目录》甲类药品不得进行调整,并应严格按照现行法律法规和文件规定进行乙类药品调整。

2. 基本医疗保险诊疗项目。基本医疗保险诊疗项目是指符合以下条件的各种医疗技术劳务项目和采用医疗仪器、设备与医用材料进行的诊断、治疗项目:(1)临床诊疗必需、安全有效、费用适宜的诊疗项目;(2)由物价部门制定了收费标准的诊疗项目;(3)由定点医疗机构为参保人员提供的定点医疗服务范围内的诊疗项目。基本医疗保险诊疗项目通过制定基本医疗保险诊疗项目范围和目录进行管理。一些非临床诊疗必需、效果不确定的诊疗项目以及属于特需医疗服务的诊疗项目,基本医疗保险不予支付。此外,各省社会保险行政部门规定的价格昂贵的医疗仪器与设备的检查、治疗项目和医用材料费用,也纳入支付范围。属于基本医疗保险支付部分费用诊疗项目目录以内的,先由参保人员按规定比例自付后,再按基本医疗保险的规定支付。对于国家基本医疗保险诊疗项目范围规定的基本医疗保险支付部分费用的诊疗项目,各省可根据实际适当调整,但必须严格控制调整的范围和幅度。

3. 基本医疗服务设施标准。基本医疗保险医疗服务设施是指由定点医疗机构提供的,参保人员在接受诊断、治疗和护理过程中必需的生活服务设施。基本医疗保险医疗服务设施费用主要包括住院床位费及门(急)诊留观床位费。对已包含在住院床位费或门(急)诊留观床位费中的日常生活用品、院内运输用品和水、电等费用,基本医疗保险基金不另行支付,定点医疗机构也不得再向参保人员单独收费。基本医疗保险基金不予支付的生活服务项目和服务设施费用,主要包括:(1)就(转)诊交通费、急救车费;(2)空调费、电视费、电话费、婴儿保温箱费、食品保温箱费、电炉费、电冰箱费及损坏公物赔偿费;(3)陪护费、护工费、洗理费、门诊煎药费;(4)膳食费;(5)文娱活动费以及其他特需生活服务费用。其他医疗服务设施项目是否纳入基本医疗保险基金支付范围,由各省(自治区、直辖市)社会保险行政部门规定。基本医疗保险住院床位费支付标准,由各统筹地区社会保险行政部门按照本省物价部门规定的普通住院病房床位费标准确定。需隔离以及危重病人的住院床位费支付标准,由各统筹地区根据实际情况确定。

4. 其他费用。除了上述三类费用外,急诊、抢救的医疗费用也按照国家规定从基本医疗保险基金中支付。

关联法规

《人力资源社会保障部关于印发国家基本医疗保险、工伤保险和生育保险药品目录(2017 年版)的通知》

《劳动和社会保障部等关于城镇职工基本医疗保险诊疗项目管理的意见》

《劳动和社会保障部等关于确定城镇职工基本医疗保险医疗服务设施范围和支付标准的意见》

《卫生部等关于将部分医疗康复项目纳入基本医疗保障范围的通知》

第二十九条　【基本医疗保险费用结算制度】参保人员医疗费用中应当由基本医疗保险基金支付的部分,由社会保险经办机构与医疗机构、药品经营单位直接结算。

社会保险行政部门和卫生行政部门应当建立异地就医医疗费用结算制度,方便参保人员享受基本医疗保险待遇。

条文注释

本条规定,参保人员医疗费用中应当由基本医疗保险基金支付的部分,由社会保险经办机构与医疗机构、药品经营单位直接结算。1999 年 6 月,原劳动和社会保障部等联合发布文件,规定属于基本医疗保险基金支付的医疗费用,应全部纳入结算范围,一般由社会保险经办机构与定点医疗机构和定点零售药店直接结算。暂不具备条件的,可先由参保人员或用人单位垫付,然后由社会保险经办机构与参保人员或用人单位结算。随着我国基本医疗保险制度的不断发展和完善,在全国范围内统一实施由社会保险经办机构与定点医疗机构和定点零售药店直接结算应由基本医疗保险基金支付的医疗费用这一制度的条件和时机已经成熟,因此本条明确规定了这一制度。

本条同时规定,社会保险行政部门和卫生行政部门应当建立异地就医医疗费用结算制度,方便参保人员享受基本医疗保险待遇。2014 年 11 月 18 日,人力资源和社会保障部等部门联合发布《关于进一步做好基本医疗保险异地就医医疗费用结算工作的指导意见》。该文件要求,2014 年,在现有工作基础上,完善基本医疗保险市级统筹,基本实现市级统筹区内就医直接结算,规范和建立省级异地就医结算平台;2015 年,基本实现省内异地住院费用直接结算,建立国家级异地就医结算平台;2016 年,全面实现跨省异地安置退休人员住院医疗费用直接结算。有条件的地区可以加快工作节奏,积极推进。具体而言:(1)完善市级统筹,实现市域范围内就医直接结算。以全面实现市域范围内医疗费用直接结算为目标,推进和完善基本医疗保险市级统筹。首先做到基本医疗保险基金预算和筹资待遇政策、就医管理的统一和信息系统的一体化衔接,逐步提升基本医疗保险服务便利性。实现城乡基本医疗保险制度整合的地区,要同步推动城乡居民医保实现市级统筹。已经实行市级统筹的地区要进一步提高市级统筹质量。采取统收统支模式的,要明确地市和区县级社会保险经办机构职责,落实分级管理责任;采取调剂金模式的,要规范调剂金的收取和调剂管理办法,以逐步实现制度政策、基金管理、就医结算、经办服务、信息系统方面的统一。有条件的地方要加快推进省级统筹。(2)规范省内异地就医直接结算。各省要按照国家统一规范,建立完善省级异地就医结算平台,支持省内统筹地区之间就医人员信息、医疗服务数据以及费用结算数据等信息的交换,并通过平台开展省内异地就医直接结算工作。(3)完善跨省异地就医人员政策。加强跨省异地就医的顶层设计,统筹考虑各类跨省异地就医人员需求,逐步推进跨省异地就医直接结算。当前重点解决跨省异地安置退休人员的住院费用,有条件的地方可以在总结经验的基础上,结合本地户籍和居住证制度改革,探索将其他长期跨省异地居住人员纳入住院医疗费用直接结算范围。(4)做好异地就医人员管理服务。各统筹地区经办机构应当根据跨省异地安置退休人员、异地转诊人员、异地急诊人员等不同人群的特点,落实管理责任,加强医疗服务监管,做好服务工作。

关联法规

《人力资源和社会保障部、财政部、国家卫生和计划生育委员会关于进一步做好基本医疗保险异地就医医疗费用结算工作的指导意见》

《人力资源社会保障部办公厅关于进一步加强基本医疗保险异地就医监管的通知》

《人力资源社会保障部、财政部关于做好基本医疗保险跨省异地就医住院医疗费用直接结算工作的通知》

《人力资源社会保障部办公厅、财政部办公厅关于规范跨省异地就医住院费用直接结算有关事项的通知》

第三十条 【不纳入支付范围】下列医疗费用不纳入基本医疗保险基金支付范围:

(一)应当从工伤保险基金中支付的;

(二)应当由第三人负担的;

(三)应当由公共卫生负担的;

(四)在境外就医的。

医疗费用依法应当由第三人负担,第三人不支付或者无法确定第三人的,由基本医疗保险基金先行支付。基本医疗保险基金先行支付后,有权向第三人追偿。

条文注释

根据本条规定,以下项目不纳入基本医疗保险基金支付范围,同时还应注意,以下项目中的医疗费用,即使符合基本医疗保险药品目录、诊疗项目和医疗服务设施标准的要求,也不纳入基本医疗保险基金支付的范围。

1. 应当从工伤保险基金中支付的。工伤保险待遇针对伤残对象的不同，大体可分为四类：即工伤医疗康复待遇、辅助器具配置待遇、伤残待遇和死亡待遇。在工伤医疗康复待遇中，治疗工伤所需的挂号费、医疗康复费、药费、住院费等费用符合工伤保险诊疗项目目录、工伤保险药品目录、工伤保险住院服务标准的，从工伤保险基金中支付。

2. 应当由第三人负担的。这主要是指由于第三人侵权，导致参保人员的人身受到伤害而产生的医疗费用。如参保人员被第三人打伤而入院治疗，由此产生的医疗费用，按照我国民法通则、侵权责任法等的规定，应由侵权人负担，基本医疗保险基金不予支付。如果此种情况下，侵权人（第三人）不支付该参保人员的医疗费，或者因侵权人逃逸等无法确定侵权人是谁的，为了保证受害的参保人员能够获得及时的医疗救治，本条规定由基本医疗保险基金先行支付该参保人员的医疗费用。基本医疗保险基金先行支付后，医疗保险经办机构从受害的参保人员那里取得代位追偿权，有权向第三人，即侵权人就其应当支付的医疗费用进行追偿。这里规定的“第三人不支付”的情形，既包括第三人有能力支付而拒不支付的，也包括第三人没有能力而不能支付或者不能立即支付的。

3. 应当由公共卫生负担的。公共卫生是指政府组织全社会共同努力，改善社会卫生条件，预防控制传染病和其他疾病流行，培养良好卫生习惯和文明生活方式，达到预防疾病、促进人民群众身体健康所提供的医疗服务。政府应当向公民提供的基本公共卫生服务包括：计划免疫、妇幼保健、应急救治、采供血以及传染病、慢性病、地方病的预防控制等。凡是现阶段基本公共卫生服务能向公众免费提供的项目，不作为基本医疗保险基金支付的范围。

4. 在境外就医的。参保人员在境外就医发生的医疗费用，可以通过购买商业保险的方式予以支付。这里所说的“境外”包括我国以外的其他国家，以及我国香港特别行政区、澳门特别行政区和我国台湾地区。

第三十一条　【服务协议】社会保险经办机构根据管理服务的需要，可以与医疗机构、药品经营单位签订服务协议，规范医疗服务行为。

医疗机构应当为参保人员提供合理、必要的医疗服务。

条文注释

根据本条规定，社会保险经办机构可以根据管理服务的需要，与医疗机构、药品经营单位签订服务协议，规范医疗服务行为。与经办机构签订了服务协议的医疗机构、药品经营单位，称为定点医疗机构和定点药店。

1. 定点医疗机构，是指经统筹地区社会保险行政部门审查，并经社会保险经办机构确定的，为基本医疗保险参保人员提供医疗服务的医疗机构。参保人员在获得定点资格的医疗机构范围内，提出个人就医的定点医疗机构选择意向，由所在单位汇总后，统一报送统筹地区社会保险经办机构。社会保险经办机构根据参保人的选择意向统筹确定定点医疗机构。获得定点资格的专科医疗机构和中医医疗机构，可作为统筹地区全体参保人员的定点医疗机构。社会保险经办机构要与定点医疗机构签订包括服务人群、服务范围、服务内容、服务质量、医疗费用结算办法、医疗费用支付标准以及医疗费用审核与控制等内容的协议，明确双方的责任、权利和义务。社会保险经办机构要加强对定点医疗机构参保人员医疗费用的检查和审核。定点医疗机构有义务提供审核医疗费用所需的全部诊治资料及账目清单，对不符合规定的医疗费用，社会保险经办机构不予支付。

2. 定点零售药店，是指经统筹地区社会保险行政部门审查，并经社会保险经办机构确定的，为基本医疗保险参保人员提供处方外配服务的零售药店。统筹地区社会保险经办机构在获得定点资格的零售药店范围内确定定点零售药店，统发定点零售药店标牌，并向社会公布，供参保人员选择购药。社会保险经办机构要与定点零售药店签订包括服务范围、服务内容、服务质量、药费结算办法以及药费审核与控制等内容的协议，明确双方的责任、权利和义务。社会保险经办机构要加强对定点零售药店处方外配服务情况的检查和费用的审核。定点零售药店有义务提供与费用审核相关的资料及账目清单，对违反规定的费用，社会保险经办机构不予支付。

关联法规

《城镇职工基本医疗保险定点医疗机构管理暂行办法》

《城镇职工基本医疗保险定点零售药店管理暂行办法》

《劳动和社会保障部关于印发城镇职工基本医疗保险定点医疗机构和定点零售药店服务协议文本的通知》

《人力资源和社会保障部办公厅关于实行基本医疗保险定点医疗机构分级管理的意见》

《国家卫生计生委办公厅关于印发城乡居民基本医疗保险（新型农村合作医疗）跨省就医联网结报定点医疗机构操作规范（试行）的通知》

第三十二条 【个人基本医疗保险关系转移接续制度】个人跨统筹地区就业的，其基本医疗保险关系随本人转移，缴费年限累计计算。

条文注释

本条明确了跨统筹地区就业的个人，其基本医疗保险关系随本人转移的制度。本条强调了“缴费年限累计计算”，是为与本法第二十七条规定的个人“达到法定退休年龄时累计缴费达到国家规定年限的，退休后不再缴纳基本医疗保险费，按照国家规定享受基本医疗保险待遇”相衔接，确保退休人员不因跨多个统筹地区工作而影响其退休后的基本医疗保险待遇。

关于基本医疗关系转移接续手续的办理，按照2009年12月，人力资源和社会保障部、卫生部、财政部联合发布的《流动就业人员基本医疗保障关系转移接续暂行办法》的规定，城镇基本医疗保险参保人员跨统筹地区流动就业，新就业地有接收单位的，由单位按照规定办理登记手续，参加新就业地城镇职工基本医疗保险；无接收单位的，个人应在中止原基本医疗保险关系后的三个月内到新就业地社会保险经办机构办理登记手续，按当地规定参加城镇职工基本医疗保险或城镇居民基本医疗保险。城镇基本医疗保险参保人员跨统筹地区流动就业并参加新就业地城镇基本医疗保险的，由新就业地社会保险经办机构通知原就业地社会保险经办机构办理转移手续，不再享受原就业地基本医疗保险待遇。为方便跨统筹地区就业的人员办理基本医疗保险关系转移手续，《流动就业人员基本医疗保障关系转移接续暂行办法》要求社会保险经办机构要指定窗口或专人，办理流动就业人员的基本医疗保险登记和关系接续等业务；加强信息系统建设，及时记录更新流动人员参保缴费的信息，保证参保记录的完整性和连续性。

2015 年 8 月 27 日，人力资源和社会保障部等联合发布了《关于做好进城落户农民参加基本医疗保险和关系转移接续工作的办法》，该文件要求，"进城落户农民根据自身实际参加相应的城镇基本医疗保险。在城镇单位就业并有稳定劳动关系的，按规定随所在单位参加职工基本医疗保险（即职工医保）；以非全日制、临时性工作等灵活形式就业的，可以灵活就业人员身份按规定参加就业地职工医保，也可以选择参加户籍所在地城镇（城乡）居民基本医疗保险（即居民医保）。其他进城落户农民可按规定在落户地参加居民医保，执行当地统一政策。对参加居民医保的进城落户农民按规定给予参保补助，个人按规定缴费。已参加新型农村合作医疗（即新农合）或居民医保的进城落户农民，实现就业并参加职工医保的，不再享受原参保地新农合或居民医保待遇"。

关联法规

《流动就业人员基本医疗保障关系转移接续暂行办法》

《人力资源和社会保障部等关于做好进城落户农民参加基本医疗保险和关系转移接续工作的办法》

第四章　工　伤　保　险

第三十三条　【参保范围和缴费主体】职工应当参加工伤保险，由用人单位缴纳工伤保险费，职工不缴纳工伤保险费。

条文注释

结合本法与《工伤保险条例》的规定，工伤保险的参保范围主要包括：(1)企业是以营利为目的的经济性组织，包括法人企业和非法人企业，是本法的主要调整对象，包括在中国境内的各种形式的企业。按照所有制划分，有国有企业、集体企业、私营企业、外资企业；按照所在地域划分，有城镇企业、乡镇企业；按照企业的组织结构划分，有公司、合伙、个人独资企业等。(2)有雇工的个体工商户。个体工商户是指依照《个体工商户条例》规定经工商行政管理部门(现市场监督管理部门)登记，从事工商业经营的自然人。(3)事业单位、社会团体、基金会、民办非企业单位(现为社会服务机构)、基金会、律师事务所、会计师事务所等。此外，还应注意的是，关于灵活就业人员(即自雇劳动者)，由于参加工伤保险的前提是建立劳动关系，并且工伤保险实行雇主责任制，由用人单位单方缴费，个人不缴费，因此未将自雇劳动者纳入工伤保险的覆盖范围。

根据本条规定，工伤保险实行用人单位单方缴费制度。即由用人单位为本单位职工缴纳工伤保险费，职工在受到工伤事故伤害时由工伤保险基金为其支付相应的工伤保险待遇。本条在规定用人单位缴费义务的同时，也明确规定职工不缴纳工伤保险费。

第三十四条 【工伤保险费率】国家根据不同行业的工伤风险程度确定行业的差别费率,并根据使用工伤保险基金、工伤发生率等情况在每个行业内确定费率档次。行业差别费率和行业内费率档次由国务院社会保险行政部门制定,报国务院批准后公布施行。

社会保险经办机构根据用人单位使用工伤保险基金、工伤发生率和所属行业费率档次等情况,确定用人单位缴费费率。

条文注释

工伤保险费率实行以支定收、收支平衡的原则来确定,既要保证各项工伤保险待遇及各项合法项目的支出,同时又不要使基金有过多的积累。工伤保险费率的确定与用人单位的所属行业和工伤发生率等情况挂钩,这一点与养老、医疗、失业保险费率的确定方式不同。

2015 年 7 月 22 日,人力资源和社会保障部、财政部印发《关于调整工伤保险费率政策的通知》,其具体规定,(1)关于行业差别费率。按照《国民经济行业分类》(GB/T 4754－2011)对行业的划分,根据不同行业的工伤风险程度,由低到高,依次将行业工伤风险类别划分为一类至八类,不同工伤风险类别的行业执行不同的工伤保险行业基准费率。并通过费率浮动的办法确定每个行业内的费率档次。各统筹地区人力资源社会保障部门要会同财政部门,按照“以支定收、收支平衡”的原则,合理确定本地区工伤保险行业基准费率具体标准,并征求工会组织、用人单位代表的意见,报统筹地区人民政府批准后实施。基准费率的具体标准可根据统筹地区经济产业结构变动、工伤保险费使用等情况适时调整。(2)关于单位费率的确定与浮动。统筹地区社会保险经办机构根据用人单位工伤保险费使用、工伤发生率、职业病危害程度等因素,确定其工伤保险费率,并可依据上述因素变化情况,每一至三年确定其在所属行业不同费率档次间是否浮动。对符合浮动条件的用人单位,每次可上下浮动一档或两档。统筹地区工伤保险最低费率不低于本地区一类风险行业基准费率。费率浮动的具体办法由统筹地区人力资源社会保障部门商财政部门制定,并征求工会组织、用人单位代表的意见。

关联法规

《人力资源社会保障部、财政部关于调整工伤保险费率政策的通知》

《人力资源社会保障部、财政部关于做好工伤保险费率调整工作进一步加强基金管理的指导意见》

第三十五条 【工伤保险费缴纳数额】用人单位应当按照本单位职工工资总额,根据社会保险经办机构确定的费率缴纳工伤保险费。

条文注释

根据本条规定,缴费基数乘以缴费费率之积,即为用人单位应当缴纳的工伤保险费数额。理解本条,应具体注意以下概念:(1)缴费基数。用人单位应当以本单位职工工资总额为缴费基数来缴纳工伤保险费。"本单位职工工资总额",是指用人单位直接支付给本单位全部职工的劳动报酬总额,有两点需要强调:一是支付的对象是全部职工,包括农民工、临时工等建立了劳动关系的各种用工形式、用工期限的所有劳动者,不仅限于用人单位职工花名册的在册职工;二是工资的构成是劳动报酬总额,包括计时工资、计件工资、奖金、津贴和补贴、加班加点工资以及特殊情况下支付的工资。(2)缴费费率。工伤保险缴费费率按照本法第三十四条的规定来确定。先由国务院社会保险行政部门根据不同行业的工伤风险程度确定行业的差别费率,并根据使用工伤保险基金、工伤发生率等情况在每个行业内确定费率档次,再由社会保险经办机构根据用人单位工伤保险费使用、工伤发生率、职业病危害程度等因素,确定其工伤保险费率,并可依据上述因素变化情况,每一至三年确定其在所属行业不同费率档次间是否浮动。

第三十六条 【享受工伤保险待遇】职工因工作原因受到事故伤害或者患职业病,且经工伤认定的,享受工伤保险待遇;其中,经劳动能力鉴定丧失劳动能力的,享受伤残待遇。

工伤认定和劳动能力鉴定应当简捷、方便。

条文注释

根据本条规定,因工作原因受到事故伤害、患职业病是职工进行工伤认定,享受工伤保险待遇的条件。具体而言:(1)因工作原因受到事故伤害,是指职工为履行工作职责、完成工作任务而受到事故伤害,是最为普遍的工伤情形。事故伤害,即职工在工作过程中,可能会遇到暴力、中毒、爆炸等各类事故,一般包括安全事故、意外事故以及自然灾害等各种形式的事故。工作时间、工作地点和工作原因是工伤认定的三个基本要素。工作原因是工伤认定的核心要素。判定是否因工作原因,应当从是否属于本岗工作、是否属于与工作有关的预备性或者收尾性工作、是否属于单位临时指派的工作、是否属于维护国家利益、公共利益的活动等方面考虑。在工伤认定中,要将工作时间、工作地点和工作原因三个要素联系在一起进行具体判定,但在前两个要素不易界定的情况下,工作原因的判定对于工伤认定具有关键的意义。(2)患职业病。职业病是指职工在职业活动中,因接触粉尘、放射性物质和其他有毒、有害物质等因素而引起的职业性疾病。关于职业病的分类,目前执行的是2013年版的《职业病分类和目录》。是否患有职业病,需经过医疗卫生机构的诊断,对诊断结果有异议的,可以向卫生行政部门申请职业病鉴定,《职业病诊断与鉴定管理办法》对职业病诊断和鉴定的程序、诊断鉴定的主体资格等作出了明确具体的规定。职工经诊断或鉴定确患职业病,并经过工伤认定属于工伤或视同工伤的,可以享受工伤保险待遇。

根据本条规定，享受工伤保险待遇要经过工伤认定和劳动能力鉴定。具体而言：(1)进行工伤认定。工伤认定是指社会保险行政部门依据法律的授权，对职工因事故受到伤害或者患职业病的情形是否属于工伤或者视同工伤给予定性的行政确认行为，是受到事故伤害或者患职业病的职工享受工伤保险待遇的前提。工伤认定的结果包括认定为工伤、视同工伤、非工伤和不视同工伤。工伤认定的程序包括申请、受理、审核、调查核实、作出认定等，并有严格的时限规定。《工伤保险条例》明确规定了应当认定为工伤的情形、视同工伤的情形以及不得认定或视同工伤的情形。《工伤认定办法》也对工伤认定的申请、调查、时限、决定作出、争议处理等作出了具体的规定。(2)进行劳动能力鉴定。劳动能力鉴定是指法定机构对劳动者在职业活动中因工负伤或患职业病后，根据国家工伤保险法规规定，在评定伤残等级时通过医学检查对劳动功能障碍程度（伤残程度）和生活自理障碍程度做出的技术性鉴定结论。这具体包括劳动功能障碍程度和生活自理障碍程度的等级鉴定。工伤职工进行劳动能力鉴定有三个条件：第一，应在经过治疗，伤情处于相对稳定的状态后进行；第二，必须存在残疾，主要表现在身体上的残疾，如某一器官的损伤或是肢体残疾等；第三，必须对工作、生活产生了直接的影响，伤残程度已经影响到职工本人的劳动能力。

关联法规

《工伤认定办法》

《职业病诊断与鉴定管理办法》

《工伤职工劳动能力鉴定管理办法》

《职业病分类和目录》

《劳动能力鉴定 职工工伤与职业病致残等级（GB/T 16180－2014）》

第三十七条 【不认定工伤的情形】职工因下列情形之一导致本人在工作中伤亡的,不认定为工伤:

(一)故意犯罪;

(二)醉酒或者吸毒;

(三)自残或者自杀;

(四)法律、行政法规规定的其他情形。

条文注释

根据本条规定,因以下情形之一导致在工作中伤亡的,不认定为工伤:(1)故意犯罪。故意犯罪是指明知自己的行为会发生危害社会的结果,并且希望或者放任这种结果发生,因而构成犯罪的情形。在工伤认定的过程中,犯罪职工的主观动机,也就是故意或者过失,对职工受伤性质的定性起着决定性作用。同时应注意,对于职工究竟是故意犯罪还是过失犯罪,应当依据司法机关的判决来判断,而不是由工伤认定机构或是社会保险行政部门自行判断。(2)醉酒或者吸毒。通过对行为人体内酒精含量的检测,如果发现行为人体内的酒精含量达到或超过一定标准,就应认定为醉酒。而对于吸毒,在医学上多称药物依赖和药物滥用,是指不以医疗为目的,采取各种方式滥用麻醉药品与精神药品。吸毒的方式既包括烟吸,也包括口服、鼻吸、肌肉注射和静脉注射等。(3)自残或者自杀。自残是指通过各种手段和方法伤害自己的身体,并造成伤害结果的行为,自残的最极端情况就是自杀。自残或自杀与工作没有必然的因果联系,职工本人对自己的伤亡存在着主观故意,则应当对伤亡自行承担后果。(4)法律、行政法规规定的其他情形。还应注意,本法将规定排除工伤认定范围的权利限于法律和行政法规,部门规章、地方性法规等无权作此规定。

第三十八条　【工伤保险基金支付的待遇】因工伤发生的下列费用，按照国家规定从工伤保险基金中支付：

（一）治疗工伤的医疗费用和康复费用；

（二）住院伙食补助费；

（三）到统筹地区以外就医的交通食宿费；

（四）安装配置伤残辅助器具所需费用；

（五）生活不能自理的，经劳动能力鉴定委员会确认的生活护理费；

（六）一次性伤残补助金和一至四级伤残职工按月领取的伤残津贴；

（七）终止或者解除劳动合同时，应当享受的一次性医疗补助金；

（八）因工死亡的，其遗属领取的丧葬补助金、供养亲属抚恤金和因工死亡补助金；

（九）劳动能力鉴定费。

第三十九条　【用人单位支付的待遇】因工伤发生的下列费用，按照国家规定由用人单位支付：

（一）治疗工伤期间的工资福利；

（二）五级、六级伤残职工按月领取的伤残津贴；

（三）终止或者解除劳动合同时，应当享受的一次性伤残就业补助金。

条文注释

结合本法和相关规定，工伤保险待遇可以分为医疗待遇、工资待遇、伤残待遇、死亡待遇、就业补助待遇。

1. 职工因工作遭受事故伤害或者罹患职业病进行治疗，享受以下工伤医疗待遇：一是工伤医疗费用，包括治疗工伤所需费用符合工伤保险诊疗项目目录、工伤保险药品目录、工伤保险住院服务标准的，从工伤保险基金支付；二是康复性治疗费用，即工伤职工到签订服务协议的医疗机构进行康复性治疗的费用，符合规定的，从工伤保险基金支付；三是辅助器具安装配置费用，即工伤职工因日常生活或者就业需要，经劳动能力鉴定委员会确认，可以安装假肢、矫形器、假眼、假牙和配置轮椅等辅助器具，所需费用按照国家规定的标准从工伤保险基金支付；四是住院伙食补助费和转外地治疗的交通、食宿费。职工住院治疗工伤的伙食补助费，以及经医疗机构出具证明，报经办机构同意，工伤职工到统筹地区以外就医所需的交通、食宿费用从工伤保险基金支付。另外，工伤职工治疗非工伤引发的疾病，不享受工伤医疗待遇，按照基本医疗保险办法处理。

2. 职工因工作遭受事故伤害或者罹患职业病需要暂停工作接受工伤医疗的，在停工留薪期内，原工资福利待遇不变，由所在单位按月支付。停工留薪期一般不超过十二个月。伤情严重或者情况特殊，经设区的市级劳动能力鉴定委员会确认，可以适当延长，但是，延长不得超过十二个月。工伤职工评定伤残等级后，停发原待遇，按照《工伤保险条例》的有关规定享受伤残待遇。工伤职工在停工留薪期满后仍需治疗的，继续享受工伤医疗待遇。

3. 伤残待遇和就业辅助待遇。根据《工伤保险条例》相关规定，具体而言：

第一，职工因工致残被鉴定为一级至四级伤残的，保留劳动关系，退出工作岗位，享受以下待遇：(1) 从工伤保险基金按伤残等级支付一次性伤残补助金，标准为：一级伤残为二十七个月的本人工资，二级伤残为二十五个月的本人工资，三级伤残为二十三个月的本人工资，四级伤残为二十一个月的本人工资；(2) 从工伤保险基金按月支付伤残津贴，标准为：一级伤残为本人工资的百分之九十，二级伤残为本人工资的百分之八十五，三级伤残为本人工资的百分之八十，四级伤残为本人工资的百分之七十五。伤残津贴实际金额低于当地最低工资标准的，由工伤保险基金补足差额；(3) 工伤职工达到退休年龄并办理退休手续后，停发伤残津贴，按照国家有关规定享受基本养老保险待遇。基本养老保险待遇低于伤残津贴的，由工伤保险基金补足差额。职工因工致残被鉴定为一级至四级伤残的，由用人单位和职工个人以伤残津贴为基数，缴纳基本医疗保险费。

第二，职工因工致残被鉴定为五级、六级伤残的，享受以下待遇：(1)从工伤保险基金按伤残等级支付一次性伤残补助金，标准为：五级伤残为十八个月的本人工资，六级伤残为十六个月的本人工资；(2)保留与用人单位的劳动关系，由用人单位安排适当工作。难以安排工作的，由用人单位按月发给伤残津贴，标准为：五级伤残为本人工资的百分之七十，六级伤残为本人工资的百分之六十，并由用人单位按照规定为其缴纳应缴纳的各项社会保险费。伤残津贴实际金额低于当地最低工资标准的，由用人单位补足差额。经工伤职工本人提出，该职工可以与用人单位解除或者终止劳动关系，由工伤保险基金支付一次性工伤医疗补助金，由用人单位支付一次性伤残就业补助金。

第三，职工因工致残被鉴定为七级至十级伤残的，享受以下待遇：(1)从工伤保险基金按伤残等级支付一次性伤残补助金，标准为：七级伤残为十三个月的本人工资，八级伤残为十一个月的本人工资，九级伤残为九个月的本人工资，十级伤残为七个月的本人工资；(2)劳动、聘用合同期满终止，或者职工本人提出解除劳动、聘用合同的，由工伤保险基金支付一次性工伤医疗补助金，由用人单位支付一次性伤残就业补助金。

4. 职工因工死亡待遇包括丧葬补助金、供养亲属抚恤金和一次性工亡补助金三个部分，由其直系亲属按照下列规定从工伤保险基金领取：(1)丧葬补助金。其标准为：六个月的统筹地区上年度职工月平均工资。(2)供养亲属抚恤金。按照职工本人工资的一定比例发给由因工死亡职工生前提供主要生活来源、无劳动能力的亲属，标准为：配偶每月百分之四十，其他亲属每人每月百分之三十，孤寡老人或者孤儿每人每月在上述标准的基础上增加百分之十。核定的各供养亲属的抚恤金之和不应高于因工死亡职工生前的工资。(3)一次性工亡补助金。其标准为：上一年度全国城镇居民人均可支配收入的二十倍。

第四十条 【与职工基本养老保险的衔接】工伤职工符合领取基本养老金条件的，停发伤残津贴，享受基本养老保险待遇。基本养老保险待遇低于伤残津贴的，从工伤保险基金中补足差额。

条文注释

伤残津贴与基本养老金的衔接，是针对伤残等级为一至四级的工伤职工和五级、六级伤残职工中用人单位难以为其安排工作的工伤职工而言的。这部分职工，已经完全丧失了劳动能力，或难以找到合适的工作岗位、丧失了就业的条件，其基本生活依靠伤残津贴而非工资予以保障，因而产生了在达到退休条件后是继续享受伤残津贴，还是转而享受基本养老金的问题。根据《工伤保险条例》的规定，职工因工致残被鉴定为一级至四级伤残的，保留劳动关系，退出工作岗位，享受相关待遇。工伤职工达到退休年龄并办理退休手续后，停发伤残津贴，按照国家有关规定享受基本养老保险待遇。基本养老保险待遇低于伤残津贴的，由工伤保险基金补足差额。职工因工致残被鉴定为五级、六级伤残的，保留与用人单位的劳动关系，由用人单位安排适当工作。难以安排工作的，由用人单位按月发给伤残津贴，并由用人单位按照规定为其缴纳应缴纳的各项社会保险费。伤残津贴实际金额低于当地最低工资标准的，由用人单位补足差额。

第四十一条 【未缴费单位的工伤处理】职工所在用人单位未依法缴纳工伤保险费，发生工伤事故的，由用人单位支付工伤保险待遇。用人单位不支付的，从工伤保险基金中先行支付。

从工伤保险基金中先行支付的工伤保险待遇应当由用人单位偿还。用人单位不偿还的，社会保险经办机构可以依照本法第六十三条的规定追偿。

条文注释

本条在明确用人单位不缴纳工伤保险费应承担工伤保险待遇责任的同时，对用人单位不支付或者无力支付职工工伤待遇的，规定由工伤保险基金先行支付，保证工伤职工能够及时得到医疗救治，享受工伤保险待遇。这即是工伤保险先行支付制度，是指在工伤事故发生后，用人单位拒不支付或者无力支付未参保职工的工伤保险待遇时，由工伤保险基金先行支付，再由社会保险经办机构向用人单位追偿的制度。同时，为了保证社会保险费的征缴和追偿，使社会保险费征收机构、社会保险经办机构能够依法履行职责，本法第六十三条规定了针对用人单位未按时足额缴纳社会保险费的，社会保险费征收机构可以使用的强制措施和手段。对于工伤保险基金先行支付的工伤保险待遇，本条规定，用人单位不偿还的，按照未按时足额缴纳社会保险费来对待，社会保险经办机构可以依照本法第六十三条的规定追偿，并按照本法第八十六条的规定加收滞纳金和罚款。需要说明的是，用人单位在按照规定补缴工伤保险费和滞纳金、罚款后，其职工发生工伤的，工伤保险待遇仍由工伤保险基金支付。

第四十二条　【第三人造成工伤的处理】由于第三人的原因造成工伤，第三人不支付工伤医疗费用或者无法确定第三人的，由工伤保险基金先行支付。工伤保险基金先行支付后，有权向第三人追偿。

条文注释

由于第三人侵权导致职工工伤的，同时违反了《侵权责任法》和《社会保险法》。根据这两部法律的规定，职工可以向侵权的第三人要求民事侵权损害赔偿，也可以向工伤保险基金要求享受工伤保险待遇，出现了民事侵权损害赔偿责任和工伤保险补偿责任的竞合。《社会保险法》中此处的“第三人”，是指用人单位以外的第三人或受雇于同一用人单位的劳动者以外的第三人，可以是自然人，也可以是法人或其他组织。“第三人不支付”既包括拒不支付的情形,也包括不能支付的情形。通常情况下,由于第三人的原因造成工伤的,应当由第三人承担医疗费用,第三人不支付工伤医疗费用或者无法确定第三人的,由工伤保险基金先行支付。工伤保险基金先行支付后,有权向第三人追偿。最终责任人在于该第三人,最终的赔偿义务落脚点也在该第三人身上。

第四十三条 【停止享受待遇的情形】工伤职工有下列情形之一的,停止享受工伤保险待遇:

(一)丧失享受待遇条件的;

(二)拒不接受劳动能力鉴定的;

(三)拒绝治疗的。

条文注释

工伤职工享受工伤保险待遇的权利与一定的条件和义务相对应。当丧失了享受的条件或不履行义务时,就失去了相应的权利。根据本条规定,工伤职工停止享受工伤保险待遇主要有以下情形:(1)丧失享受待遇条件的。即工伤职工在享受工伤保险待遇期间情况发生变化,不再具备享受工伤保险待遇的条件,如劳动能力得以完全恢复的、生活已能够完全自理的、伤残等级有所变化的,就应当停止享受相应的工伤保险待遇。此外,工亡职工的亲属,在某些情形下,也会丧失享受有关待遇的条件,如享受抚恤金的工亡职工的子女达到了一定的年龄或就业的,受供养亲属死亡的,就会导致其丧失享受供养亲属抚恤金的待遇。(2)拒不接受劳动能力鉴定的。劳动能力鉴定结论是确定不同程度的补偿、合理调换工作岗位和恢复工作等的前提与依据。(3)拒绝治疗的。这是因为职工遭受工伤事故或患职业病后,有享受工伤医疗待遇的权利,也有积极配合医疗救治的义务,如果无正当理由拒绝治疗,就有悖于工伤保险促进职业康复的宗旨。

第五章　失业保险

第四十四条　【失业保险参保范围和缴费主体】职工应当参加失业保险，由用人单位和职工按照国家规定共同缴纳失业保险费。

条文注释

失业保险是指国家通过立法强制缴费建立基金，对因失业而暂时中断生活来源的劳动者提供物质帮助的制度。其主要特征有：(1)普遍性。失业保险主要是为了保障劳动者失业后的基本生活而建立的，在确定适用范围时，参保单位应不分行业、所有制性质，不分城镇职工还是农民工。所有参加失业保险的职工，在解除或终止劳动关系后，只要符合条件都有享受失业保险待遇的权利。(2)强制性。失业保险是通过国家立法来强制实施的，在失业保险制度覆盖范围内的单位及其职工有参加失业保险并缴费的义务。(3)互济性。失业保险基金主要面向社会筹集，由单位、个人资金等共同负担，缴费比例、缴费方式相对稳定。筹集的失业保险资金，全部并入失业保险基金，在统筹地区内统一调度使用以发挥互济功能。

1999年，国务院发布了《失业保险条例》，进一步扩大了失业保险的覆盖范围，将城镇所有企业、事业单位及其职工都纳入了失业保险的范围，并且规定各省级人民政府确定可以确定社会团体及其专职人员、民办非企业单位及其职工、城镇有雇工的个体工商户及其雇工可否纳入失业保险范围。《失业保险条例》同时规定失业保险基金由下列各项构成：(1)城镇企业事业单位、城镇企业事业单位职工缴纳的失业保险费；(2)失业保险基金的利息；(3)财政补贴；(4)依法纳入失业保险基金的其他资金。在费用负担方面，根据《失业保险条例》规定，城镇企业事业单位按照本单位工资总额的百分之二缴纳失业保险费，城镇企业事业单位职工按照本人工资的百分之一缴纳失业保险费。

第四十五条 【领取失业保险金的条件】失业人员符合下列条件的,从失业保险基金中领取失业保险金:

(一)失业前用人单位和本人已经缴纳失业保险费满一年的;

(二)非因本人意愿中断就业的;

(三)已经进行失业登记,并有求职要求的。

条文注释

失业人员一般是指在劳动年龄内有劳动能力,目前无工作但正以某种方式在寻找工作的人员,包括就业转失业的人员和新生劳动力中未实现就业的人员。本法所指失业人员只限定为就业转失业的人员。在法定劳动年龄内的人员,若不具备相应的劳动能力,也不能视为失业人员,如精神病人、完全伤残不能从事任何社会性劳动的人员等。这里的劳动能力,是指失业人员具有从事正常社会劳动的行为能力。

本法所称失业保险基金,是国家通过立法建立的支付失业保险待遇的资金。这主要用于保障失业人员基本生活的支出,包括支付失业保险金,支付领取失业保险金期间的医疗补助金,支付领取失业保险金期间死亡的失业人员的丧葬补助金和其供养的配偶、直系亲属的抚恤金等。失业保险基金由用人单位和职工缴纳的失业保险费、失业保险基金的利息、财政补贴和依法纳入失业保险基金的其他资金构成。本条中的领取的失业保险金,是失业保险经办机构支付给失业人员的,用以保障其基本生活的,从失业保险基金中提取的资金,是最主要的失业保险待遇。

根据本条规定,参加失业保险的职工失业后要领取失业保险金,必须符合以下条件:(1)失业前用人单位和本人已经缴纳失业保险费满一年。(2)非因本人意愿中断就业。即因本人无法控制的原因而被迫中断就业。结合《实施〈中华人民共和国社会保险法〉若干规定》和《劳动合同法》的规定，非因本人意愿中断就业一般是指终止劳动合同的，被用人单位解除劳动合同的，被用人单位开除、除名和辞退的，以及因用人单位用工不当而依法与用人单位解除劳动合同等情形。(3)已进行失业登记，并有求职要求。办理失业登记是失业人员领取失业保险金的必经程序。

失业人员符合申领失业保险金条件的，失业保险经办机构应当依照规定发放给失业人员失业保险金。根据《失业保险条例》规定，失业保险金由社会保险经办机构按月发放，失业人员凭社会保险经办机构开具的单证到指定银行领取失业保险金。

第四十六条 【领取失业保险金的期限】失业人员失业前用人单位和本人累计缴费满一年不足五年的，领取失业保险金的期限最长为十二个月；累计缴费满五年不足十年的，领取失业保险金的期限最长为十八个月；累计缴费十年以上的，领取失业保险金的期限最长为二十四个月。重新就业后，再次失业的，缴费时间重新计算，领取失业保险金的期限与前次失业应当领取而尚未领取的失业保险金的期限合并计算，最长不超过二十四个月。

条文注释

根据失业人员失业前用人单位和本人累计缴费期限，本条规定了三档领取失业保险金的期限，分别为十二个月、十八个月和二十四个月。这三档期限为最长期限，不是实际领取期限，实际期限根据失业人员的重新就业情况确定，可以少于或等于最长期限。职工失业后，按照规定领取失业保险金，在此期间，职工如果重新就业，则其应该停止领取失业保险金，并重新开始缴纳失业保险费，重新计算缴费时间。这样，失业人员实际领取失业保险金的期限有可能会少于可以领取的最大期限，即会存在一个剩余期限。如果职工重新就业后又再次失业，可以根据重新计算的缴费时间来领取失业保险金。除此之外，如果再次失业人员还有前次失业期间的剩余的领取失业保险金期限,则可根据本条规定,将再次失业后领取失业保险金的期限与前次应当领取而未领取的失业保险金期限合并计算。需要注意的是,如果出现合并期限超过二十四个月的情形,根据本条规定,失业人员最长只能领取二十四个月的失业保险金。

第四十七条 【失业保险金标准】失业保险金的标准,由省、自治区、直辖市人民政府确定,不得低于城市居民最低生活保障标准。

条文注释

本条将失业保险金标准的制定授权给省级人民政府,包括省人民政府、自治区人民政府和直辖市人民政府。目前,各省级人民政府大多采用以当地最低工资标准的百分比来确定失业保险金的具体数额。

本条规定中的城市居民最低生活标准,由各地人民政府根据当地基本生活必需品费用和财政承受能力自行确定,并且随着生活必需品价格的变化和人民生活水平的提高适时调整。

第四十八条 【失业人员享受基本医疗保险待遇】失业人员在领取失业保险金期间,参加职工基本医疗保险,享受基本医疗保险待遇。

失业人员应当缴纳的基本医疗保险费从失业保险基金中支付,个人不缴纳基本医疗保险费。

条文注释

根据本条规定,失业人员享受基本医疗保险待遇。同时,失业人员的基本医疗保险费由失业保险基金负担。需要说明的是,失业保险基金所支付的基本医疗保险费包括个人应当缴纳的部分和用人单位应当缴纳的部分,统筹地区可以对缴纳标准等作出具体规定。

第四十九条 【失业保险丧葬补助金和抚恤金】失业人员在领取失业保险金期间死亡的,参照当地对在职职工死亡的规定,向其遗属发给一次性丧葬补助金和抚恤金。所需资金从失业保险基金中支付。

个人死亡同时符合领取基本养老保险丧葬补助金、工伤保险丧葬补助金和失业保险丧葬补助金条件的,其遗属只能选择领取其中的一项。

条文注释

失业保险丧葬补助金是指对失业人员在领取失业保险金期间死亡的,由失业保险基金支付给其遗属一定数额的用以安排丧葬事宜的资金。抚恤金是指对失业人员领取失业保险金期间死亡的,由失业保险基金发给其亲属的费用。《失业保险条例》第十条规定,领取失业保险金期间死亡的失业人员的丧葬补助金和其供养的配偶、直系亲属的抚恤金属于失业保险基金的支出项目。本法基本延续了《失业保险条例》所规定的此项制度,规定失业人员在领取失业保险金期间死亡的,参照当地对在职职工死亡的规定,向其遗属发给丧葬补助金和抚恤金。具体数额需要各地参照对在职职工死亡的有关标准来确定。

此外,除了失业保险规定了丧葬补助金外,基本养老保险、工伤保险也规定了丧葬补助金:本法第十七条规定,参加基本养老保险的个人,因病或者非因工死亡的,其遗属可以领取丧葬补助金和抚恤金;第三十八条规定,因工死亡的,其遗属可以按照国家规定从工伤保险基金中领取丧葬补助金、供养亲属抚恤金和因工死亡补助金。在此情况下,就可能发生失业人员死亡的同时符合领取基本养老保险丧葬补助金和失业保险丧葬补助金,或者同时符合领取工伤保险丧葬补助金和失业保险丧葬补助金,或者同时符合领取基本养老保险丧葬补助金、工伤保险丧葬补助金、失业保险补助金的三种情形。根据本条规定,可以通过比较,自主选择一项保险基金的丧葬补助金。

第五十条 【失业保险金领取程序】用人单位应当及时为失业人员出具终止或者解除劳动关系的证明，并将失业人员的名单自终止或者解除劳动关系之日起十五日内告知社会保险经办机构。

失业人员应当持本单位为其出具的终止或者解除劳动关系的证明，及时到指定的公共就业服务机构办理失业登记。

失业人员凭失业登记证明和个人身份证明，到社会保险经办机构办理领取失业保险金的手续。失业保险金领取期限自办理失业登记之日起计算。

条文注释

劳动合同法第五十条规定，用人单位应当在解除或者终止劳动合同时出具解除或者终止劳动合同的证明，并在十五日内为劳动者办理档案和社会保险关系转移手续。本条第一款进一步明确，及时为失业人员出具终止或者解除劳动关系的证明，并将失业人员的名单告知社会保险经办机构是用人单位的应尽义务。如果用人单位拒不出具终止或者解除劳动关系证明，依照本法可以适用劳动合同法有关法律责任的规定，即由劳动行政部门责令改正，给劳动者造成损害的，承担赔偿责任。

根据目前有关规定和各地实践，失业人员申领失业保险金应填写失业保险金申领表，并出示以下证明材料：本人身份证明；所在单位出具的终止或解除劳动合同的证明；失业登记；经办机构规定的其他材料。经办机构受理失业人员领取失业保险金申请后，应当及时对申领者的资格进行审核认定。对审核符合领取失业保险金条件的，按规定计算申领者领取失业保险金的数额和期限，在失业保险金申领表上填写审核意见和核定金额，并建立失业保险金领取台账，同时将审核结果告知失业人员，发给领取失业保险待遇证件。对审核不符合领取失业保险金条件的，也应告知失业人员，并说明原因。失业保险金应按月发放,可以由经办机构开具单证,失业人员凭单证到指定银行领取。失业人员领取失业保险金,经办机构应要求本人按月办理领取手续,同时向经办机构如实说明求职和接受职业指导和职业培训情况。对领取失业保险金期限即将届满的失业人员,经办机构应提前告知本人。

关联法规

《失业保险金申领发放办法》

第五十一条 【停止领取失业保险金的情形】失业人员在领取失业保险金期间有下列情形之一的,停止领取失业保险金,并同时停止享受其他失业保险待遇:

(一)重新就业的;

(二)应征服兵役的;

(三)移居境外的;

(四)享受基本养老保险待遇的;

(五)无正当理由,拒不接受当地人民政府指定部门或者机构介绍的适当工作或者提供的培训的。

条文注释

失业人员在领取失业保险金期间,有可能会发生情况变化,致使其丧失继续享受失业保险待遇的条件。在这种情况下,应当停止其享受失业保险待遇。根据本条规定,在五种情形下失业人员不得继续享受失业保险待遇:(1)重新就业。即其身份便转变为从业人员,不再属于失业保险的保障范围,不能再继续享受失业保险待遇。(2)应征服兵役。失业人员在享受失业保险待遇期间,符合条件的,可以应征服兵役,根据有关军事法律、法规、条令享受服役和生活保障。(3)移居境外。(4)享受基本养老保险待遇。根据本法规定,基本养老保险实行累计缴费,失业人员失业前参加基本养老保险并按规定缴费的,在其享受失业保险待遇期间,基本养老保险关系暂时中断,其缴费年限和个人账户可以存续,待重新就业后,应当接续基本养老保险关系。失业人员达到退休年龄时缴费满十五年可以从享受失业保险待遇直接过渡到享受基本养老保险待遇，基本生活由基本养老保险金予以保障，在这种情况下，应当停止其享受失业保险待遇。(5)无正当理由，拒不接受当地人民政府指定部门或者机构介绍的适当工作或者提供的培训。无正当理由拒绝介绍的工作应为与失业人员的年龄、身体状况、受教育程度、工作经历、工作能力及求职意愿基本相符的工作。

第五十二条 【失业保险关系的转移接续】职工跨统筹地区就业的，其失业保险关系随本人转移，缴费年限累计计算。

条文注释

《失业保险条例》第二十二条规定，城镇企业事业单位成建制跨统筹地区转移，失业人员跨统筹地区流动的，失业保险关系随之转迁。2002年，原劳动和社会保障部办公厅发布《关于单位成建制跨统筹地区转移和职工在职期间跨统筹地区转换工作单位时失业保险关系转迁有关问题的通知》，规定城镇企业事业单位成建制跨统筹地区转移或职工在职期间跨统筹地区转换工作单位的，失业保险关系应随之转迁。其中，跨省、自治区、直辖市的，其在转出前单位和职工个人缴纳的失业保险费不转移；在省、自治区内跨统筹地区的，是否转移失业保险费由省劳动保障行政部门确定。转出地失业保险经办机构应为转出单位或职工开具失业保险关系转迁证明。转出单位或职工应在开具证明后六十日内到转入地经办机构办理失业保险关系接续手续，并自转出地停止缴纳失业保险费的当月起，按转入地经办机构核定的缴费基数缴纳失业保险费。转出前后的缴费时间合并计算。转入地经办机构应及时办理有关手续，并提供相应服务。根据《失业保险条例》及原劳动和社会保障部的规定，各地方细化了跨省级行政区域的转移接续制度，规定了省级行政区域内不同统筹地区间的转移接续。

第六章 生 育 保 险

第五十三条 【生育保险参保范围和缴费主体】职工应当参加生育保险，由用人单位按照国家规定缴纳生育保险费，职工不缴纳生育保险费。

条文注释

1994年原劳动部颁布了《企业职工生育保险试行办法》，为保障女职工生育提供了法律依据，试行办法对生育保险的基本原则、实施范围、待遇标准等作了明确规定，成为我国沿用至今的推进生育保险制度改革的主要政策依据。本章关于生育保险的制度设计也参考了该办法的一些规定。本法本条规定，职工应当参加生育保险，这里的职工主要指企业职工和机关、社会团体和事业单位的劳动合同制职工。在缴费方式上生育保险与工伤保险相同，都是由用人单位缴纳，职工个人不需缴纳。

2019年3月6日，国务院办公厅发布《关于全面推进生育保险和职工基本医疗保险合并实施的意见》，推进两项保险合并实施，实现参保同步登记、基金合并运行、征缴管理一致、监督管理统一、经办服务一体化。

关联法规

《企业职工生育保险试行办法》

《国务院办公厅关于全面推进生育保险和职工基本医疗保险合并实施的意见》

《人力资源社会保障部、财政部、国家卫生计生委关于做好当前生育保险工作的意见》

第五十四条　【生育保险待遇】用人单位已经缴纳生育保险费的，其职工享受生育保险待遇；职工未就业配偶按照国家规定享受生育医疗费用待遇。所需资金从生育保险基金中支付。

生育保险待遇包括生育医疗费用和生育津贴。

条文注释

享受生育保险待遇的范围包括参保的职工以及参保职工的未就业配偶。生育保险待遇主要包括两项：生育医疗费用和生育津贴。生育医疗费用包括妇女妊娠、分娩、产后的医疗照顾以及实施节育手术时所产生的费用；生育津贴是妇女因生育离开工作岗位，由生育保险基金支付的生活费用。

第五十五条　【生育医疗费用】生育医疗费用包括下列各项：

（一）生育的医疗费用；

（二）计划生育的医疗费用；

（三）法律、法规规定的其他项目费用。

条文注释

生育医疗费用是指由医院为生育女职工提供的妊娠、分娩、产后的医疗照顾以及职工实施节育手术时所产生的费用。根据本条规定，具体包括：(1)生育的医疗费用。指女职工在妊娠期、分娩期、产褥期内，因生育所发生的检查费、接生费、手术费、住院费、药费等医疗费用。生育出院后，因生育引起疾病的医疗费，也由生育保险基金支付。这里需要注意的是，在生育期间超出规定的医疗服务费和药费（含自费药品和营养药品的药费）由职工个人负担。(2)计划生育的医疗费用。职工计划生育手术费用是指职工因实行计划生育需要，实施放置（取出）宫内节育器、流产术、引产术、绝育及复通手术所发生的医疗费用。参保职工在基本医疗保险定点医疗机构和经计划生育行政管理部门、劳动保障部门认可的计划生育服务机构实施计划生育手术,其费用可以由生育保险基金支付。(3)法律、法规规定的其他项目费用。目前各地根据自己的经济发展水平,生育人口的数量,规定了不同医疗费支出项目。

第五十六条　【生育津贴】职工有下列情形之一的,可以按照国家规定享受生育津贴:

(一)女职工生育享受产假;

(二)享受计划生育手术休假;

(三)法律、法规规定的其他情形。

生育津贴按照职工所在用人单位上年度职工月平均工资计发。

条文注释

生育津贴指国家法律法规规定对职业妇女因生育而离开工作岗位期间,给予的生活费用,用以保障女职工产假期间的基本生活需要。根据本条规定,职工有下列情形之一的,可以按照国家规定享受生育津贴:(1)女职工生育享受产假。产假是指国家法律、法规规定,给予职工在生育过程中休息的期限,即女职工在分娩前和分娩后的一定时间内所享有的假期。《劳动法》第六十二条规定:"女职工生育享受不少于九十天的产假。"根据2012年4月28日国务院发布的《女职工劳动保护特别规定》,女职工生育享受九十八天产假,其中产前可以休假十五天;难产的,增加产假十五天;生育多胞胎的,每多生育一个婴儿,可增加产假十五天。(2)享受计划生育手术休假。根据《人口与计划生育法》,公民实行计划生育手术,享受国家规定的休假;地方人民政府可以给予奖励。(3)法律、法规规定的其他情形。各地对生育保险都有相应的管理规定,津贴的发放项目和发放范围有所差异。

关联法规

《女职工劳动保护特别规定》

第七章　社会保险费征缴

第五十七条　【用人单位社会保险登记】用人单位应当自成立之日起三十日内凭营业执照、登记证书或者单位印章，向当地社会保险经办机构申请办理社会保险登记。社会保险经办机构应当自收到申请之日起十五日内予以审核，发给社会保险登记证件。

用人单位的社会保险登记事项发生变更或者用人单位依法终止的，应当自变更或者终止之日起三十日内，到社会保险经办机构办理变更或者注销社会保险登记。

市场监督管理部门、民政部门和机构编制管理机关应当及时向社会保险经办机构通报用人单位的成立、终止情况，公安机关应当及时向社会保险经办机构通报个人的出生、死亡以及户口登记、迁移、注销等情况。

条文注释

结合本法和相关规定，用人单位社会保险登记具体分为：(1)成立登记。所有用人单位一经成立就应当自成立之日起三十日内凭营业执照、登记证书或者单位印章，向当地社会保险经办机构申请办理社会保险登记。(2)变更登记。用人单位的社会保险登记事项发生变更或者用人单位依法终止的，应当自变更或终止之日起三十日内持社会保险登记证件到原先办理登记的社会保险经办机构办理变更登记。用人单位应当按照要求填写变更登记表格，向原社会保险登记机构提交变更登记申请，并提供有关登记事项发生变更的证明材料。变更登记表格和有关材料经社会保险经办机构审核，符合要求的，归入用人单位社会保险登记档案。社会保险变更登记的内容涉及社会保险登记证件的内容，需更换社会保险登记证件的，社会保险经办机构应当收回原社会保险登记证件,并按更改后的内容,重新核发社会保险登记证件。(3)注销登记。用人单位发生解散、破产、撤销、合并以及其他情形依法终止时,应当及时向原先办理登记的社会保险经办机构申请办理注销社会保险登记。办理注销登记时,应当提交注销登记申请、法律文书或其他有关注销的文件。经社会保险经办机构核准,注销用人单位的社会保险登记,并缴销社会保险登记证件。在办理注销社会保险登记前,用人单位应当结清应缴纳的社会保险费、滞纳金、罚款。

第五十八条 【个人社会保险登记】用人单位应当自用工之日起三十日内为其职工向社会保险经办机构申请办理社会保险登记。未办理社会保险登记的,由社会保险经办机构核定其应当缴纳的社会保险费。

自愿参加社会保险的无雇工的个体工商户、未在用人单位参加社会保险的非全日制从业人员以及其他灵活就业人员,应当向社会保险经办机构申请办理社会保险登记。

国家建立全国统一的个人社会保障号码。个人社会保障号码为公民身份号码。

条文注释

根据本条规定,社会保险登记对象分为强制性的适用对象和自愿参加的适用对象。具体而言:

1. 强制性适用对象为用人单位的职工。职工由用人单位代为办理个人社会保险登记。按《劳动合同法》的规定,用人单位自用工之日起即与劳动者建立劳动关系。用工之日,指用人单位实际用工,劳动者实际提供劳动之日。已签订劳动合同但未实际用工的,自实际用工日起建立劳动关系。已实际用工,但未签订劳动合同的,不影响劳动关系的建立。建立劳动关系后,用人单位就有义务为职工办理社会保险登记。用人单位应当在三十日的期限内尽快为职工办理登记。职工个人的社会保险登记不是一次性的,登记事项发生变化的，用人单位应当向社会保险经办机构申请办理变更登记。职工变更用人单位的，新的用人单位应当自用工之日起三十日内为其向社会保险经办机构申请办理登记。用人单位未办理社会保险登记的，本条规定由社会保险经办机构核定其应当缴纳的社会保险费。实践中，社会保险经办机构可以通过查阅用人单位职工名册、工资表等资料，获取该用人单位有关职工人数、工资总额等数据，核定其应当缴纳的社会保险费。

2. 自愿参加的适用对象。灵活就业人员自行办理个人社会保险登记。自愿参加社会保险的无雇工的个体工商户、未在用人单位参加社会保险的非全日制从业人员以及其他灵活就业人员，应当自行向社会保险经办机构申请办理社会保险登记。其中非全日制劳动是灵活就业的一种重要形式。劳动合同法对非全日制用工形式作出了规定，按照这一规定，非全日制从业人员是指以小时计酬为主，在同一用人单位一般平均每日工作时间不超过四小时，每周工作时间累计不超过二十四小时的从业人员。非全日制从业人员有的在用人单位参加社会保险，由用人单位代为办理个人社会保险登记，有的没有在用人单位参加社会保险，应当自行办理社会保险登记。其他灵活就业人员还包括自由职业者等岗位不固定、工作时间不固定、收入不固定、劳动关系不固定的就业人员。

1999 年，原劳动和社会保障部下发了《关于在劳动和社会保险管理信息系统中使用公民身份号码的通知》，其明确规定，从 1999 年 9 月 30 日开始，“一律使用‘公民身份号码’作为劳动保障部门各类信息系统中全国统一标识的、唯一的个人编码名称”。

第五十九条 【社会保险费征收】县级以上人民政府加强社会保险费的征收工作。

社会保险费实行统一征收，实施步骤和具体办法由国务院规定。

条文注释

社会保险费统一征收是指在一个统筹地区内，由一个机构负责全部五项社会保险费的征收。国务院颁布的《社会保险费征缴暂行条例》第六条规定，社会保险费实行集中、统一征收。社会保险费的征收机构由省、自治区、直辖市人民政府规定，可以由税务机关征收，也可以由社会保险经办机构征收。本法没有规定负责统一征收的具体机构，但明确了社会保险实行统一征收的原则，同时规定，统一征收的实施步骤和具体办法由国务院规定。目前，五项社会保险费统一征收尚未完全实现。

第六十条 【社会保险费的缴纳】用人单位应当自行申报、按时足额缴纳社会保险费，非因不可抗力等法定事由不得缓缴、减免。职工应当缴纳的社会保险费由用人单位代扣代缴，用人单位应当按月将缴纳社会保险费的明细情况告知本人。

无雇工的个体工商户、未在用人单位参加社会保险的非全日制从业人员以及其他灵活就业人员，可以直接向社会保险费征收机构缴纳社会保险费。

条文注释

本条实际上规定了三个方面的内容：(1)由用人单位缴费。用人单位首先应当每月按照规定的时间和要求，自行向社会保险费征收机构申报本单位依法应缴纳的社会保险费。在完成自行申报后，用人单位应当按时足额缴纳已申报的社会保险费，非因不可抗力等法定事由不得缓缴、减免。所谓不可抗力是指自然灾害、战争、经济危机等用人单位不能避免和控制的造成用人单位无法按时足额缴纳社会保险费的客观因素。“等”字意味着，法律、法规还可以根据情况规定其他可以缓缴、减免的其他事由。(2)由职工缴费。职工个人应当缴纳的社会保险费由用人单位代扣代缴，用人单位应当按月将缴纳社会保险费的明细情况告知本人。代扣代缴是依照法律规定负有代扣代缴义务的用人单位，从职工工资收入中扣除应缴纳的社会保险费并代为向社会保险费征收机构缴纳的社会保险费缴纳方式。代扣代缴是用人单位的法定义务，用人单位不得拒绝代扣代缴，也不得转由职工自行缴纳。同时，职工对用人单位的代扣代缴行为享有知情权。(3)由灵活就业人员缴费。自愿参加社会保险的无雇工的个体工商户、未在用人单位参加社会保险的非全日制从业人员以及其他灵活就业人员，是自行向社会保险经办机构申请办理社会保险登记的，他们没有用人单位，或者用人单位没有缴纳社会保险费的义务，不能通过用人单位代扣代缴，可以直接向社会保险费征收机构缴纳社会保险费。

关联法规

《社会保险费申报缴纳管理规定》

第六十一条　【社会保险费征收机构义务】社会保险费征收机构应当依法按时足额征收社会保险费，并将缴费情况定期告知用人单位和个人。

条文注释

本条规定分四个方面进行理解：(1)应当依法征收社会保险费。依法征收是社会保险费征收机构的基本要求。所谓依法征收，就是征收机构的所有征收行为都必须要有法律、法规依据，并且按照法律、法规规定的原则、标准和程序进行，不得超越职权，多征、少征或者违反法定程序征收。具体而言，社会保险费征收机构除了要依照社会保险费征收的有关法律、法规、规章的规定外，还要遵守行政法的一般原则和有关具体规定。(2)应当按时征收社会保险费。按时征收，是指社会保险费的征收既不能提前，也不能拖延，而是要在规定的时间内及时征收。(3)应当足额征收社会保险费。足额征收，是指社会保险费的征收既不能超过应缴数额，也不能少于应缴数额，而是要严格按照依法确定的应缴数额征收。超额征收、不足额征收与提前征收、拖延征收一样都属于违法征收。(4)征收机构有告知义务。征收机构应当按照规定定期将缴费情况以书面形式告知用人单位和个人,不得拖延或者隐瞒情况。同时,征收机构将缴费情况定期告知职工个人,使职工可以将征收机构告知的情况与用人单位告知的情况进行对照,便于职工监督用人单位缴费和代扣代缴是否真实、合法。按照《社会保险费申报缴纳管理暂行办法》,社会保险经办机构征收社会保险费的,应当至少每年向缴费个人发送一次个人账户通知单,至少每半年向社会公告一次社会保险费征收情况,接受社会监督。

第六十二条 【用人单位未依法申报的处理】用人单位未按规定申报应当缴纳的社会保险费数额的,按照该单位上月缴费额的百分之一百一十确定应当缴纳数额;缴费单位补办申报手续后,由社会保险费征收机构按照规定结算。

条文注释

按照本法第六十条的规定,用人单位应当按照规定的时间和要求,自行向社会保险费征收机构申报本单位依法应缴纳的社会保险费。自行申报是用人单位按时足额缴纳社会保险费的基础,用人单位未按规定申报应当缴纳的社会保险费数额,将影响社会保险费的按时征缴。为了防止用人单位故意不按规定申报应当缴纳的社会保险费而逃避缴费义务,本条规定,用人单位未按规定申报应当缴纳的社会保险费数额的,按照该单位上月缴费额的百分之一百一十确定应当缴纳数额。社会保险费征收机构除应当依法确定用人单位应缴的社会保险费数额,还应当责令用人单位在指定期限补办申报手续。用人单位补办申报手续后,由社会保险费征收机构按照规定结算。用人单位拒不补办申报手续或者申报不实的,由社会保险费征收机构或者有关行政部门按照规定处理。

第六十三条 【用人单位未按时足额缴纳社会保险费的处理】用人单位未按时足额缴纳社会保险费的，由社会保险费征收机构责令其限期缴纳或者补足。

用人单位逾期仍未缴纳或者补足社会保险费的，社会保险费征收机构可以向银行和其他金融机构查询其存款账户；并可以申请县级以上有关行政部门作出划拨社会保险费的决定，书面通知其开户银行或者其他金融机构划拨社会保险费。用人单位账户余额少于应当缴纳的社会保险费的，社会保险费征收机构可以要求该用人单位提供担保，签订延期缴费协议。

用人单位未足额缴纳社会保险费且未提供担保的，社会保险费征收机构可以申请人民法院扣押、查封、拍卖其价值相当于应当缴纳社会保险费的财产，以拍卖所得抵缴社会保险费。

条文注释

根据本条规定，用人单位未按时足额缴纳社会保险费的，主要可以采取以下措施：(1)责令限期缴纳或者补足。同时根据本法第八十六条的规定，用人单位未按时足额缴纳社会保险费的，由社会保险费征收机构责令限期缴纳或者补足，并自欠缴之日起，按日加收万分之五的滞纳金；逾期仍不缴纳的，由有关行政部门处欠缴数额一倍以上三倍以下的罚款。(2)查询存款账户。社会保险费征收机构责令用人单位限期缴纳或者补足，用人单位逾期仍未缴纳或者补足社会保险费的，社会保险费征收机构可以向银行和其他金融机构查询用人单位的存款账户。“银行和其他金融机构”包括商业银行、农村信用社等金融机构。(3)申请有关部门划拨社会保险费。经查询，用人单位在银行和其他金融机构的存款账户有余额的，社会保险费征收机构可以申请县级以上有关行政部门作出划拨社会保险费的决定，书面通知其开户银行或者其他金融机构划拨社会保险费。(4)要求用人单位提供担保。经查询，用人单位在银行和其他金融机构的存款账户余额少于应当缴纳的社会保险费的，社会保险费征收机构可以就该账户余额申请县级以上有关行政部门作出划拨社会保险费的决定,并书面通知其开户银行或者其他金融机构划拨社会保险费。对剩余的社会保险费,社会保险费征收机构可以要求该用人单位提供担保,签订延期缴费协议。用人单位可以提供相当于应当缴纳社会保险费的动产、不动产、有价证券等财产作为担保,保证在延期缴费协议规定的期限内履行缴纳社会保险费的义务。(5)申请人民法院扣押、查封、拍卖。用人单位未足额缴纳社会保险费且未提供担保的,社会保险费征收机构可以申请人民法院启动强制执行程序。人民法院经审查认为符合条件的,可以作出扣押、查封决定,将用人单位价值相当于应当缴纳社会保险费的财产予以扣押、查封,并可以将扣押、查封的财产依法进行拍卖,以拍卖所得抵缴社会保险费。应当注意的是,本法只授予有关行政部门划拨的强制执行权,划拨之外的强制执行方式,如需实施,社会保险费征收机构都应当申请人民法院依法强制执行。

第八章　社会保险基金

第六十四条　【社会保险基金类别、管理原则和统筹层次】社会保险基金包括基本养老保险基金、基本医疗保险基金、工伤保险基金、失业保险基金和生育保险基金。除基本医疗保险基金与生育保险基金合并建账及核算外,其他各项社会保险基金按照社会保险险种分别建账,分账核算。社会保险基金执行国家统一的会计制度。

社会保险基金专款专用,任何组织和个人不得侵占或者挪用。

基本养老保险基金逐步实行全国统筹,其他社会保险基金逐步实行省级统筹,具体时间、步骤由国务院规定。

关联法规

《社会保险基金财务制度》

《国务院关于实行企业职工基本养老保险省级统筹和行业统筹移交地方管理有关问题的通知》

《劳动和社会保障部、财政部关于建立基本养老保险省级统筹制度有关问题的通知》

《劳动和社会保障部、财政部关于推进企业职工基本养老保险省级统筹有关问题的通知》

《人力资源社会保障部、财政部关于进一步完善企业职工基本养老保险省级统筹制度的通知》

《人力资源社会保障部、财政部关于工伤保险基金省级统筹的指导意见》

第六十五条　【社会保险基金的收支平衡和政府补贴责任】社会保险基金通过预算实现收支平衡。

县级以上人民政府在社会保险基金出现支付不足时，给予补贴。

第六十六条　【社会保险基金预算】社会保险基金按照统筹层次设立预算。除基本医疗保险基金与生育保险基金预算合并编制外，其他社会保险基金预算按照社会保险项目分别编制。

第六十七条　【社会保险基金预算的具体权限】社会保险基金预算、决算草案的编制、审核和批准，依照法律和国务院规定执行。

条文注释

根据2018年修正的《预算法》，社会保险基金预算是对社会保险缴款、一般公共预算安排和其他方式筹集的资金，专项用于社会保险的收支预算。社会保险基金预算应当按照统筹层次和社会保险项目分别编制，做到收支平衡。社会保险基金预算的收支范围，按照法律、行政法规和国务院的规定执行。

根据2010年1月2日发布的《国务院关于试行社会保险基金预算的意见》,社会保险基金预算按险种分别编制,包括企业职工基本养老保险基金、失业保险基金、城镇职工基本医疗保险基金、工伤保险基金、生育保险基金等内容。2018年修改《社会保险法》,规定基本医疗保险基金与生育保险基金合并建账及核算。社会保险基金收入预算的编制应综合考虑统筹地区上年度基金预算执行情况、本年度经济社会发展水平预测以及社会保险工作计划等因素,包括社会保险参保人数、缴费人数、缴费工资基数等。统筹地区人民政府应根据社会保险基金收支、财政收支等情况,合理安排本级财政对社会保险基金的补助支出。社会保险基金支出预算的编制应综合考虑统筹地区本年度享受社会保险待遇人数变动、经济社会发展状况、社会保险政策调整及社会保险待遇标准变动等因素。社会保险待遇支出预算应根据上年度享受社会保险待遇对象存量、上年度人均享受社会保险待遇水平等因素确定,同时考虑本年度变动情况;社会保险非待遇性支出预算要严格执行社会保险政策和管理制度规定。

关联法规

《预算法》

《国务院关于试行社会保险基金预算的意见》

第六十八条　【社会保险基金财政专户】社会保险基金存入财政专户,具体管理办法由国务院规定。

条文注释

社会保险基金的财政专户是财政部门按照国务院有关规定设立的社会保险基金专用计息账户。财政专户的主要用途是:接收税务机关或经办机构转入的社会保险费收入;接收税务机关或收入户暂存的利息收入及其他收入;接收基金购买国家债券兑付的本息收入、该账户资金形成的利息收入以及支出户转入的利息收入等;接收财政补贴收入;接收上级财政专户划拨或下级财政专户上解的基金;根据经办机构的用款计划,向支出户拨付基金;购买国家债券;

向上级或下级财政专户划拨基金。

关联法规

《社会保障基金财政专户管理暂行办法》

《社会保障基金财政专户会计核算办法》

第六十九条 【社会保险基金保值增值】社会保险基金在保证安全的前提下，按照国务院规定投资运营实现保值增值。

社会保险基金不得违规投资运营，不得用于平衡其他政府预算，不得用于兴建、改建办公场所和支付人员经费、运行费用、管理费用，或者违反法律、行政法规规定挪作其他用途。

条文注释

社会保险基金可以分为现收现付型和积累型。现收现付型基金是指政府从当年的现实保障需求出发进行预算，以支定收，将其分摊给缴费的单位和个人，用当年收取的社会保险费支付当年的社会保险待遇。我国社会保险基金中的工伤保险基金和失业保险基金属于此类型。由于现收现付型社会保险基金的分配原则是"以支定收"，理论上不存在社会保险基金的储存问题，也谈不上基金的保值增值问题。积累型基金是指参保职工在工作期间的缴费积累形成的相对长期稳定的储备基金。在我国各项社会保险中，职工基本养老保险、职工基本医疗保险机关事业单位工作人员养老保险以及城乡居民社会养老保险中都有个人账户，属于部分积累型基金，存在投资运营实现保值增值的需求。

为了加强对社会保险基金的监管，本法对社会保险基金的投资运行的作了三项禁止性规定：(1)不得违规投资运营。国家允许社会保险基金投资运营，是非常谨慎和逐步开展的，对于投资运营的资金、运营方式、运营主体、投资渠道和结构等都有严格要求。为了最大限度地降低投资风险，将风险控制在可控范围内，防止出现大幅亏损，影响基金安全，必须严格按照国家规定通过稳健渠道投资运营，不得以任何形式违规投资运营。(2)不得用于平衡其他政府预算。社会保险基金是专项资金，专款专用，单独核算，不能与财政资金混同。政府预算中有政府公共预算、政府性基金预算、国有资本经营预算以及社会保障基金预算，各级政府都不得将社会保险基金用于平衡其他政府预算。(3)不得用于兴建、改建办公场所和支付人员经费、运行费用、管理费用，或者违反法律、行政法规规定挪作其他用途。办公场所的修建应当符合国家规定标准，其资金来源应当是财政专项资金。经办社会保险有一定的费用支出，包括办公场所、人员经费、基本运行费用、管理费用等，为了保证基金的完整性和安全性，也体现政府办社会保险制度的特点，我国多个文件明确社会保险经办机构的运行费用和管理费用由财政承担。因此，本条明确规定任何单位和个人都不得从社会保险基金中支出日常运作费用，否则将要承担相应的法律责任。

关联法规

《基本养老保险基金投资管理办法》

第七十条　【社会保险基金信息公开】社会保险经办机构应当定期向社会公布参加社会保险情况以及社会保险基金的收入、支出、结余和收益情况。

条文注释

实践中，社会保险经办机构公开的内容包括：各项社会保险基金的基本情况、社会保险经办管理服务的基本情况、经办管理重要事项、社会保险违规违纪典型案例的处理和整改等情况。本条从社会保险基金角度，着重规定了对社会保险基金的公开，主要为：参加各项社会保险情况以及各项社会保险基金的收入、支出、结余和收益等与参保人密切相关的反映基金总体运行情况的重要统计信息。具体包括：各项社会保险的参保单位数、参保人数、享受社会保险待遇的人数、享受社会保险待遇情况；各项社会保险基金本年度收入、支出及累计结余情况；统筹地区参保人员基本养老保险个人账户基金积累和记账利率；统筹地区在岗职工平均工资、参保人员人均缴纳社会保险基数等。

对于参加社会保险情况以及基金收入、支出、结余和收益等基本情况，本条规定要作为一项制度定期公开。同时在各地的实践中，对一些服务类信息，如医疗保险定点医疗机构住院费用，可以按季度甚至按月进行动态公开。对一些重大违纪违规及其他需要公众及时了解的事项，可以随时公开有关信息。公开方式可以包括政府公报、政府网站、新闻发布会及报纸、杂志、广播、电视及咨询电话等，并将信息置于社会保险服务场所，供参保人和相关人员查阅。

关联法规

《社会保险基金监督举报工作管理办法》

第七十一条　【全国社会保障基金】国家设立全国社会保障基金，由中央财政预算拨款以及国务院批准的其他方式筹集的资金构成，用于社会保障支出的补充、调剂。全国社会保障基金由全国社会保障基金管理运营机构负责管理运营，在保证安全的前提下实现保值增值。

全国社会保障基金应当定期向社会公布收支、管理和投资运营的情况。国务院财政部门、社会保险行政部门、审计机关对全国社会保障基金的收支、管理和投资运营情况实施监督。

条文注释

全国社会保障基金是指全国社会保障基金理事会负责管理的由国有股减持划入资金及股权资产、中央财政拨入资金、经国务院批准以其他方式筹集的资金及其投资收益形成的由中央政府集中的社会保障基金。根据《全国社会保障基金条例》的规定，全国社会保障基金由中央财政预算拨款、国有资本划转、基金投资收益和以国务院批准的其他方式筹集的资金构成。其是国家社会保障储备基金，用于人口老龄化高峰时期的养老保险等社会保障支出的补充、调剂。

关联法规

《全国社会保障基金条例》

《全国社会保障基金投资管理暂行办法》

第九章　社会保险经办

第七十二条　【社会保险经办机构的设置和经费保障】统筹地区设立社会保险经办机构。社会保险经办机构根据工作需要，经所在地的社会保险行政部门和机构编制管理机关批准，可以在本统筹地区设立分支机构和服务网点。

社会保险经办机构的人员经费和经办社会保险发生的基本运行费用、管理费用，由同级财政按照国家规定予以保障。

条文注释

我国对社会保险工作机构实行政事分开的原则。社会保险行政部门主要负责社会保险有关法规、政策的制定；社会保险经办机构依据法律法规的授权和社会保险行政部门的委托，负责贯彻实施国家有关社会保险的法规、政策，承办具体业务管理服务工作。社会保险经办机构承办的管理服务工作，包括具体收缴和调剂使用社会保险资金以及具体支付各项社会保险待遇。社会保险经办机构的设置，由社会保险管理体制决定。我国的社会保险经办机构，是人力资源和社会保障部门所属的全额拨款事业单位，分为中央、省、市、县四级。社会保险经办机构的工作职责是：(1)提供社会保险服务，负责社会保险登记、个人权益记录、支付社会保险待遇等；(2)根据管理服务的需要，与医疗机构、药品经营单位签订服务协议，规范医疗服务行为；(3)根据用人单位使用工伤保险基金、工伤发生率和所属行业费率档次等情况，确定用人单位缴费率；(4)提供和社会保险咨询等相关服务等。此外，在一些省（自治区、直辖市）还承担社会保险费征收工作。从1999年起，中国社会保险经办机构改由财政承担，而不再从社会保险基金中提取或列支。

关联法规

《财政部、劳动和社会保障部关于社会保险经办机构经费保障

等问题的通知》

第七十三条　【社会保险经办机构的管理制度和支付社会保险待遇职责】社会保险经办机构应当建立健全业务、财务、安全和风险管理制度。

社会保险经办机构应当按时足额支付社会保险待遇。

条文注释

根据本条规定，社会保险经办机构应当建立健全以下管理制度：

1. 建立健全业务管理制度。社会保险经办机构建立健全业务管理制度，主要指提供社会保险服务应遵守一定的规程，这对提高工作效率和服务质量具有重要意义。目前有效的规定主要有《城乡居民基本养老保险经办规程》《城镇职工基本医疗保险业务管理规定》《工伤保险经办规程》等。

2. 建立健全财务管理制度。2017年8月22日，财政部、人力资源社会保障部等联合印发修订后的《社会保险基金财务制度》。该制度适用于我国境内依据《社会保险法》建立的企业职工基本养老保险基金、城乡居民基本养老保险基金、机关事业单位基本养老保险基金、职工基本医疗保险基金、城乡居民基本医疗保险基金（包括城镇居民基本医疗保险基金、新型农村合作医疗基金、合并实施的城乡居民基本医疗保险基金）、工伤保险基金、失业保险基金、生育保险基金等基金的财务活动。实行"收支两条线"管理。基金按照险种及不同制度分别建账、分账核算、分别计息、专款专用。基金之间不得相互挤占和调剂，不得违规投资运营，不得用于平衡一般公共预算。同时具体规定了基金预算制度、基金筹集制度、基金支付制度、基金结余制度、账户管理制度、资产与负债制度、基金决算制度、监督与检查制度。2017年11月28日，财政部印发修订后的《社会保险基金会计制度》。

3. 建立健全安全和风险管理制度。2007年1月17日，原劳动和社会保障部颁布了《社会保险经办机构内部控制暂行办法》，目的是加强社会保险经办机构内部管理与监督，防范和化解运行风险，规范社会保险管理服务工作，确保社会保险基金安全。所谓"内部控制"，是指各级社会保险经办机构对系统内部职能部门及其工作人员从事社会保险管理服务工作及业务行为进行规范、监控和评价的方法、程序、措施的总称。内部控制由组织机构控制、业务运行控制、基金财务控制、信息系统控制等组成。"内部控制"的目标是：在全系统内建立一个运作规范、管理科学、监控有效、考评严格的内部控制体系，对社会保险机构各项业务、各个环节进行全过程的监督，提高社会保险政策法规和各项规章制度的执行力，保证社会保险基金的安全完整，维护参保者的合法权益。

本条同时规定，社会保险经办机构还应履行支付社会保险待遇的职责。社会保险待遇支出是指按规定支付给社会保险对象的基本养老保险待遇支出、基本医疗保险待遇支出、失业保险待遇支出、工伤保险待遇支出和生育保险待遇支出。基本养老保险待遇支出包括基本养老金、医疗补助、丧葬补助金、抚恤金；基本医疗保险待遇支出包括按规定分别形成社会统筹医疗保险待遇支出和个人账户医疗保险待遇支出；失业保险待遇支出包括失业保险金、医疗补助金、丧葬补助金、抚恤金、职业培训和职业介绍补贴、国有企业下岗职工基本生活保障补助和其他费用；工伤保险待遇支出包括治疗工伤的医疗费用和康复费用等九项费用；生育保险待遇支出包括生育医疗费用和生育津贴。按照本法第八十三条第二款规定，个人对社会保险经办机构不支付社会保险待遇的行为，可以依法申请行政复议或者提起行政诉讼。

关联法规

《城乡居民基本养老保险经办规程》

《城镇职工基本医疗保险业务管理规定》

《工伤保险经办规程》

《社会保险基金财务制度》

《社会保险基金会计制度》

《社会保险经办机构内部控制暂行办法》

第七十四条 【社会保险经办机构服务要求】社会保险经办机构通过业务经办、统计、调查获取社会保险工作所需的数据,有关单位和个人应当及时、如实提供。

社会保险经办机构应当及时为用人单位建立档案,完整、准确地记录参加社会保险的人员、缴费等社会保险数据,妥善保管登记、申报的原始凭证和支付结算的会计凭证。

社会保险经办机构应当及时、完整、准确地记录参加社会保险的个人缴费和用人单位为其缴费,以及享受社会保险待遇等个人权益记录,定期将个人权益记录单免费寄送本人。

用人单位和个人可以免费向社会保险经办机构查询、核对其缴费和享受社会保险待遇记录,要求社会保险经办机构提供社会保险咨询等相关服务。

条文注释

本条明确了将权益记录和咨询服务定为社会保险经办机构的法定义务,同时也是用人单位和参保人的法定权利。本条规定的建立的档案称为"社会保险业务档案",是指社会保险经办机构在办理社会保险业务过程中,直接形成的具有保存和利用价值的专业性文字材料、电子文档、图表、声像等不同载体的历史记录。社会保险业务档案是用人单位的社会保险登记情况和缴费记录的证明,也是其职工享受社会保险待遇的依据。参保人员个人权益记录是参保人员缴费和享受社会保险待遇的证明,社会保险经办机构应当及时、完整、准确地记录参加社会保险的个人缴费和用人单位为其缴费,以及享受社会保险待遇等权益记录。用人单位和参保人既能查询权益记录,也有权核对权益记录。

关联法规

《社会保险业务档案管理规定(试行)》

《社会保险个人权益记录管理办法》

第七十五条　【社会保险信息系统】全国社会保险信息系统按照国家统一规划，由县级以上人民政府按照分级负责的原则共同建设。

条文注释

根据2002年原劳动和社会保障部发布的《关于进一步加快劳动保障信息系统建设的通知》中的相关规定，城市社会保险信息系统建设的具体任务是：(1)城市网建设。地级市(包括直辖市和省级经办机构，以下简称"城市")建成统一的社会保险数据中心，建立标准统一的覆盖全部参保人员和参保单位的集中式资源数据库，网络终端延伸到各个经办窗口和定点医疗机构、定点药店等相关服务机构，实现养老、医疗等各项社会保险主要业务的全程信息化。(2)省级社会保险数据中心建设。建立覆盖全省的养老保险资源数据库、各类社会保险统计监测数据库和各项社会保险基金管理数据库，对跨统筹地区领取社会保险待遇的人员要建立社会保险省内异地交换数据库。省级数据中心要下联各城市数据中心，实现养老保险业务数据、各类社会保险统计监测数据的网上传输，支持社会保险异地信息交换，对全省社会保险基金进行监控。(3)全国社会保险数据中心建设。建立覆盖全国的统计监测数据库、社会保险跨省异地交换数据库，网络下联各省级数据中心，对各地社会保险基金进行监控，为宏观决策和异地信息交换提供支持。

第十章　社会保险监督

第七十六条　【各级人大常委会监督】各级人民代表大会常务委员会听取和审议本级人民政府对社会保险基金的收支、管理、投资运营以及监督检查情况的专项工作报告，组织对本法实施情况的执法检查等，依法行使监督职权。

条文注释

本条规定的各级人民代表大会常务委员会的监督，主要分为以下两个方面：

1. 听取和审议本级人民政府对社会保险基金的收支、管理、投资运营以及监督检查情况的专项工作报告。根据2006年8月27日发布的《各级人民代表大会常务委员会监督法》的相关规定，社会保险基金的收支、管理、投资运营以及监督检查情况的专项工作报告由人民政府的负责人向本级人民代表大会常务委员会报告，也可以委托有关部门如社会保险行政部门负责人向本级人民代表大会常务委员会报告。各级人民代表大会常务委员会的这一监督职责属于非现场监督，基于立法机关、权力机关对行政机关的监督，各级人民代表大会常务委员会定期听取人民政府对社会保险基金的收支、管理、投资运营以及监督检查情况的专项工作报告，进行书面监督。

2. 组织对本法实施情况的监督检查。对法律的实施情况进行监督检查是人大常委会的一项法定职权。根据《各级人民代表大会常务委员会监督法》的规定，各级人民代表大会常务委员会每年选择若干关系改革发展稳定大局和群众切身利益、社会普遍关注的重大问题，有计划地对有关法律、法规实施情况组织执法检查。执法检查结束后，执法检查组应当及时提出执法检查报告，对《社会保险法》实施情况进行评价，提出执法中存在的问题和改进执法工作、修改完善《社会保险法》的建议，由委员长会议或者主任会议决定提请常务委员会审议。各级人民代表大会常务委员会组织对《社会保险法》实施情况进行执法检查，有利于各级政府机关、各用人单位、个人以及相关单位和机构切实遵守《社会保险法》，确保《社会保险法》得到切实实施，确保社会保险制度的良好运营和社会保险基金的安全，保护广大参保人的利益。

关联法规

《各级人民代表大会常务委员会监督法》

第七十七条　【社会保险行政部门实施社会保险监督】县级以上人民政府社会保险行政部门应当加强对用人单位和个人遵守社会保险法律、法规情况的监督检查。

社会保险行政部门实施监督检查时，被检查的用人单位和个人应当如实提供与社会保险有关的资料，不得拒绝检查或者谎报、瞒报。

条文注释

县级以上人民政府社会保险行政部门对用人单位和个人遵守社会保险法律、法规情况进行监督检查，属于行政监督和日常监督，既不同于人大监督，也不同于社会监督。它不仅可以及时预防和纠正行政相对人的违法行为，保障法律法规得以顺利实施，还可以及时反映出法律法规的实施情况，为法律法规的制定、修改、废除提供依据。其中，国务院社会保险行政部门即人力资源和社会保障部对全国范围内用人单位和个人遵守社会保险法律、法规的情况进行监督检查。县级以上地方人民政府社会保险行政部门对本行政区域内用人单位和个人遵守社会保险法律、法规的情况进行监督检查。这里的社会保险法律、法规，除了《社会保险法》外，还包括《工伤保险条例》《失业保险条例》《社会保险费征缴暂行条例》等行政法规。用人单位和个人遵守社会保险法律、法规的情况主要包括以下几个方面：(1)职工是否依法参加社会保险；(2)用人单位是否依法缴纳社会保险费；(3)职工是否依法享受社会保险待遇等。

关联法规

《社会保险基金行政监督办法》

第七十八条　【财政监督、审计监督】财政部门、审计机关按照各自职责，对社会保险基金的收支、管理和投资运营情况实施监督。

条文注释

财政监督是指财政部门对行政机关、企事业单位及其他组织执行财税法律法规和政策情况,以及对涉及财政收支、会计资料和国有资本金管理等事项依法进行的监督检查活动。财政部门对社会保险基金收支、管理和投资运营情况实施监督主要是指财政部门负责拟定社会保险基金的财务管理制度,组织实施对社会保险基金收支、管理和投资运营的财政监督。

审计监督是指审计机关依法独立检查被审计单位的会计凭证、会计账簿、财务会计报告以及其他与财政收支、财务收支有关的资料和资产,监督财政收支、财务收支真实、合法和效益的行为,属于行政机关内部监督中一种专门监督形式。审计机关对审计事项作出客观公正的评价,并提出审议报告。依照审计法及其实施条例的规定,审计机关对社会保险基金的财务收支进行审计监督,即按照国家财务会计制度的规定,对社会保险基金实行会计核算的各项收入和支出进行审计。

第七十九条 【社会保险行政部门对社会保险基金进行监督】社会保险行政部门对社会保险基金的收支、管理和投资运营情况进行监督检查,发现存在问题的,应当提出整改建议,依法作出处理决定或者向有关行政部门提出处理建议。社会保险基金检查结果应当定期向社会公布。

社会保险行政部门对社会保险基金实施监督检查,有权采取下列措施:

(一)查阅、记录、复制与社会保险基金收支、管理和投资运营相关的资料,对可能被转移、隐匿或者灭失的资料予以封存;

(二)询问与调查事项有关的单位和个人,要求其对与调查事项有关的问题作出说明、提供有关证明材料;

(三)对隐匿、转移、侵占、挪用社会保险基金的行为予以制止并责令改正。

条文注释

社会保险行政部门通过下列措施，对社会保险基金实施监督检查：(1)查阅、记录、复制与社会保险基金收支、管理和投资运营相关的资料，发现有关资料可能被转移、隐匿或者灭失的，应当予以封存、保护。(2)向与调查事项有关的单位和个人进行询问，要求其对与调查事项有关的问题作出说明、提供证明材料。(3)对隐匿、转移、侵占、挪用社会保险基金的行为予以制止并责令改正。

《社会保险基金行政监督办法》将社会保险基金监督方式区别为现场监督和非现场监督。具体而言：1. 现场监督是指社会保险行政部门对被监督单位社会保险基金管理情况实施的实地检查。实施现场监督，依照下列程序进行：(1)根据年度监督计划和工作需要确定监督项目及监督内容，制定监督方案，并在实施监督三日前通知被监督单位；(2)检查被监督单位社会保险基金会计凭证、会计账簿、会计报表、统计报表，查阅与监督事项有关的文件、资料，检查现金、实物、有价证券，向被监督单位和有关个人调查取证，听取被监督单位有关社会保险基金管理情况的汇报；(3)根据检查结果，写出监督报告，并送被监督单位征求意见。监督机构通过现场监督可以比较详尽地掌握有关基金运作的控制程序和相关信息，对其业务经营合规状况、内部控制和管理水平，以及基金流动性、安全性和效益性进行深入、细致的了解，发现一些财务报表和业务资料中很难发现的隐蔽性问题，并对有关机构的资产财务状况和遵守法规政策情况作出客观的评价。非现场监督是指社会保险行政部门对被监督单位报送的社会保险基金管理有关数据资料进行的检查、分析。一般情况下，现场检查间隔时间较长，监督机构可以在此期间通过非现场监督的方式，依靠被监督单位报送的数据，进行多方面的分析、测算并加以管制。2. 实施非现场监督，依照下列程序进行：(1)根据监督计划及工作需要，确定非现场监督目的及监督内容，提出定期报送数据或专项报送数据的范围、格式、报送方式及时限，通知被监督单位；(2)审核被监督单位报送的数据，对不符合要求的数据，应要求被监督单位补报或重新报送；(3)分析被监督单位报送的数据，评估社会保险基金管理状况及存在的问题，写出监督报告。在非现场监督过程中发现被监督单位存在严重违法违纪问题的，应实施现场监督。

第八十条 【社会保险监督委员会】统筹地区人民政府成立由用人单位代表、参保人员代表，以及工会代表、专家等组成的社会保险监督委员会，掌握、分析社会保险基金的收支、管理和投资运营情况，对社会保险工作提出咨询意见和建议，实施社会监督。

社会保险经办机构应当定期向社会保险监督委员会汇报社会保险基金的收支、管理和投资运营情况。社会保险监督委员会可以聘请会计师事务所对社会保险基金的收支、管理和投资运营情况进行年度审计和专项审计。审计结果应当向社会公开。

社会保险监督委员会发现社会保险基金收支、管理和投资运营中存在问题的，有权提出改正建议；对社会保险经办机构及其工作人员的违法行为，有权向有关部门提出依法处理建议。

条文注释

社会保险监督委员会机制作为一种相对独立的综合性监督机制，具有综合性、相对独立性以及专业性等优势。综合性，体现在社会保险监督委员会的人员组成反映了各方的立场和诉求，囊括了用人单位代表、参保人员代表、工会代表、专家等，这使得社会保险监督委员会具有了较强的代表性。相对独立性，体现在社会保险监督委员会的地位较为超脱，能够在科学化和民主化方面发挥较强作用。专业性，体现在社会保险监督委员会集合各种领域的专家，具有较强的专业能力和科学色彩。

本法关于委员会的组织形态以及行使职权手段措施的规定，包括以下几个方面：(1)听取社会保险经办机构的汇报，特别是定期听取关于社会保险基金的收支、管理和投资运营情况的汇报。本法特别规定社会保险经办机构负有向社会保险监督委员会汇报相关情况的职责。(2)通过审计监督社会保险基金的收支、管理和投资运营。社会保险监督委员会可以聘请会计师事务所对社会保险基金的运行、活动进行审计,包括年度审计和专项审计。为起到有效的监督和震慑效果,审计结果应当向社会公开。(3)发现违法问题建议改正权和建议处理。包括对存在问题的改正建议,以及对违法行为的处理建议。

第八十一条 【用人单位和个人信息保密】社会保险行政部门和其他有关行政部门、社会保险经办机构、社会保险费征收机构及其工作人员,应当依法为用人单位和个人的信息保密,不得以任何形式泄露。

条文注释

本法明确规定社会保险行政部门和其他有关行政部门、社会保险经办机构、社会保险费征收机构及其工作人员,应当依法为用人单位和个人的信息保密,不得以任何形式泄露。这里的"其他有关行政部门"主要是指卫生行政部门、财政部门、审计机关等有可能在其工作中获取用人单位和个人信息的行政部门,如审计机关可能在对社会保险基金的收支、管理和投资运营情况进行审计的过程中,获悉用人单位和个人的有关信息。社会保险行政部门和其他有关行政部门、社会保险经办机构、社会保险费征收机构及其工作人员违反法律规定泄露用人单位和个人信息的,依法给予处分;构成犯罪的,依法追究其刑事责任。

第八十二条 【对违法行为的举报、投诉】任何组织或者个人有权对违反社会保险法律、法规的行为进行举报、投诉。

社会保险行政部门、卫生行政部门、社会保险经办机构、社会保险费征收机构和财政部门、审计机关对属于本部门、本机构职责范围的举报、投诉,应当依法处理;对不属于本部门、本机构职责范围的,应当书面通知并移交有权处理的部门、机构处理。有权处理的部门、机构应当及时处理,不得推诿。

条文注释

社会保险相关部门原则上按照各自的职责范围处理相应的举报和投诉。社会保险行政部门、卫生行政部门、社会保险经办机构、社会保险费征收机构和财政部门、审计机关对属于本部门、本机构职责范围的举报、投诉,应当受理,不得推诿。受理后,应当及时依法处理,对投诉进行调查核实,经核实确属不当的,应当在原公布范围内予以更正,并告知投诉人;经核实没有问题的,也应该告知投诉人。对举报进行处理,举报人要求答复本人所举报案件办理结果的,应当告知举报人处理结果。对涉及重大问题和紧急事项的举报,监督机构应当立即向有关领导报告,并在职责范围内依法采取必要措施。另一方面,社会保险行政部门、卫生行政部门、社会保险经办机构、社会保险费征收机构和财政部门、审计机关对不属于本部门、本机构职责范围的举报、投诉,按照首问负责制的原则,应当书面通知并移交有权处理的部门、机构处理,并将相关情况告知投诉人、举报人。有权处理的部门在接到其他部门移交的投诉、举报后,应当受理,并立即进行处理,不得推诿、拖延,否则应承担相应的责任。

第八十三条 【救济途径】用人单位或者个人认为社会保险费征收机构的行为侵害自己合法权益的,可以依法申请行政复议或者提起行政诉讼。

用人单位或者个人对社会保险经办机构不依法办理社会保险登记、核定社会保险费、支付社会保险待遇、办理社会保险转移接续手续或者侵害其他社会保险权益的行为，可以依法申请行政复议或者提起行政诉讼。

个人与所在用人单位发生社会保险争议的，可以依法申请调解、仲裁，提起诉讼。用人单位侵害个人社会保险权益的，个人也可以要求社会保险行政部门或者社会保险费征收机构依法处理。

条文注释

本条规定可分以下几个方面理解：

1. 社会保险费征收机构侵害用人单位或者个人自己合法权益的救济途径。用人单位或者个人认为社会保险费征收机构的行为侵害自己合法权益的，可以依法申请行政复议或者提起行政诉讼：

(1)行政复议是指行政机关在行使其行政管理职能时，与作为被管理对象的相对方发生争议，根据行政相对方的申请，由上一级国家行政机关或者法律、法规规定的其他机关依法对引起争议的具体行政行为进行复查并作出决定的一种活动。依照行政复议法的规定，对县级以上地方各级人民政府工作部门的具体行政行为不服的，由申请人选择，可以向该部门的本级人民政府申请行政复议，也可以向上一级主管部门申请行政复议。对海关、金融、国税、外汇管理等实行垂直领导的行政机关和国家安全机关的具体行政行为不服的，向上一级主管部门申请行政复议。如果是对税务机关征收行为不服的，只能向上一级税务机关申请行政复议；如果是对社会保险经办机构征收行为不服的，社会保险经办机构作为政府工作部门依法设立的派出机构，用人单位或者个人可以向社会保险行政部门或者本级地方人民政府申请行政复议。

(2)行政诉讼是指公民、法人或者其他组织认为行政机关和行政机关工作人员的具体行政行为侵犯其合法权益，向人民法院提起诉讼，由人民法院运用诉讼程序解决行政争议的活动。《行政诉讼法》规定，对属于人民法院受案范围的行政案件，公民、法人或者其他组织可以先向行政机关申请复议，对复议决定不服的，再向人民法院提起诉讼；也可以直接向人民法院提起诉讼。对于前者，如果申请人不服复议决定的，可以在收到复议决定书之日起十五日内向人民法院提起诉讼。复议机关逾期不作决定的，申请人可以在复议期满之日起十五日内向人民法院提起诉讼。对于后者，《行政诉讼法》进一步规定，公民、法人或者其他组织直接向人民法院提起诉讼的，应当自知道或者应当知道作出行政行为之日起六个月内提出。法律另有规定的除外。

2. 社会保险经办机构侵害个人社会保险权益的救济途径。社会保险经办机构侵害个人社会保险权益的行为主要有以下几种：(1)不依法办理社会保险登记。办理社会保险登记是参加社会保险的第一步，社会保险经办机构违反本法关于社会保险登记的规定，未在规定期限内为用人单位或者个人办理社会保险登记，致使个人无法参加社会保险，影响个人享受社会保险待遇的行为，侵害了个人的社会保险权益。(2)不依法核定社会保险费。(3)不依法支付社会保险待遇。社会保险经办机构未按时足额支付社会保险待遇，直接侵害了个人的社会保险权益。(4)不依法办理社会保险转移接续手续。本法对职工基本养老保险、基本医疗保险、失业保险关系的转移接续作了明确规定。社会保险经办机构应当依法为个人办理社会保险转移接续手续。社会保险经办机构不依法为个人办理社会保险转移接续手续，将直接影响个人缴费年限的累计和享受社会保险待遇。(5)侵害其他社会保险权益的行为。除以上情形外，个人对社会保险经办机构侵害自己其他社会保险权益的行为，也可以依法申请行政复议或者提起行政诉讼。

3. 个人与所在用人单位发生社会保险争议的救济途径。依照《劳动争议调解仲裁法》的规定，用人单位与劳动者因社会保险发生争议，当事人不愿协商、协商不成或者达成和解协议后不履行的，可以向调解组织申请调解；不愿调解、调解不成或者达成调解协议后不履行的，可以向劳动争议仲裁委员会申请仲裁；对仲裁裁决不服的，可以向人民法院提起诉讼。但是，个人与所在用人单位发生社会保险争议,仲裁裁决为终局裁决,用人单位只能依法申请撤销仲裁裁决,而不得提起诉讼;劳动者对仲裁裁决不服的,可以自收到仲裁裁决书之日起十五日内向人民法院提起诉讼。

第十一章 法律责任

第八十四条 【用人单位不办理社会保险登记的法律责任】用人单位不办理社会保险登记的,由社会保险行政部门责令限期改正;逾期不改正的,对用人单位处应缴社会保险费数额一倍以上三倍以下的罚款,对其直接负责的主管人员和其他直接责任人员处五百元以上三千元以下的罚款。

条文注释

根据本法规定,不办理社会保险登记包括三种情况:(1)用人单位成立后不办理社会保险登记的。本法第五十七条第一款规定,用人单位应当自成立之日起三十日内凭营业执照、登记证书或者单位印章,向当地社会保险经办机构申请办理社会保险登记。社会保险经办机构应当自收到申请之日起十五日内予以审核,发给社会保险登记证件。用人单位成立后不按上述期限办理社会保险登记的,即属于违法。(2)用人单位不及时变更或注销登记的。社会保险法第五十七条第二款规定,用人单位的社会保险登记事项发生变更或者用人单位依法终止的,应当自变更或者终止之日起三十日内,到社会保险经办机构办理变更或者注销社会保险登记。发生应当变更或注销登记事项而不及时变更或注销的,即属于违法。(3)用人单位自用工之日起三十日内不为其职工办理社会保险登记的。社会保险法第五十八条第一款规定,用人单位应当自用工之日起三十日内为其职工向社会保险经办机构申请办理社会保险登记。为职工办理社会保险登记也是用人单位的义务。

根据用人单位不办理社会保险登记违法行为情节的轻重,其应当承担的法律责任分为两种：一是，对一般的用人单位不办理社会保险登记的违法情形，由社会保险行政部门责令限期改正。责令改正不是一种行政处罚，只是一种补救性的行政责任，是对违法者消除违法状态、恢复合法状态的要求。二是，经由社会保险行政部门责令限期改正、用人单位仍不办理社会保险登记的，由社会保险行政部门对用人单位处应缴社会保险费数额一倍以上三倍以下的罚款，对其直接负责的主管人员和其他直接责任人员处五百元以上三千元以下的罚款。

第八十五条　【用人单位拒不出具终止或者解除劳动关系的法律责任】用人单位拒不出具终止或者解除劳动关系证明的，依照《中华人民共和国劳动合同法》的规定处理。

条文注释

《劳动合同法》第五十条第一款规定，用人单位应当在解除或者终止劳动合同时出具解除或者终止劳动合同的证明，并在十五日内为劳动者办理档案和社会保险关系转移手续。本法第五十条第一款也作了类似的规定。本法第五十条第二款、第三款规定，失业人员应当持本单位为其出具的终止或者解除劳动关系的证明，及时到指定的公共就业服务机构办理失业登记。失业人员凭失业登记证明和个人身份证明，到社会保险经办机构办理领取失业保险金的手续。失业保险金领取期限自办理失业登记之日起计算。

《劳动合同法》对用人单位拒不出具终止或者解除劳动关系证明的，规定了相应的法律责任。该法第八十九条规定，用人单位违反本法规定未向劳动者出具解除或者终止劳动合同的书面证明，由劳动行政部门责令改正；给劳动者造成损害的，应当承担赔偿责任。这里的赔偿责任，主要是没有出具解除或者终止劳动合同的书面证明，不能领取失业保险金，也不能享受基本医疗保险待遇，这些损失都应当由用人单位赔偿。此外，根据国家有关规定，下岗失业人员再就业或者自主创业时，可以享受一定的税收、财政等优惠政策，如果用人单位不按规定出具解除或者终止劳动合同的书面证明,失业人员就不能享受自主创业、再就业的税收优惠,用人单位也应当依法承担赔偿责任。

第八十六条 【用人单位未按时足额缴纳社会保险费的法律责任】用人单位未按时足额缴纳社会保险费的,由社会保险费征收机构责令限期缴纳或者补足,并自欠缴之日起,按日加收万分之五的滞纳金;逾期仍不缴纳的,由有关行政部门处欠缴数额一倍以上三倍以下的罚款。

条文注释

本法第六十条第一款规定,用人单位应当自行申报、按照足额缴纳社会保险费,非因不可抗力等法定事由不得缓缴、减免。职工应当缴纳的社会保险费由用人单位代扣代缴,用人单位应当按月将缴纳社会保险费的明细情况告知本人。用人单位不按时足额为劳动者缴纳社会保险费,则属于用人单位的违法行为,应当承担相应的法律责任。

理解本条还应注意三个问题:(1)本条对欠缴社会保险费的,规定了滞纳金。滞纳金属于间接强制执行,加处滞纳金是通过给当事人增加额外金钱负担的方式,迫使当事人尽快履行行政决定,避免直接强制带来的对抗、冲突。(2)本法第六十三条规定,用人单位未按时足额缴纳社会保险费的,由社会保险费征收机构责令其限期缴纳或者补足。用人单位逾期仍未缴纳或者补足社会保险费的,社会保险费征收机构可以向银行和其他金融机构查询其存款账户;并可以申请县级以上有关行政部门作出划拨社会保险费的决定,书面通知其开户银行或者其他金融机构划拨社会保险费。划拨这种直接强制执行方式与本条规定的罚款针对的都是用人单位未按时足额缴纳社会保险费的行为,但两者追求的效果和目的不同,因此二者是可以并行的。(3)本条的违法主体只有用人单位,并不包括个人。

第八十七条　【骗取社会保险基金支出的法律责任】社会保险经办机构以及医疗机构、药品经营单位等社会保险服务机构以欺诈、伪造证明材料或者其他手段骗取社会保险基金支出的，由社会保险行政部门责令退回骗取的社会保险金，处骗取金额二倍以上五倍以下的罚款；属于社会保险服务机构的，解除服务协议；直接负责的主管人员和其他直接责任人员有执业资格的，依法吊销其执业资格。

条文注释

本条对社会保险经办机构以及医疗机构、药品经营单位等社会保险服务机构以欺诈、伪造证明材料或者其他手段骗取社会保险基金支出规定了相应的法律责任。实践中，欺诈、伪造证明材料或者其他手段较多，以骗取医疗保险待遇为例，一般包括：(1)允许非参保人以参保人名义就医的；(2)允许使用医疗保险基金支付应当由参保人自付、自费的医疗费用；(3)允许使用医疗保险个人账户基金购买保健品、化妆品及其他用品的；(4)提供虚假疾病诊断证明、病历、处方和医疗费票据等资料的；(5)向参保人提供不必要的医疗服务和过度医疗服务的；(6)转借医疗保险 POS 机(服务终端)给非定点单位使用或代非定点单位使用医疗保险个人账户基金进行结算等情况。

对于违反本条规定的行为，相应的法律责任主要是：(1)责令退回骗取的社会保险金，并处罚款。(2)解除服务协议。本法第三十一条规定，社会保险经办机构根据管理服务的需要，可以与医疗机构、药品经营单位签订服务协议，规范医疗服务行为。社会保险服务机构如有上述违法行为，应当由社会保险经办机构与其解除服务协议。(3)吊销执业资格。吊销执业资格是一种资格罚，又称能力罚，吊销执业资格即剥夺行政相对人的行为能力，行政相对人就不能从事某种特定行为。

第八十八条　【骗取社会保险待遇的法律责任】以欺诈、伪造证明材料或者其他手段骗取社会保险待遇的，由社会保险行政部门责令退回骗取的社会保险金，处骗取金额二倍以上五倍以下的罚款。

条文注释

骗取社会保险待遇主要是个人不符合享受社会保险待遇，以欺诈、伪造证明材料或者其他手段骗取社会保险待遇。实践中，以欺诈、伪造证明材料或者其他手段骗取社会保险待遇有多种形式。如在养老保险待遇的支付环节，有的伪造身份证明或冒用他人身份证明；有的伪造、变造档案年龄、特殊工种年限和病历等办理提前退休；有的伪造、变造人事档案，以增加视同缴费年限；有的伪造、变造用工关系、工资报表等证明材料补缴养老保险费；有的伪造、变造领取养老保险待遇证明文件等，甚至出现了已经去世的人仍在领取养老保险的事例。在医疗保险的支付环节，有的将本人身份证明及社会保障卡转借他人就医；有的冒用他人身份证明或社会保障卡就医；有的伪造、变造病历、处方、疾病诊断证明和医疗费票据；有的伪造、变造劳动关系、工资报表等证明材料参加医疗保险或补缴医疗保险费。

第八十九条　【社会保险经办机构及其工作人员违法行为的法律责任】社会保险经办机构及其工作人员有下列行为之一的，由社会保险行政部门责令改正；给社会保险基金、用人单位或者个人造成损失的，依法承担赔偿责任；对直接负责的主管人员和其他直接责任人员依法给予处分：

（一）未履行社会保险法定职责的；

（二）未将社会保险基金存入财政专户的；

（三）克扣或者拒不按时支付社会保险待遇的；

（四）丢失或者篡改缴费记录、享受社会保险待遇记录等社会保险数据、个人权益记录的；

（五）有违反社会保险法律、法规的其他行为的。

条文注释

本条规定了五种社会保险经办机构及其工作人员的违法行为，具体包括：(1)未履行社会保险法定职责的。社会保险法规定，社会保险经办机构通过业务经办、统计、调查获取社会保险工作所需的数据；及时为用人单位建立档案，完整、准确地记录参加社会保险的人员、缴费等社会保险数据等。向用人单位和个人免费提供查询、核对其缴费和享受社会保险待遇记录等服务，提供社会保险咨询服务，这些都是社会保险经办机构的法定职责，如果社会保险经办机构及其工作人员没有做到或违反了，即构成违法，应承担相应的法律责任。(2)未将社会保险基金存入财政专户的。社会保险法规定，社会保险基金存入财政专户。财政专户是指在银行开立的用于存储、管理和核算具有专项用途的公共资金的专用账户。未按规定存入财政专户，有可能导致截留私分，损害了社会保险基金运行的安全性和完整性，应承担相应的责任。(3)克扣或者拒不按时支付社会保险待遇的。社会保险法规定，社会保险经办机构应当按时足额支付社会保险待遇。社会保险经办机构及其工作人员克扣或者拒不按时支付社会保险待遇的，构成违法。(4)丢失或者篡改缴费记录、享受社会保险待遇记录等社会保险数据、个人权益记录的。社会保险法规定，社会保险经办机构应当及时、完整、准确地记录参加社会保险的个人和用人单位为其缴费，以及享受社会保险待遇等个人权益记录，定期将个人权益记录单免费寄送本人。缴费记录一般包括用人单位缴费登记、变更登记、注销登记以及缴费申报、缴费记录等。缴费登记载有用人单位的名称、住所或者地址、法定代表人或者负责人、单位类型、组织机构统一代码以及开户银行账号等，是用人单位缴费的基础材料和依据。用人单位进行缴费申报时办理的缴费申报表、审核手续及经办机构建立的用人单位缴费记录账簿等，是用人单位实际缴纳数额的依据。“丢失”可能出于过失，“篡改”则出于故意，因此这里既包括经办机构及其工作人员主观上出于一种故意而导致的行为，也包括由于过失导致的行为。违反了社会保险法规定的这一义务的，应当承担相应的法律责任。(5)有违反社会保险法律、法规的其他行为的。

第九十条 【擅自更改社会保险费缴费基数、费率的法律责任】社会保险费征收机构擅自更改社会保险费缴费基数、费率，导致少收或者多收社会保险费的，由有关行政部门责令其追缴应当缴纳的社会保险费或者退还不应当缴纳的社会保险费；对直接负责的主管人员和其他直接责任人员依法给予处分。

条文注释

本条规定社会保险费征收机构擅自更改社会保险费缴费基数、费率规定的法律责任，包括以下两个方面：一是有关行政部门责令其追缴应当缴纳的社会保险费或者退还不应当缴纳的社会保险费。这里的“有关行政部门”是指社会保险行政部门或税务机关。二是对直接负责的主管人员和其他直接责任人员依法给予处分。根据《公务员法》的规定，处分分为：警告、记过、记大过、降级、撤职、开除。

第九十一条 【隐匿、转移、侵占、挪用社会保险基金或者违规投资运营的法律责任】违反本法规定，隐匿、转移、侵占、挪用社会保险基金或者违规投资运营的，由社会保险行政部门、财政部门、审计机关责令追回；有违法所得的，没收违法所得；对直接负责的主管人员和其他直接责任人员依法给予处分。

条文注释

本法第六十九条规定，社会保险基金在保证安全的前提下，按照国务院规定投资运营实现保值增值。社会保险基金不得违规投资运营，不得用于平衡其他政府预算，不得用于兴建、改建公共场所和支付人员经费、运行费用、管理费用，或者违反法律、行政法规规定挪作其他用途。隐匿、转移、侵占、挪用社会保险基金或者违规投资运营，造成社会保险基金流失，影响了社会保险基金的安全和支付能力，本法规定对社会保险基金要严格监管，并规定了相应的监管制度。此外，本条对隐匿、转移、侵占、挪用社会保险基金或者违规投资运营规定了相应的法律责任。

本条规定的法律责任有以下三种：(1)责令追回。责令追回的目的是使被隐匿、转移、侵占、挪用的社会保险基金或已经用来违规投资运营的社会保险基金恢复到原来的状态。有权责令追回的主体是社会保险行政部门、财政部门和审计机关。(2)没收违法所得。就是将违法投资运行所取得的收益收归基金所有。(3)对直接负责的主管人员和其他直接责任人员依法给予处分。此外，本法第九十四条规定，违反本法规定，构成犯罪的，依法追究刑事责任。因此，违反本条有可能构成刑事责任，受到刑事追究。

第九十二条 【泄露用人单位和个人信息的行政责任】社会保险行政部门和其他有关行政部门、社会保险经办机构、社会保险费征收机构及其工作人员泄露用人单位和个人信息的，对直接负责的主管人员和其他直接责任人员依法给予处分；给用人单位或者个人造成损失的，应当承担赔偿责任。

条文注释

本法第八十一条规定，社会保险行政部门和其他有关行政部门、社会保险经办机构、社会保险费征收机构及其工作人员，应当依法为用人单位和个人的信息保密，不得以任何形式泄露。对于泄露用人单位和个人信息的，本条规定了两项法律责任：(1)对直接负责的主管人员和其他直接责任人员依法给予处分；(2)给用人单位或者个人造成损失的，应当承担赔偿责任。承担赔偿责任的前提是必须给用人单位或者个人造成损失;如果没有损失,也就没有赔偿。用人单位和个人信息泄露有可能给其带来损失,如果能够证明损失的造成是由社会保险行政部门及其他行政部门以及有关机构、工作人员造成的,即证明其因果关系,那么就应当由其承担赔偿责任。

第九十三条 【国家工作人员滥用职权、玩忽职守、徇私舞弊的行政责任】国家工作人员在社会保险管理、监督工作中滥用职权、玩忽职守、徇私舞弊的,依法给予处分。

条文注释

根据相关规定,滥用职权一般指违反法律规定的职责权限和程序,滥用、超越职权的行为,如社会保险经办机构的工作人员拒绝向符合条件的参保人员支付社会保险待遇。玩忽职守指国家工作人员不履行法律所赋予的职权,构成违法失职行为,如经办机构工作人员缺乏责任心,对工作马马虎虎,漫不经心,疏于管理,造成保险基金被挪用或者流失。徇私舞弊指为了个人私利或亲友私情,不按照法律、法规规定办事,给社会保险基金造成损失。这里的国家工作人员不仅指社会保险行政部门的国家工作人员,还包括卫生行政部门、财政部门、审计机关等机关的国家工作人员。

第九十四条 【刑事责任】违反本法规定,构成犯罪的,依法追究刑事责任。

条文注释

结合相关规定,违反本法规定涉及的刑事责任主要有:(1)本法第九十一条规定了挪用了社会保险基金等违法行为的法律责任(《刑法》中因挪用行为而侵犯财产权的犯罪,如挪用特定款物罪)。(2)本法第九十二条规定了泄露个人信息等违法行为的法律责任(《刑法》中的出售、非法提供公民个人信息罪)。(3)本法第九十三条规定了国家工作人员在社会保险管理、监督工作中滥用职权、玩忽职守、徇私舞弊等的法律责任(《刑法》中的滥用职权罪、玩忽职守罪)。(4)本法第八十七条规定的以欺诈、伪造证明材料或者其他手段骗取社会保险基金支出,第八十八条规定的以欺诈、伪造证明材料或者其他手段骗取社会保险待遇,第八十九条规定的社会保险经办机构及其工作人员违反社会保险法律法规等违法行为,构成犯罪的,也要根据《刑法》有关规定追究刑事责任(如《刑法》中的保险诈骗罪、诈骗罪等)。

第十二章　附　　则

第九十五条　【进城务工的农村居民参加社会保险】进城务工的农村居民依照本法规定参加社会保险。

条文注释

本条在附则中作专门规定,明确进城务工的农村居民与用人单位建立劳动关系的,应当作为职工依照本法规定参加社会保险,纳入与职业相关联的职工基本养老保险、职工基本医疗保险、工伤保险等社会保险制度中。

第九十六条　【被征地农民的社会保险】征收农村集体所有的土地,应当足额安排被征地农民的社会保险费,按照国务院规定将被征地农民纳入相应的社会保险制度。

条文注释

2004 年国务院发布的《关于深化改革严格土地管理的决定》将被征地农民的就业培训和社会保障作为土地管理制度改革的重点内容,明确要求完善征地补偿和安置制度,特别是明确了社会保障资金来源,即依照法律规定支付土地补偿费和安置补助费,尚不能使被征地农民保持原有生活水平的,不足以支付因征地而无地农民社会保障费用的,省级人民政府应当批准增加安置补助费。

2006年国务院办公厅发布了《关于规范国有土地使用权出让收支管理的通知》,明确土地出让收支的范围,将土地出让收支纳入地方预算,实行收支两条线管理,从财务角度保证被征地农民的社会保障费用。通知要求将以划拨形式取得土地的土地使用者所缴纳的土地补偿费、安置补助费等费用,一并纳入土地出让收入管理。同时将征地和拆迁补偿支出列入土地出让收入使用范围,要求确保足额支付征地和拆迁补偿费、补助被征地农民社会保障支出,严格按照有关规定将被征地农民的社会保障费用纳入征地补偿安置费用。

2006年国务院转发了原劳动和社会保障部《关于做好被征地农民就业培训和社会保障工作的指导意见》,要求对城市规划区内的被征地农民,有条件的地区,可将其纳入城镇职工养老、医疗、失业等社会保险参保范围,通过现行城镇职工社会保险体系解决。对符合享受城市居民最低生活保障和医疗救助条件的,纳入相应保障范围。对城市规划区以外的被征地农民,凡已经建立农村社会养老保险制度、新型农村合作医疗制度和农村最低生活保障制度的地区,要按规定将其纳入相应的保障范围。没有建立上述制度的地区,可由当地人民政府根据实际情况采取多种形式提供必要的养老和医疗服务。并进一步明确了社会保障资金来源和社会保障类型。进一步规定社会保障所需资金从当地政府批准提高的安置补助费和用于被征地农户的土地补偿费中统一安排,两项费用尚不足以支付的,由当地政府从国有土地有偿使用收入中解决。考虑到我国城镇居民社会养老保险、新型农村社会养老保险、城镇居民医疗保险、新型农村合作医疗制度已经建立,养老和医疗制度已经做到人群全覆盖,将被征地农民纳入社会保险制度中已经做好了制度准备,因此本条明确的方向是纳入社会保险制度,不是社会救助和低保制度,也不是建立单独的针对被征地农民的社会保险制度。

第九十七条　【外国人参加我国社会保险】外国人在中国境内就业的,参照本法规定参加社会保险。

条文注释

本条中的参照，是指原则依照《社会保险法》执行，但是，允许有所变通。在没有变通规定时，外国人应当依照《社会保险法》参加社会保险。在有权机关作出变通规定时，外国人参加社会保险按照变通规定执行。这些变通规定包括《社会保险费征缴暂行条例》、有关社会保险的双边协定，变通的内容包括是否需要参加社会保险以及参加哪几项社会保险。所谓外国人，是指依照国籍法规定不具有中国国籍的人员，包括具有外国国籍人员和无国籍人员。

关联法规

《外国人在中国就业管理规定》

第九十八条　【施行日期】本法自 2011 年 7 月 1 日起施行。

条文注释

理解本条，应注意施行日期带来社会保险法律适用的问题。在 2011 年 7 月 1 日前发生的社会保险违法行为，可否根据《社会保险法》予以处理？对此，从法律一般原理而言，一般采取所谓“法不溯及既往，有利溯及除外”的原则。即根据《立法法》的规定，法律、行政法规、地方性法规、自治条例和单行条例、规章不溯及既往，没有溯及力，只是在生效之后向未来有效，但为了更好地保护公民、法人和其他组织的权利和利益而作的特别规定除外。也就是说，为了更好保护公民、法人和其他组织的权益而作的特别规定除外，即有利于作为管理相对方——社会民众的，可以溯及既往。《实施〈中华人民共和国社会保险法〉若干规定》第二十九条规定，对用人单位在 2011 年 7 月 1 日前发生的未按时足额缴纳社会保险费的违法行为，按照当时的国家和地方政府有关规定进行；对 2011 年 7 月 1 日后的此类违法行为，则依照《社会保险法》和该规定进行。

附　录

一、综　　合

实施《中华人民共和国社会保险法》若干规定

（2011年6月29日人力资源和社会保障部令第13号公布
自2011年7月1日起施行）

为了实施《中华人民共和国社会保险法》（以下简称社会保险法），制定本规定。

第一章　关于基本养老保险

第一条　社会保险法第十五条规定的统筹养老金，按照国务院规定的基础养老金计发办法计发。

第二条　参加职工基本养老保险的个人达到法定退休年龄时，累计缴费不足十五年的，可以延长缴费至满十五年。社会保险法实施前参保、延长缴费五年后仍不足十五年的，可以一次性缴费至满十五年。

第三条　参加职工基本养老保险的个人达到法定退休年龄后，累计缴费不足十五年（含依照第二条规定延长缴费）的，可以申请转入户籍所在地新型农村社会养老保险或者城镇居民社会养老保险，享受相应的养老保险待遇。

参加职工基本养老保险的个人达到法定退休年龄后，累计缴费不足十五年（含依照第二条规定延长缴费），且未转入新型农村社会养老保险或者城镇居民社会养老保险的，个人可以书面申请终止职工基本养老保险关系。社会保险经办机构收到申请后，应当书面告知其转入新型农村社会养老保险或者城镇居民社会养老保险的权利以及终止职工基本养老保险关系的后果，经本人书面确认后，终止其职工基本养老保险关系，并将个人账户储存额一次性支付给本人。

第四条 参加职工基本养老保险的个人跨省流动就业，达到法定退休年龄时累计缴费不足十五年的，按照《国务院办公厅关于转发人力资源社会保障部财政部城镇企业职工基本养老保险关系转移接续暂行办法的通知》（国办发〔2009〕66 号）有关待遇领取地的规定确定继续缴费地后，按照本规定第二条办理。

第五条 参加职工基本养老保险的个人跨省流动就业，符合按月领取基本养老金条件时，基本养老金分段计算、统一支付的具体办法，按照《国务院办公厅关于转发人力资源社会保障部财政部城镇企业职工基本养老保险关系转移接续暂行办法的通知》（国办发〔2009〕66 号）执行。

第六条 职工基本养老保险个人账户不得提前支取。个人在达到法定的领取基本养老金条件前离境定居的，其个人账户予以保留，达到法定领取条件时，按照国家规定享受相应的养老保险待遇。其中，丧失中华人民共和国国籍的，可以在其离境时或者离境后书面申请终止职工基本养老保险关系。社会保险经办机构收到申请后，应当书面告知其保留个人账户的权利以及终止职工基本养老保险关系的后果，经本人书面确认后，终止其职工基本养老保险关系，并将个人账户储存额一次性支付给本人。

参加职工基本养老保险的个人死亡后，其个人账户中的余额可以全部依法继承。

第二章 关于基本医疗保险

第七条 社会保险法第二十七条规定的退休人员享受基本医疗保险待遇的缴费年限按照各地规定执行。

参加职工基本医疗保险的个人，基本医疗保险关系转移接续时，基本医疗保险缴费年限累计计算。

第八条 参保人员在协议医疗机构发生的医疗费用，符合基本医疗保险药品目录、诊疗项目、医疗服务设施标准的，按照国家规定从基本医疗保险基金中支付。

参保人员确需急诊、抢救的，可以在非协议医疗机构就医；因抢救必须使用的药品可以适当放宽范围。参保人员急诊、抢救的医疗服务具体管理办法由统筹地区根据当地实际情况制定。

第三章 关于工伤保险

第九条 职工（包括非全日制从业人员）在两个或者两个以上用人单位同时就业的，各用人单位应当分别为职工缴纳工伤保险费。职工发生工伤，由职工受到伤害时工作的单位依法承担工伤保险责任。

第十条 社会保险法第三十七条第二项中的醉酒标准，按照《车辆驾驶人员血液、呼气酒精含量阈值与检验》（GB 19522—2004）执行。公安机关交通管理部门、医疗机构等有关单位依法出具的检测结论、诊断证明等材料，可以作为认定醉酒的依据。

第十一条 社会保险法第三十八条第八项中的因工死亡补助金是指《工伤保险条例》第三十九条的一次性工亡补助金，标准为工伤发生时上一年度全国城镇居民人均可支配收入的20倍。

上一年度全国城镇居民人均可支配收入以国家统计局公布的数据为准。

第十二条 社会保险法第三十九条第一项治疗工伤期间的工资福利，按照《工伤保险条例》第三十三条有关职工在停工留薪期内应当享受的工资福利和护理等待遇的规定执行。

第四章 关于失业保险

第十三条 失业人员符合社会保险法第四十五条规定条件的，可以申请领取失业保险金并享受其他失业保险待遇。其中，非因本人意愿中断就业包括下列情形：

（一）依照劳动合同法第四十四条第一项、第四项、第五项规定终止劳动合同的；

（二）由用人单位依照劳动合同法第三十九条、第四十条、第四十一条规定解除劳动合同的；

（三）用人单位依照劳动合同法第三十六条规定向劳动者提出解除劳动合同并与劳动者协商一致解除劳动合同的；

(四)由用人单位提出解除聘用合同或者被用人单位辞退、除名、开除的;

(五)劳动者本人依照劳动合同法第三十八条规定解除劳动合同的;

(六)法律、法规、规章规定的其他情形。

第十四条　失业人员领取失业保险金后重新就业的,再次失业时,缴费时间重新计算。失业人员因当期不符合失业保险金领取条件的,原有缴费时间予以保留,重新就业并参保的,缴费时间累计计算。

第十五条　失业人员在领取失业保险金期间,应当积极求职,接受职业介绍和职业培训。失业人员接受职业介绍、职业培训的补贴由失业保险基金按照规定支付。

第五章　关于基金管理和经办服务

第十六条　社会保险基金预算、决算草案的编制、审核和批准,依照《国务院关于试行社会保险基金预算的意见》(国发〔2010〕2 号)的规定执行。

第十七条　社会保险经办机构应当每年至少一次将参保人员个人权益记录单通过邮寄方式寄送本人。同时,社会保险经办机构可以通过手机短信或者电子邮件等方式向参保人员发送个人权益记录。

第十八条　社会保险行政部门、社会保险经办机构及其工作人员应当依法为用人单位和个人的信息保密,不得违法向他人泄露下列信息:

(一)涉及用人单位商业秘密或者公开后可能损害用人单位合法利益的信息;

(二)涉及个人权益的信息。

第六章　关于法律责任

第十九条　用人单位在终止或者解除劳动合同时拒不向职工出具终止或者解除劳动关系证明,导致职工无法享受社会保险待遇的,用人单位应当依法承担赔偿责任。

第二十条　职工应当缴纳的社会保险费由用人单位代扣代缴。用人单位未依法代扣代缴的,由社会保险费征收机构责令用人单位限期代缴,并自欠缴之日起向用人单位按日加收万分之五的滞纳金。用人单位不得要求职工承担滞纳金。

第二十一条　用人单位因不可抗力造成生产经营出现严重困难的，经省级人民政府社会保险行政部门批准后，可以暂缓缴纳一定期限的社会保险费，期限一般不超过一年。暂缓缴费期间，免收滞纳金。到期后，用人单位应当缴纳相应的社会保险费。

第二十二条　用人单位按照社会保险法第六十三条的规定，提供担保并与社会保险费征收机构签订缓缴协议的，免收缓缴期间的滞纳金。

第二十三条　用人单位按照本规定第二十一条、第二十二条缓缴社会保险费期间，不影响其职工依法享受社会保险待遇。

第二十四条　用人单位未按月将缴纳社会保险费的明细情况告知职工本人的，由社会保险行政部门责令改正；逾期不改的，按照《劳动保障监察条例》第三十条的规定处理。

第二十五条　医疗机构、药品经营单位等社会保险服务机构以欺诈、伪造证明材料或者其他手段骗取社会保险基金支出的，由社会保险行政部门责令退回骗取的社会保险金，处骗取金额二倍以上五倍以下的罚款。对与社会保险经办机构签订服务协议的医疗机构、药品经营单位，由社会保险经办机构按照协议追究责任，情节严重的，可以解除与其签订的服务协议。对有执业资格的直接负责的主管人员和其他直接责任人员，由社会保险行政部门建议授予其执业资格的有关主管部门依法吊销其执业资格。

第二十六条　社会保险经办机构、社会保险费征收机构、社会保险基金投资运营机构、开设社会保险基金专户的机构和专户管理银行及其工作人员有下列违法情形的，由社会保险行政部门按照社会保险法第九十一条的规定查处：

（一）将应征和已征的社会保险基金，采取隐藏、非法放置等手段，未按规定征缴、入账的；

（二）违规将社会保险基金转入社会保险基金专户以外的账户的；

（三）侵吞社会保险基金的；

（四）将各项社会保险基金互相挤占或者其他社会保障基金挤占社会保险基金的；

（五）将社会保险基金用于平衡财政预算，兴建、改建办公场所和支付人员经费、运行费用、管理费用的；

（六）违反国家规定的投资运营政策的。

第七章 其　　他

第二十七条 职工与所在用人单位发生社会保险争议的，可以依照《中华人民共和国劳动争议调解仲裁法》、《劳动人事争议仲裁办案规则》的规定，申请调解、仲裁，提起诉讼。

职工认为用人单位有未按时足额为其缴纳社会保险费等侵害其社会保险权益行为的，也可以要求社会保险行政部门或者社会保险费征收机构依法处理。社会保险行政部门或者社会保险费征收机构应当按照社会保险法和《劳动保障监察条例》等相关规定处理。在处理过程中，用人单位对双方的劳动关系提出异议的，社会保险行政部门应当依法查明相关事实后继续处理。

第二十八条 在社会保险经办机构征收社会保险费的地区，社会保险行政部门应当依法履行社会保险法第六十三条所规定的有关行政部门的职责。

第二十九条 2011 年 7 月 1 日后对用人单位未按时足额缴纳社会保险费的处理，按照社会保险法和本规定执行；对 2011 年 7 月 1 日前发生的用人单位未按时足额缴纳社会保险费的行为，按照国家和地方人民政府的有关规定执行。

第三十条 本规定自 2011 年 7 月 1 日起施行。

社会保险费征缴暂行条例

（1999 年 1 月 22 日国务院令第 259 号发布　根据 2019 年 3 月 24 日国务院令第 710 号《关于修改部分行政法规的决定》修订）

第一章 总　　则

第一条 为了加强和规范社会保险费征缴工作，保障社会保险金的发放，制定本条例。

第二条 基本养老保险费、基本医疗保险费、失业保险费(以下统称社会保险费)的征收、缴纳,适用本条例。

本条例所称缴费单位、缴费个人,是指依照有关法律、行政法规和国务院的规定,应当缴纳社会保险费的单位和个人。

第三条 基本养老保险费的征缴范围:国有企业、城镇集体企业、外商投资企业、城镇私营企业和其他城镇企业及其职工,实行企业化管理的事业单位及其职工。

基本医疗保险费的征缴范围:国有企业、城镇集体企业、外商投资企业、城镇私营企业和其他城镇企业及其职工,国家机关及其工作人员,事业单位及其职工,民办非企业单位及其职工,社会团体及其专职人员。

失业保险费的征缴范围:国有企业、城镇集体企业、外商投资企业、城镇私营企业和其他城镇企业及其职工,事业单位及其职工。

省、自治区、直辖市人民政府根据当地实际情况,可以规定将城镇个体工商户纳入基本养老保险、基本医疗保险的范围,并可以规定将社会团体及其专职人员、民办非企业单位及其职工以及有雇工的城镇个体工商户及其雇工纳入失业保险的范围。

社会保险费的费基、费率依照有关法律、行政法规和国务院的规定执行。

第四条 缴费单位、缴费个人应当按时足额缴纳社会保险费。

征缴的社会保险费纳入社会保险基金,专款专用,任何单位和个人不得挪用。

第五条 国务院劳动保障行政部门负责全国的社会保险费征缴管理和监督检查工作。县级以上地方各级人民政府劳动保障行政部门负责本行政区域内的社会保险费征缴管理和监督检查工作。

第六条 社会保险费实行三项社会保险费集中、统一征收。社会保险费的征收机构由省、自治区、直辖市人民政府规定,可以由税务机关征收,也可以由劳动保障行政部门按照国务院规定设立的社会保险经办机构(以下简称社会保险经办机构)征收。

第二章 征缴管理

第七条 缴费单位必须向当地社会保险经办机构办理社会保险登记,参加社会保险。

登记事项包括：单位名称、住所、经营地点、单位类型、法定代表人或者负责人、开户银行账号以及国务院劳动保障行政部门规定的其他事项。

第八条　企业在办理登记注册时，同步办理社会保险登记。

前款规定以外的缴费单位应当自成立之日起30日内，向当地社会保险经办机构申请办理社会保险登记。

第九条　缴费单位的社会保险登记事项发生变更或者缴费单位依法终止的，应当自变更或者终止之日起30日内，到社会保险经办机构办理变更或者注销社会保险登记手续。

第十条　缴费单位必须按月向社会保险经办机构申报应缴纳的社会保险费数额，经社会保险经办机构核定后，在规定的期限内缴纳社会保险费。

缴费单位不按规定申报应缴纳的社会保险费数额的，由社会保险经办机构暂按该单位上月缴费数额的百分之一百一十确定应缴数额；没有上月缴费数额的，由社会保险经办机构暂按该单位的经营状况、职工人数等有关情况确定应缴数额。缴费单位补办申报手续并按核定数额缴纳社会保险费后，由社会保险经办机构按照规定结算。

第十一条　省、自治区、直辖市人民政府规定由税务机关征收社会保险费的，社会保险经办机构应当及时向税务机关提供缴费单位社会保险登记、变更登记、注销登记以及缴费申报的情况。

第十二条　缴费单位和缴费个人应当以货币形式全额缴纳社会保险费。

缴费个人应当缴纳的社会保险费，由所在单位从其本人工资中代扣代缴。

社会保险费不得减免。

第十三条　缴费单位未按规定缴纳和代扣代缴社会保险费的，由劳动保障行政部门或者税务机关责令限期缴纳；逾期仍不缴纳的，除补缴欠缴数额外，从欠缴之日起，按日加收千分之二的滞纳金。滞纳金并入社会保险基金。

第十四条　征收的社会保险费存入财政部门在国有商业银行开设的社会保障基金财政专户。

社会保险基金按照不同险种的统筹范围，分别建立基本养老保险基金、基本医疗保险基金、失业保险基金。各项社会保险基金分别单独核算。

社会保险基金不计征税、费。

第十五条　省、自治区、直辖市人民政府规定由税务机关征收社会保险费的，税务机关应当及时向社会保险经办机构提供缴费单位和缴费个人的缴费情况；社会保险经办机构应当将有关情况汇总，报劳动保障行政部门。

第十六条 社会保险经办机构应当建立缴费记录，其中基本养老保险、基本医疗保险并应当按照规定记录个人账户。社会保险经办机构负责保存缴费记录，并保证其完整、安全。社会保险经办机构应当至少每年向缴费个人发送一次基本养老保险、基本医疗保险个人账户通知单。

缴费单位、缴费个人有权按照规定查询缴费记录。

第三章 监督检查

第十七条 缴费单位应当每年向本单位职工公布本单位全年社会保险费缴纳情况，接受职工监督。

社会保险经办机构应当定期向社会公告社会保险费征收情况，接受社会监督。

第十八条 按照省、自治区、直辖市人民政府关于社会保险费征缴机构的规定，劳动保障行政部门或者税务机关依法对单位缴费情况进行检查时，被检查的单位应当提供与缴纳社会保险费有关的用人情况、工资表、财务报表等资料，如实反映情况，不得拒绝检查，不得谎报、瞒报。劳动保障行政部门或者税务机关可以记录、录音、录像、照相和复制有关资料；但是，应当为缴费单位保密。

劳动保障行政部门、税务机关的工作人员在行使前款所列职权时，应当出示执行公务证件。

第十九条 劳动保障行政部门或者税务机关调查社会保险费征缴违法案件时，有关部门、单位应当给予支持、协助。

第二十条 社会保险经办机构受劳动保障行政部门的委托，可以进行与社会保险费征缴有关的检查、调查工作。

第二十一条 任何组织和个人对有关社会保险费征缴的违法行为，有权举报。劳动保障行政部门或者税务机关对举报应当及时调查，按照规定处理，并为举报人保密。

第二十二条 社会保险基金实行收支两条线管理，由财政部门依法进行监督。

审计部门依法对社会保险基金的收支情况进行监督。

第四章 罚　　则

第二十三条 缴费单位未按照规定办理社会保险登记、变更登记或者注销登记,或者未按照规定申报应缴纳的社会保险费数额的,由劳动保障行政部门责令限期改正;情节严重的,对直接负责的主管人员和其他直接责任人员可以处1000元以上5000元以下的罚款;情节特别严重的,对直接负责的主管人员和其他直接责任人员可以处5000元以上10000元以下的罚款。

第二十四条 缴费单位违反有关财务、会计、统计的法律、行政法规和国家有关规定,伪造、变造、故意毁灭有关账册、材料,或者不设账册,致使社会保险费缴费基数无法确定的,除依照有关法律、行政法规的规定给予行政处罚、纪律处分、刑事处罚外,依照本条例第十条的规定征缴;迟延缴纳的,由劳动保障行政部门或者税务机关依照第十三条的规定决定加收滞纳金,并对直接负责的主管人员和其他直接责任人员处5000元以上20000元以下的罚款。

第二十五条 缴费单位和缴费个人对劳动保障行政部门或者税务机关的处罚决定不服的,可以依法申请复议;对复议决定不服的,可以依法提起诉讼。

第二十六条 缴费单位逾期拒不缴纳社会保险费、滞纳金的,由劳动保障行政部门或者税务机关申请人民法院依法强制征缴。

第二十七条 劳动保障行政部门、社会保险经办机构或者税务机关的工作人员滥用职权、徇私舞弊、玩忽职守,致使社会保险费流失的,由劳动保障行政部门或者税务机关追回流失的社会保险费;构成犯罪的,依法追究刑事责任;尚不构成犯罪的,依法给予行政处分。

第二十八条 任何单位、个人挪用社会保险基金的,追回被挪用的社会保险基金;有违法所得的,没收违法所得,并入社会保险基金;构成犯罪的,依法追究刑事责任;尚不构成犯罪的,对直接负责的主管人员和其他直接责任人员依法给予行政处分。

第五章 附　　则

第二十九条 省、自治区、直辖市人民政府根据本地实际情况,可以决定本条例适用于本行政区域内工伤保险费和生育保险费的征收、缴纳。

第三十条　税务机关、社会保险经办机构征收社会保险费,不得从社会保险基金中提取任何费用,所需经费列入预算,由财政拨付。

第三十一条　本条例自发布之日起施行。

社会保险费申报缴纳管理规定

(2013年9月26日人力资源和社会保障部令第20号公布
自2013年11月1日起施行)

第一章　总　　则

第一条　为规范社会保险费的申报和缴纳管理工作,根据《中华人民共和国社会保险法》(以下简称社会保险法)、《社会保险费征缴暂行条例》,制定本规定。

第二条　用人单位进行缴费申报和社会保险经办机构征收社会保险费,适用本规定。

本规定所称社会保险费,是指由用人单位及其职工依法参加社会保险并缴纳的职工基本养老保险费、职工基本医疗保险费、工伤保险费、失业保险费和生育保险费。

第三条　社会保险经办机构负责社会保险缴费申报、核定等工作。

省、自治区、直辖市人民政府决定由社会保险经办机构征收社会保险费的,社会保险经办机构应当依法征收社会保险费。

社会保险经办机构负责征收的社会保险费,实行统一征收。

第二章　社会保险费申报

第四条　用人单位应当按月在规定期限内到当地社会保险经办机构办理缴费申报,申报事项包括:

(一)用人单位名称、组织机构代码、地址及联系方式;

（二）用人单位开户银行、户名及账号；

（三）用人单位的缴费险种、缴费基数、费率、缴费数额；

（四）职工名册及职工缴费情况；

（五）社会保险经办机构规定的其他事项。

在一个缴费年度内，用人单位初次申报后，其余月份可以只申报前款规定事项的变动情况；无变动的，可以不申报。

第五条 职工应缴纳的社会保险费由用人单位代为申报。代职工申报的事项包括：职工姓名、社会保障号码、用工类型、联系地址、代扣代缴明细等。

用人单位代职工申报的缴费明细以及变动情况应当经职工本人签字认可，由用人单位留存备查。

第六条 用人单位到社会保险经办机构办理社会保险缴费申报有困难的，经社会保险经办机构同意，可以邮寄申报。邮寄申报以寄出地的邮戳日期为实际申报日期。

有条件的地区，用人单位也可以按照社会保险经办机构的规定进行网上申报。

第七条 用人单位应当向社会保险经办机构如实申报本规定第四条、第五条所列申报事项。用人单位申报材料齐全、缴费基数和费率符合规定、填报数量关系一致的，社会保险经办机构核准后出具缴费通知单；用人单位申报材料不符合规定的，退用人单位补正。

社会保险经办机构在开展社会保险稽核工作过程中，发现用人单位未如实申报造成漏缴、少缴社会保险费的，按照社会保险法第八十六条的规定处理。

第八条 用人单位应当自用工之日起30日内为其职工申请办理社会保险登记并申报缴纳社会保险费。未办理社会保险登记的，由社会保险经办机构核定其应当缴纳的社会保险费。

用人单位未按照规定申报应缴纳的社会保险费数额的，社会保险经办机构暂按该单位上月缴费数额的110%确定应缴数额；没有上月缴费数额的，社会保险经办机构暂按该单位的经营状况、职工人数、当地上年度职工平均工资等有关情况确定应缴数额。用人单位补办申报手续后，由社会保险经办机构按照规定结算。

第九条 用人单位因不可抗力,不能按期办理缴费申报的,可以延期申报;不可抗力情形消除后,应当立即向社会保险经办机构报告。社会保险经办机构应当查明事实,予以核准。

第三章 社会保险费缴纳

第十条 用人单位应当持社会保险经办机构出具的缴费通知单在规定的期限内采取下列方式之一缴纳社会保险费:

(一)到其开户银行或者其他金融机构缴纳;

(二)与社会保险经办机构约定的其他方式。

社会保险经办机构、用人单位可以与银行或者其他金融机构签订协议,委托银行或者其他金融机构根据社会保险经办机构开出的托收凭证划缴用人单位和为其职工代扣的社会保险费。

第十一条 职工应当缴纳的社会保险费由用人单位代扣代缴。用人单位依法履行代扣代缴义务时,任何单位或者个人不得干预或者拒绝。

用人单位未按时足额代缴的,社会保险经办机构应当责令其限期缴纳,并自欠缴之日起按日加收0.5‰的滞纳金。用人单位不得要求职工承担滞纳金。

第十二条 征收的社会保险费,应当存入社会保险经办机构按照规定开设的社会保险基金收入户。社会保险经办机构应当按照有关规定定期将收到的基金存入依法开设的社会保险基金财政专户。

第十二条 社会保险经办机构对已征收的社会保险费,根据用人单位实际缴纳额(包括代扣代缴额)和代扣代缴明细,按照国家有关规定进行记账。

第十四条 用人单位应当按月将缴纳社会保险费的明细情况告知职工本人。

用人单位应当每年向本单位职工代表大会通报或者在本单位住所的显著位置公布本单位全年社会保险费缴纳情况,接受职工监督。

第十五条 社会保险经办机构应当及时、完整、准确地记录用人单位及其职工的缴费情况,并将缴费情况定期告知用人单位和职工。用人单位和职工有权按照《社会保险个人权益记录管理办法》等规定查询缴费情况。

社会保险经办机构应当至少每年一次向社会公布社会保险费征收情况,接受社会监督。

第四章 未按时足额缴纳社会保险费的处理

第十六条 用人单位有下列情形之一的,社会保险经办机构应当于查明欠缴事实之日起5个工作日内发出社会保险费限期补缴通知,责令用人单位在收到通知后5个工作日内补缴,同时告知其逾期仍未缴纳的,将按照社会保险法第六十三条、第八十六条的规定处理:

(一)未按规定申报且未缴纳社会保险费的;

(二)申报后未按时足额缴纳社会保险费的;

(三)因瞒报、漏报职工人数、缴费基数等事项而少缴社会保险费的。

第十七条 用人单位未按照本规定第十六条规定的期限补缴的,社会保险经办机构可以按照社会保险法第六十三条第二款的规定,向用人单位开户银行或者其他金融机构查询其存款账户。

第十八条 社会保险经办机构可以根据查询结果向所属的社会保险行政部门申请作出划拨社会保险费的决定,并提交下列材料:

(一)用人单位名称、法定代表人、地址、联系方式;

(二)用人单位开户银行、户名及账号;

(三)申请划拨的事实、理由及依据;

(四)申请划拨的社会保险费数额;

(五)社会保险行政部门要求提供的其他材料。

第十九条 社会保险行政部门接到社会保险经办机构划拨申请后,应当按照《中华人民共和国行政强制法》的规定,及时作出划拨社会保险费决定,并书面通知用人单位开户银行或者其他金融机构予以划拨。

第二十条 社会保险行政部门作出的划拨社会保险费决定,应当按照《中华人民共和国行政强制法》的规定送达用人单位,并抄送社会保险经办机构。

第二十一条 经查询,用人单位账户余额少于应当缴纳的社会保险费数额的,或者划拨后用人单位仍未足额清偿社会保险费的,社会保险经办机构可以要求用人单位以抵押、质押的方式提供担保。

第二十二条 用人单位应当到社会保险经办机构认可的评估机构对其抵押财产或者质押财产进行评估,经社会保险经办机构审核后,对能够足额清偿社会保险费的,双方依法签订抵押合同或者质押合同;需要办理登记的,应当依法办理抵押登记或者质押登记。

第二十三条 社会保险经办机构与用人单位签订抵押合同或者质押合同后,应当签订延期缴费协议,并约定协议期满用人单位仍未足额清偿社会保险费的,社会保险经办机构可以参照协议期满时的市场价格,以抵押财产、质押财产折价或者以拍卖、变卖所得抵缴社会保险费。

延期缴费协议期限最长不超过1年。

第二十四条 用人单位提供担保并签订延期缴费协议的,其职工在延缴期间按照规定享受社会保险待遇。

第二十五条 用人单位经责令仍未补缴且有下列情形之一的,社会保险经办机构可以按照社会保险法第六十三条第三款的规定,向所在地有管辖权的人民法院申请扣押、查封、拍卖用人单位财产,以拍卖所得抵缴应缴纳的社会保险费、滞纳金:

(一)经查询,用人单位开户银行账户余额少于应缴纳的社会保险费数额且未签订担保合同的;

(二)经划拨,用人单位仍未足额清偿应缴纳的社会保险费且未签订担保合同的;

(三)延期缴费协议期满,因担保财产的市场价格或者权利状况发生变化,用人单位仍未足额清偿应缴纳的社会保险费的。

第二十六条 社会保险经办机构申请人民法院强制执行的,应当提供下列材料:

(一)强制执行申请书;

(二)用人单位欠缴社会保险费及加收滞纳金的事实、理由和依据;

(三)社会保险经办机构限期补缴通知;

(四)用人单位的意见;

(五)用人单位有本规定第二十五条所列情形时的相关材料;

(六)申请强制执行的用人单位财产情况;

(七)法律、行政法规规定以及人民法院要求的其他材料。

强制执行申请书应当由社会保险经办机构负责人签名,加盖社会保险经办机构的印章,并注明日期。

第五章 法律责任

第二十七条 社会保险行政部门及其工作人员作出划拨社会保险费决

定时,有下列行为之一的,按照《中华人民共和国行政强制法》的规定,由上级社会保险行政部门或者有关部门责令改正,对直接负责的主管人员和其他直接责任人员依法给予处分;给用人单位或者个人造成损失的,依法承担赔偿责任;构成犯罪的,依法追究刑事责任:

(一)违反法定程序作出划拨社会保险费决定的;

(二)未在规定时限内及时作出划拨社会保险费决定并书面通知用人单位开户银行或者其他金融机构的;

(三)决定划拨的社会保险费数额错误的;

(四)向当事人泄露信息影响划拨社会保险费的;

(五)有违反法律、法规和规章的其他行为的。

第二十八条　社会保险经办机构及其工作人员有下列行为之一的,由社会保险行政部门责令改正,视情节轻重对直接负责的主管人员和其他直接责任人员依法给予相应处分:

(一)未按照本规定第八条核定或者确定用人单位应当缴纳的社会保险费数额的;

(二)对已征收的社会保险费未按照国家规定记账的;

(三)未依法责令欠缴社会保险费的用人单位限期补缴社会保险费、加收滞纳金的;

(四)申请人民法院强制执行不符合规定的;

(五)签订担保合同和延期缴费协议不符合规定的;

(六)未按照规定审核、处置担保财产的;

(七)法律、法规和规章规定的其他情形。

第二十九条　社会保险经办机构擅自更改社会保险费缴费基数、费率,导致少收或者多收社会保险费的,由社会保险行政部门责令其追缴应当缴纳的社会保险费或者退还不应当缴纳的社会保险费;对直接负责的主管人员和其他直接责任人员依法给予处分。

第三十条　用人单位未按照规定向社会保险经办机构进行缴费申报或者未按照规定缴纳社会保险费的,社会保险行政部门应当依法查处。

用人单位未按时足额缴纳社会保险费的,由社会保险经办机构按照社会保险法第八十六条的规定,责令其限期缴纳或者补足,并自欠缴之日起按日加收0.5‰的滞纳金;逾期仍不缴纳的,由社会保险行政部门处欠缴数额1

倍以上3倍以下的罚款。

第三十一条 用人单位未按月将代扣代缴社会保险费明细情况告知职工本人,或者未按照规定通报、公布本单位全年社会保险费缴纳情况的,职工有权向社会保险行政部门举报、投诉。

第六章 附 则

第三十二条 社会保险费由税务机关征收的,社会保险经办机构应当及时将用人单位和职工应缴社会保险费数额提供给税务机关;税务机关应当及时向社会保险经办机构提供用人单位和职工的缴费情况。

社会保险经办机构应当按月将单位和个人缴纳失业保险费的情况提供给负责支付失业保险待遇的经办机构。

第三十三条 以个人身份参加社会保险的,社会保险费申报和缴纳办法另行规定。

第三十四条 本规定自2013年11月1日起施行。原劳动和社会保障部《社会保险费申报缴纳管理暂行办法》(劳动和社会保障部令第2号)同时废止。

二、养 老 保 险

1. 职工基本养老保险

国务院关于工人退休、退职的暂行办法

（1978 年 5 月 24 日第五届全国人民代表大会常务委员会第二次会议原则批准 1978 年 6 月 2 日发布 国发〔1978〕104 号）

老年工人和因工、因病丧失劳动能力的工人，对社会主义革命和建设做出了应有的贡献。妥善安置他们的生活，使他们愉快地度过晚年，这是社会主义制度优越性的具体体现，同时也有利于工人队伍的精干，对实现我国的四个现代化，必将起促进作用。为了做好这项工作，特制定本办法。

第一条 【退休条件】全民所有制企业、事业单位和党政机关、群众团体的工人，符合下列条件之一的，应该退休：

（一）男年满六十周岁，女年满五十周岁，连续工龄满十年的。

（二）从事井下、高空、高温、特别繁重体力劳动或者其他有害身体健康的工作，男年满五十五周岁、女年满四十五周岁，连续工龄满十年的。

本项规定也适用于工作条件与工人相同的基层干部。

（三）男年满五十周岁，女年满四十五周岁，连续工龄满十年，由医院证明，并经劳动鉴定委员会确认，完全丧失劳动能力的。

（四）因工致残，由医院证明，并经劳动鉴定委员会确认，完全丧失劳动能力的。

第二条 【退休费】工人退休以后，每月按下列标准发给退休费，直至去

世为止。

（一）符合第一条第（一）、（二）、（三）项条件，抗日战争时期参加革命工作的，按本人标准工资的百分之九十发给。解放战争时期参加革命工作的，按本人标准工资的百分之八十发给。中华人民共和国成立后参加革命工作，连续工龄满二十年的，按本人标准工资的百分之七十五发给；连续工龄满十五年不满二十年的，按本人标准工资的百分之七十发给；连续工龄满十年不满十五年的，按本人标准工资的百分之六十发给。退休费低于二十五元的，按二十五元发给。

（二）符合第一条第（四）项条件，饮食起居需要人扶助的，按本人标准工资的百分之九十发给，还可以根据实际情况发给一定数额的护理费，护理费标准，一般不得超过一个普通工人的工资；饮食起居不需要人扶助的，按本人标准工资的百分之八十发给。同时具备两项以上的退休条件，应当按最高的标准发给。退休费低于三十五元的，按三十五元发给。

第三条　【矽肺病患者的退休】患二、三期矽肺病离职休养的工人，如果本人自愿，也可以退休。退休费按本人标准工资的百分之九十发给，并享受原单位矽肺病人在离职休养期间的待遇。

患二、三期矽肺病离职休养的干部，也可以按照本条的办法执行。

第四条　【退休费可高于标准】获得全国劳动英雄、劳动模范称号，在退休时仍然保持其荣誉的工人；省、市、自治区革命委员会认为在革命和建设中有特殊贡献的工人；部队军以上单位授予战斗英雄称号的转业、复员军人，在退休时仍保持其荣誉的，其退休费可以酌情高于本办法所定标准的百分之五至百分之十五，但提高标准后的退休费，不得超过本人原标准工资。

第五条　【退职】不具备退休条件，由医院证明，并经劳动鉴定委员会确认，完全丧失劳动能力的工人，应该退职。退职后，按月发给相当于本人标准工资百分之四十的生活费，低于二十元的，按二十元发给。

第六条　【安家补助费】退休工人易地安家的，一般由原工作单位一次发给一百五十元的安家补助费，从大中城市到农村安家的，发给三百元。

退职工人易地安家的，可以发给相当于本人两个月标准工资的安家补助费。

第七条　【车船费等费用的支付】工人退休、退职的时候，本人及其供养的直系亲属前往居住地点途中所需的车船费、旅馆费、行李搬运费和伙食补助费,都按照现行的规定办理。

第八条 【公费医疗】退休、退职工人本人,可以继续享受公费医疗待遇。

第九条 【退休费、退职费支付】工人的退休费、退职生活费,企业单位,由企业行政支付;党政机关、群众团体和事业单位,由退休、退职工人居住地方的县级民政部门另列预算支付。

第十条 【退休、退职工人子女安排】工人退休、退职后,家庭生活确实困难的,或多子女上山下乡、子女就业少的,原则上可以招收其一名符合招工条件的子女参加工作。招收的子女,可以是按政策规定留城的知识青年,可以是上山下乡知识青年,也可以是城镇应届中学毕业生。

我国农业生产水平还比较低,粮食还没有过关,对增加城镇和其他吃商品粮的人口,必须严加控制。因此,家居农村的退休、退职工人,应尽量回到农村安置,本人户口迁回农村的,也可以招收他们在农村的一名符合招工条件的子女参加工作;退休、退职工人回农村后,其口粮由所在生产队供应。

招收退休、退职工人的子女,应当由当地劳动部门统一安排。招收子女的具体办法,由省、市、自治区根据上述原则结合本地区的实际情况自行规定。

第十一条 【退休、退职后,由街道、社队管理】工人退休、退职后,不要继续留在全民所有制单位。他们到城镇街道、农村社队后,街道组织和社队要加强对他们的管理教育,关心他们的生活,注意发挥他们的积极作用。街道、社队集体所有制单位如果需要退休、退职工人从事力所能及的工作,可以付给一定的报酬,但连同本人退休费或退职生活费在内,不能超过本人在职时的标准工资。

对于单身在外地工作的工人,退休、退职后要求迁到家属所在地居住的,迁入地区应当准予落户。

第十二条 【加强领导】各地区、各部门、各单位要切实加强对工人退休、退职工作的领导。对应该退休、退职的工人,要做好深入细致的思想政治工作,动员他们退休、退职。退休、退职工作要分期分批进行。要严格掌握退休、退职条件和招工条件,防止因招收退休、退职工人子女而任意扩大退休、退职范围和降低招工质量。

第十三条 【参照办理】集体所有制企业、事业单位工人的退休、退职,由省、市、自治区革命委员会参照本办法，结合本地区集体所有制单位的实际情况，自行制定具体办法，其各项待遇，不得高于本办法所定的标准。

第十四条 【新老办法衔接】过去有关工人退休、退职的规定与本办法不一致的，按本办法执行。已按有关规定办理了退休的工人，其退休费标准低于本办法所定标准的，自本办法下达之月起，改按本办法规定的标准发给，但解放战争时期参加革命工作，连续工龄不满二十年的，只按本人标准工资的百分之七十五发给。改变退休费标准后的差额部分一律不予补发。已按有关规定办理了退职的工人，其待遇一律不再变动。

国务院关于建立统一的企业职工基本养老保险制度的决定

（1997年7月16日　国发〔1997〕26号）

各省、自治区、直辖市人民政府，国务院各部委、各直属机构：

近年来，各地区和有关部门按照《国务院关于深化企业职工养老保险制度改革的通知》（国发〔1995〕6号）要求，制定了社会统筹与个人账户相结合的养老保险制度改革方案，建立了职工基本养老保险个人账户，促进了养老保险新机制的形成，保障了离退休人员的基本生活，企业职工养老保险制度改革取得了新的进展。但是，由于这项改革仍处在试点阶段，目前还存在基本养老保险制度不统一、企业负担重、统筹层次低、管理制度不健全等问题，必须按照党中央、国务院确定的目标和原则，进一步加快改革步伐，建立统一的企业职工基本养老保险制度，促进经济与社会健康发展。为此，国务院在总结近几年改革试点经验的基础上作出如下决定：

一、到本世纪末，要基本建立起适应社会主义市场经济体制要求，适用城镇各类企业职工和个体劳动者，资金来源多渠道、保障方式多层次、社会统筹与个人账户相结合、权利与义务相对应、管理服务社会化的养老保险体系。

企业职工养老保险要贯彻社会互济与自我保障相结合、公平与效率相结合、行政管理与基金管理分开等原则，保障水平要与我国社会生产力发展水平及各方面的承受能力相适应。

二、各级人民政府要把社会保险事业纳入本地区国民经济与社会发展计划，贯彻基本养老保险只能保障退休人员基本生活的原则，把改革企业职工养老保险制度与建立多层次的社会保障体系紧密结合起来，确保离退休人员基本养老金和失业人员失业救济金的发放，积极推行城市居民最低生活保障制度。为使离退休人员的生活随着经济与社会发展不断得到改善，体现按劳分配原则和地区发展水平及企业经济效益的差异，各地区和有关部门要在国家政策指导下大力发展企业补充养老保险，同时发挥商业保险的补充作用。

三、企业缴纳基本养老保险费（以下简称企业缴费）的比例，一般不得超过企业工资总额的 20%（包括划入个人账户的部分），具体比例由省、自治区、直辖市人民政府确定。少数省、自治区、直辖市因离退休人数较多、养老保险负担过重，确需超过企业工资总额 20% 的，应报劳动部、财政部审批。个人缴纳基本养老保险费（以下简称个人缴费）的比例，1997 年不得低于本人缴费工资的 4%，1998 年起每两年提高 1 个百分点，最终达到本人缴费工资的 8%。有条件的地区和工资增长较快的年份，个人缴费比例提高的速度应适当加快。

四、按本人缴费工资 11% 的数额为职工建立基本养老保险个人账户，个人缴费全部记入个人账户，其余部分从企业缴费中划入。随着个人缴费比例的提高，企业划入的部分要逐步降至 3%。个人账户储存额，每年参考银行同期存款利率计算利息。个人账户储存额只用于职工养老，不得提前支取。职工调动时，个人账户全部随同转移。职工或退休人员死亡，个人账户中的个人缴费部分可以继承。

五、本决定实施后参加工作的职工，个人缴费年限累计满 15 年的，退休后按月发给基本养老金。基本养老金由基础养老金和个人账户养老金组成。退休时的基础养老金月标准为省、自治区、直辖市或地（市）上年度职工月平均工资的 20%，个人账户养老金月标准为本人账户储存额除以 120。个人缴费年限累计不满 15 年的，退休后不享受基础养老金待遇，其个人账户储存额一次支付给本人。

本决定实施前已经离退休的人员，仍按国家原来的规定发给养老金，同时执行养老金调整办法。各地区和有关部门要按照国家规定进一步完善基本养老金正常调整机制,认真抓好落实。

本决定实施前参加工作、实施后退休且个人缴费和视同缴费年限累计满15年的人员,按照新老办法平稳衔接、待遇水平基本平衡等原则,在发给基础养老金和个人账户养老金的基础上再确定过渡性养老金,过渡性养老金从养老保险基金中解决。具体办法,由劳动部会同有关部门制订并指导实施。

六、进一步扩大养老保险的覆盖范围,基本养老保险制度要逐步扩大到城镇所有企业及其职工。城镇个体劳动者也要逐步实行基本养老保险制度,其缴费比例和待遇水平由省、自治区、直辖市人民政府参照本决定精神确定。

七、抓紧制定企业职工养老保险基金管理条例,加强对养老保险基金的管理。基本养老保险基金实行收支两条线管理,要保证专款专用,全部用于职工养老保险,严禁挤占挪用和挥霍浪费。基金结余额,除预留相当于2个月的支付费用外,应全部购买国家债券和存入专户,严格禁止投入其他金融和经营性事业。要建立健全社会保险基金监督机构,财政、审计部门要依法加强监督,确保基金的安全。

八、为有利于提高基本养老保险基金的统筹层次和加强宏观调控,要逐步由县级统筹向省或省授权的地区统筹过渡。待全国基本实现省级统筹后,原经国务院批准由有关部门和单位组织统筹的企业,参加所在地区的社会统筹。

九、提高社会保险管理服务的社会化水平,尽快将目前由企业发放养老金改为社会化发放,积极创造条件将离退休人员的管理服务工作逐步由企业转向社会,减轻企业的社会事务负担。各级社会保险机构要进一步加强基础建设,改进和完善服务与管理工作,不断提高工作效率和服务质量,促进养老保险制度的改革。

十、实行企业化管理的事业单位,原则上按照企业养老保险制度执行。

建立统一的企业职工基本养老保险制度是深化社会保险制度改革的重要步骤,关系改革、发展和稳定的全局。各地区和有关部门要予以高度重视,切实加强领导,精心组织实施。劳动部要会同国家体改委等有关部门加强工作指导和监督检查,及时研究解决工作中遇到的问题,确保本决定的贯彻实施。

国务院关于完善企业职工基本养老保险制度的决定

（2005 年 12 月 3 日 国发〔2005〕38 号）

各省、自治区、直辖市人民政府，国务院各部委、各直属机构：

近年来，各地区和有关部门按照党中央、国务院关于完善企业职工基本养老保险制度的部署和要求，以确保企业离退休人员基本养老金按时足额发放为中心，努力扩大基本养老保险覆盖范围，切实加强基本养老保险基金征缴，积极推进企业退休人员社会化管理服务，各项工作取得明显成效，为促进改革、发展和维护社会稳定发挥了重要作用。但是，随着人口老龄化、就业方式多样化和城市化的发展，现行企业职工基本养老保险制度还存在个人账户没有做实、计发办法不尽合理、覆盖范围不够广泛等不适应的问题，需要加以改革和完善。为此，在充分调查研究和总结东北三省完善城镇社会保障体系试点经验的基础上，国务院对完善企业职工基本养老保险制度作出如下决定：

一、完善企业职工基本养老保险制度的指导思想和主要任务。以邓小平理论和“三个代表”重要思想为指导，认真贯彻党的十六大和十六届三中、四中、五中全会精神，按照落实科学发展观和构建社会主义和谐社会的要求，统筹考虑当前和长远的关系，坚持覆盖广泛、水平适当、结构合理、基金平衡的原则，完善政策，健全机制，加强管理，建立起适合我国国情，实现可持续发展的基本养老保险制度。主要任务是：确保基本养老金按时足额发放，保障离退休人员基本生活；逐步做实个人账户，完善社会统筹与个人账户相结合的基本制度；统一城镇个体工商户和灵活就业人员参保缴费政策，扩大覆盖范围；改革基本养老金计发办法，建立参保缴费的激励约束机制；根据经济发展水平和各方面承受能力，合理确定基本养老金水平；建立多层次养老保险体系，划清中央与地方、政府与企业及个人的责任；加强基本养老保险基金征缴和监管，完善多渠道筹资机制；进一步做好退休人员社会化管理工作，提高服务水平。

二、确保基本养老金按时足额发放。要继续把确保企业离退休人员基本养老金按时足额发放作为首要任务，进一步完善各项政策和工作机制，确保离退休人员基本养老金按时足额发放，不得发生新的基本养老金拖欠，切实保障离退休人员的合法权益。对过去拖欠的基本养老金，各地要根据《中共中央办公厅 国务院办公厅关于进一步做好补发拖欠基本养老金和企业调整工资工作的通知》要求，认真加以解决。

三、扩大基本养老保险覆盖范围。城镇各类企业职工、个体工商户和灵活就业人员都要参加企业职工基本养老保险。当前及今后一个时期，要以非公有制企业、城镇个体工商户和灵活就业人员参保工作为重点，扩大基本养老保险覆盖范围。要进一步落实国家有关社会保险补贴政策，帮助就业困难人员参保缴费。城镇个体工商户和灵活就业人员参加基本养老保险的缴费基数为当地上年度在岗职工平均工资，缴费比例为20%，其中8%记入个人账户，退休后按企业职工基本养老金计发办法计发基本养老金。

四、逐步做实个人账户。做实个人账户，积累基本养老保险基金，是应对人口老龄化的重要举措，也是实现企业职工基本养老保险制度可持续发展的重要保证。要继续抓好东北三省做实个人账户试点工作，抓紧研究制订其他地区扩大做实个人账户试点的具体方案，报国务院批准后实施。国家制订个人账户基金管理和投资运营办法，实现保值增值。

五、加强基本养老保险基金征缴与监管。要全面落实《社会保险费征缴暂行条例》的各项规定，严格执行社会保险登记和缴费申报制度，强化社会保险稽核和劳动保障监察执法工作，努力提高征缴率。凡是参加企业职工基本养老保险的单位和个人，都必须按时足额缴纳基本养老保险费；对拒缴、瞒报少缴基本养老保险费的，要依法处理；对欠缴基本养老保险费的，要采取各种措施，加大追缴力度，确保基本养老保险基金应收尽收。各地要按照建立公共财政的要求，积极调整财政支出结构，加大对社会保障的资金投入。

基本养老保险基金要纳入财政专户，实行收支两条线管理，严禁挤占挪用。要制定和完善社会保险基金监督管理的法律法规，实现依法监督。各省、自治区、直辖市人民政府要完善工作机制，保证基金监管制度的顺利实施。要继续发挥审计监督、社会监督和舆论监督的作用，共同维护基金安全。

六、改革基本养老金计发办法。为与做实个人账户相衔接，从2006年1月1日起，个人账户的规模统一由本人缴费工资的11%调整为8%，全部由个人缴费形成，单位缴费不再划入个人账户。同时，进一步完善鼓励职工参保缴费的激励约束机制，相应调整基本养老金计发办法。

《国务院关于建立统一的企业职工基本养老保险制度的决定》（国发〔1997〕26号）实施后参加工作、缴费年限（含视同缴费年限，下同）累计满15年的人员，退休后按月发给基本养老金。基本养老金由基础养老金和个人账户养老金组成。退休时的基础养老金月标准以当地上年度在岗职工月平均工资和本人指数化月平均缴费工资的平均值为基数，缴费每满1年发给1%。个人账户养老金月标准为个人账户储存额除以计发月数，计发月数根据职工退休时城镇人口平均预期寿命、本人退休年龄、利息等因素确定。

国发〔1997〕26号文件实施前参加工作，本决定实施后退休且缴费年限累计满15年的人员，在发给基础养老金和个人账户养老金的基础上，再发给过渡性养老金。各省、自治区、直辖市人民政府要按照待遇水平合理衔接、新老政策平稳过渡的原则，在认真测算的基础上，制订具体的过渡办法，并报劳动保障部、财政部备案。

本决定实施后到达退休年龄但缴费年限累计不满15年的人员，不发给基础养老金；个人账户储存额一次性支付给本人，终止基本养老保险关系。

本决定实施前已经离退休的人员，仍按国家原来的规定发给基本养老金，同时执行基本养老金调整办法。

七、建立基本养老金正常调整机制。根据职工工资和物价变动等情况，国务院适时调整企业退休人员基本养老金水平，调整幅度为省、自治区、直辖市当地企业在岗职工平均工资年增长率的一定比例。各地根据本地实际情况提出具体调整方案，报劳动保障部、财政部审批后实施。

八、加快提高统筹层次。进一步加强省级基金预算管理，明确省、市、县各级人民政府的责任，建立健全省级基金调剂制度，加大基金调剂力度。在完善市级统筹的基础上，尽快提高统筹层次，实现省级统筹，为构建全国统一的劳动力市场和促进人员合理流动创造条件。

九、发展企业年金。为建立多层次的养老保险体系，增强企业的人才竞争能力，更好地保障企业职工退休后的生活，具备条件的企业可为职工建立企业年金。企业年金基金实行完全积累，采取市场化的方式进行管理和运营。要切实做好企业年金基金监管工作，实现规范运作，切实维护企业和职工的利益。

十、做好退休人员社会化管理服务工作。要按照建立独立于企业事业单位之外社会保障体系的要求，继续做好企业退休人员社会化管理工作。要加强街道、社区劳动保障工作平台建设，加快公共老年服务设施和服务网络建设，条件具备的地方，可开展老年护理服务，兴建退休人员公寓，为退休人员提供更多更好的服务，不断提高退休人员的生活质量。

十一、不断提高社会保险管理服务水平。要高度重视社会保险经办能力建设，加快社会保障信息服务网络建设步伐，建立高效运转的经办管理服务体系，把社会保险的政策落到实处。各级社会保险经办机构要完善管理制度，制定技术标准，规范业务流程，实现规范化、信息化和专业化管理。同时，要加强人员培训，提高政治和业务素质，不断提高工作效率和服务质量。

完善企业职工基本养老保险制度是构建社会主义和谐社会的重要内容，事关改革发展稳定的大局。各地区和有关部门要高度重视，加强领导，精心组织实施，研究制订具体的实施意见和办法，并报劳动保障部备案。劳动保障部要会同有关部门加强指导和监督检查，及时研究解决工作中遇到的问题，确保本决定的贯彻实施。

本决定自发布之日起实施，已有规定与本决定不一致的，按本决定执行。

职工基本养老保险个人账户管理暂行办法

(1997年12月22日劳动部办公厅印发 劳办发〔1997〕116号
自1998年1月1日起施行)

为了规范职工基本养老保险个人账户(以下简称个人账户)的建立和使用,保障广大劳动者的合法权益,根据基本养老保险实行社会统筹与个人账户相结合的原则和《国务院关于建立统一的企业职工基本养老保险制度的决定》(国发〔1997〕26号)的有关规定,制定本办法。

一、个人账户的建立

1. 个人账户用于记录参加基本养老保险社会统筹的职工缴纳的基本养老保险费和从企业缴费中划转记入的基本养老保险费,以及上述两部分的利息金额。个人账户是职工在符合国家规定的退休条件并办理了退休手续后,领取基本养老金的主要依据。

2. 个人账户的建立由职工劳动关系所在单位到当地社会保险经办机构办理,由工资发放单位向该社会保险经办机构提供个人的工资收入等基础数据。

3. 各社会保险经办机构按照国家技术监督局发布的社会保障号码(国家标准GB 11643－89),为已参加基本养老保险的职工每人建立一个终身不变的个人账户。目前国家技术监督局尚未公布社会保障号码校验码,在公布之前可暂用职工身份证号码。职工身份证号码因故更改时,个人账户号码不作变动。

4. 个人账户建立时间从各地按社会统筹与个人账户相结合的原则,建立个人账户时开始;之后新参加工作的人员,从参加工作当月起建立个人账户。

5. 1998年1月1日后才建立个人账户的单位，个人账户储存额除从1998年1月1日起开始按个人缴费工资的11%记账外，对1996年前参加工作的职工还应至少包括1996、1997两年个人缴费部分累计本息；对1996、1997年参加工作的职工，个人账户储存额应包括自参加工作之月到1997年底的个人缴费部分累计本息。

6. 个人账户主要内容包括：姓名、性别、社会保障号码、参加工作时间、视同缴费年限、个人首次缴费时间、当地上年职工平均工资、个人当年缴费工资基数、当年缴费月数、当年记账利息及个人账户储存额情况等（表式见《职工基本养老保险个人账户》）。

7. 职工本人一般以上一年度本人月平均工资为个人缴费工资基数（有条件的地区也可以本人上月工资收入为个人缴费工资基数，下同）。月平均工资按国家统计局规定列入工资总额统计的项目计算，包括工资、奖金、津贴、补贴等收入。本人月平均工资低于当地职工平均工资60%的，按当地职工月平均工资的60%缴费；超过当地职工平均工资300%的，按当地职工月平均工资的300%缴费，超过部分不记入缴费工资基数，也不记入计发养老金的基数。

8. 新招职工（包括研究生、大学生、大中专毕业生等）以起薪当月工资收入作为缴费工资基数；从第二年起，按上一年实发工资的月平均工资作为缴费工资基数。

单位派出的长期脱产学习人员、经批准请长假的职工，保留工资关系的，以脱产或请假的上年月平均工资作为缴费工资基数。

单位派到境外、国外工作的职工，按本人出境（国）上年在本单位领取的月平均工资作为缴费工资基数；次年的缴费工资基数按上年本单位平均工资增长率进行调整。

失业后再就业的职工，以再就业起薪当月的工资收入作为缴费工资基数；从第二年起，按上一年实发工资的月平均工资作为缴费工资基数。

以上人员的月平均缴费工资的上限和下限按照第7条规定执行。

9. 个人账户记入比例为按第7条确定的个人缴费工资基数的11%，其中包括个人缴费的全部和社会保险经办机构从企业缴费中划转记入两部分。个人缴费比例1997年不得低于本人缴费工资的4%，企业划转部分相应补齐到个人缴费工资基数的11%；从1998年起至少每两年个人缴费提高1%，企业划转部分相应减少 1%，最终达到个人缴费为本人缴费工资基数的 8%，企业划转部分相应减少到个人缴费工资基数的 3%。有条件的地区和工资增长较快的年份，个人缴费提高的速度可以适当加快。

目前各地个人账户记账比例低于或高于个人缴费工资基数 11% 的，要按国家有关规定做好向统一制度的并轨工作。

10. 个人账户的储存额按“养老保险基金记账利率”（以下简称“记账利率”）计算利息。记账利息暂由各省、自治区、直辖市人民政府参考银行同期存款利率等因素确定并每年公布一次。

二、个人账户的管理

11. 参加基本养老保险的单位按照各级社会保险经办机构的要求建立、健全职工基础资料，到当地社会保险经办机构办理基本养老保险参保手续，并按要求填报《参加基本养老保险单位登记表》《参加基本养老保险人员缴费情况表》和《参加基本养老保险人员变化情况表》。

12. 社会保险经办机构根据单位申报情况将数据输入微机管理，同时相应建立参保单位缴费台账、职工基本养老保险个人账户，并根据《参加基本养老保险人员变化情况表》，相应核定调整单位和职工个人缴费工资基数。

13. 对于因某种原因单位或个人不按时足额缴纳基本养老保险费的，视为欠缴。欠缴月份无论全额欠缴还是部分欠缴均暂不记入个人账户，待单位或个人按规定补齐欠缴金额后方可补记入个人账户。

职工所在企业欠缴养老保险费用期间，职工个人可以继续缴纳养老保险费用，所足额缴纳的费用记入个人账户，并计算为职工实际缴费年限。

出现欠缴情况后，以后缴费采用滚动分配法记账：即缴费先补缴以前欠缴费用及利息后，剩余部分作为当月缴费。

14. 社会保险经办机构在缴费年度结束后，应对职工个人账户进行结算，包括当年缴费额、实际缴费月数、当年利息额、历年缴费累计结转本息储存额等。利息按每年公布的记账利率计算。

15. 至本年底止个人账户累计储存额有两种计算方法。

方法一：年度计算法。即至本年底止个人账户累计储存额在每个缴费年度结束以后按年度计算（以上年月平均工资为缴费工资基数记账时适用此方法）。

计算公式：

至本年底止个人账户累计储存额 = 上年底止个人账户累计储存额 × (1 + 本年记账利率) + 个人账户本年记账金额 ×(1 + 本年记账利率 × 1.083 × 1/2)

方法二:月积数法。至本年底止个人账户累计储存额在一个缴费年度内按月计算(以上月职工工资收入为缴费工资基数记账时适用此方法)。

计算公式:

至本年底止个人账户累计储存额 = 上年底止个人账户累计储存额 × (1 + 本年记账利率) + 本年记账额本金 + 本年记账额利息

其中:

本年记账额利息 = 本年记账月积数 × 本年记账利率 × 1/12

本年记账月积数 = $\sum$〔n 月份记账额 × (12 - n + 1)〕

(n 为本年各记账月份,且 $1 \leqslant n \leqslant 12$)

补缴欠缴的利息或本息和的计算办法见附件 3。

16. 社会保险经办机构在缴费年度结束后,应根据《职工基本养老保险个人账户》的记录,为每个参保职工打印《职工基本养老保险个人账户对账单》,发给职工本人,由职工审核签字后,依年粘贴在《职工养老保险手册》中妥善保存。

17. 统一制度之前各地已为职工建立的个人账户储存额,与统一制度后职工个人账户储存额合并计算。

18. 职工由于各种原因而中断工作的,不缴纳基本养老保险费用,也不计算缴费年限,其个人账户由原经办机构予以保留,个人账户继续计息。职工调动或中断工作前后个人账户的储存额累计计算,不间断计息。

19. 个人账户储存额不能挪作他用,也不得提前支取(另有规定者除外)。

三、个人账户的转移

20. 职工在同一统筹范围内流动时,只转移基本养老保险关系和个人账户档案,不转移基金。

21. 职工跨统筹范围流动时,转移办法按如下规定:

(1)转移基本养老保险关系和个人账户档案。

(2)对职工转移时已建立个人账户的地区,转移基金额为个人账户中 1998 年 1 月 1 日之前的个人缴费部分累计本息加上从 1998 年 1 月 1 日起记入的个人账户全部储存额。

（3）对职工转移时仍未建立个人账户的地区，1998 年 1 月 1 日之前转移的，1996 年之前参加工作的职工，转移基金额为 1996 年 1 月 1 日起至调转月止的职工个人缴费部分累计本息；1996、1997 年参加工作的职工，基金转移额为参加工作之月起至 1997 年底的个人缴费部分累计本息。1998 年 1 月 1 日之后转移的，转移基金额为 1998 年之前按前述规定计算的职工个人缴费部分累计本息，加上从 1998 年 1 月 1 日起按职工个人缴费工资基数 11% 计算的缴费额累计本息。未建个人账户期间，计算个人缴费部分的利息按中国人民银行一定期定期城乡居民储蓄存款利率计算。

（4）对年中调转职工调转当年的记账额，调出地区只转本金不转当年应记利息；职工调转后，由调入地区对职工调转当年记账额一并计息。计算方法按第 15 条规定执行。

（5）基金转移时，不得从转移额中扣除管理费。

（6）职工转出时，调出地社会保险经办机构应填写《参加基本养老保险人员转移情况表》（转移单）。

（7）职工转入时，调入地社会保险经办机构应依据转出地区提供的《参加基本养老保险人员转移情况表》和《职工基本养老保险个人账户》等资料，并结合本地基本养老保险办法，为职工续建个人账户，做好个人账户关系的前后衔接工作。

四、个人账户的支付

22. 当单位离退休人员发生变动时，单位应填写《离退休人员增减变化情况表》，报社会保险经办机构审核，社会保险经办机构对待遇给付情况应及时进行相应调整。

23. 按统一的基本养老保险办法办理退休的职工，其基本养老金中的基础养老金、过渡性养老金等由社会统筹基金支付；个人账户养老金由个人账户中支付。

24. 职工退休以后年度调整增加的养老金，按职工退休时个人账户养老金和基础养老金各占基本养老金的比例，分别从个人账户储存余额和社会统筹基金中列支。

25. 职工退休后，其个人账户缴费情况停止记录，个人账户在按月支付离退休金（含以后年度调整增加的部分）后的余额部分继续计息。利息计算有两种方法：

方法一：年度计算法。即离退休人员个人账户余额生成的利息在每个支付年度结束后按年度计算（支付年度内各月支付的养老金数额相同时适用此方法）。年利息计算公式如下：

年利息 =（个人账户年初余额 - 当年支付养老金总额）× 本年记账利率 + 当年支付养老金总额 × 本年记账利率 × 1.083 × 1/2

个人账户年终余额 = 个人账户年初余额 - 当年支付养老金总额 + 年利息

方法二：月积数法。即离退休人员个人账户余额生成的利息在每个支付年度内按月计算（支付年度内各月支付的养老金数额不同时适用此方法）。年利息计算公式如下：

年利息 = 个人账户年初余额 × 本年记账利率 - 本年度支付月积数 × 本年记账利率 × 1/12

本年度支付月积数 = Σ〔n 月份支付额 ×（12 - n + 1）〕

（n 为本年度各支付月份，且 $1 \leqslant n \leqslant 12$）

26. 当职工个人缴费年限（含视同缴费年限）不满 15 年而达到法定退休年龄时，退休后不享受基础养老金待遇，其个人账户全部储存额一次性支付给本人，同时终止养老保险关系。出现上述情况时，职工所在单位应及时向社会保险经办机构填报《个人账户一次性支付审批表》。社会保险经办机构核定后封存其个人账户档案。

五、个人账户的继承

27. 职工在职期间死亡时，其继承额为其死亡时个人账户全部储存额中的个人缴费部分本息。

28. 离退休人员死亡时，继承额按如下公式计算：

继承额 = 离退休人员死亡时个人账户余额 × 离退休时个人账户中个人缴费本息占个人账户全部储存额的比例

29. 继承额一次性支付给死亡者生前指定的受益人或法定继承人。个人账户的其余部分，并入社会统筹基金。个人账户处理完后，应停止缴费或支付记录，予以封存。

六、其他

30. 新安置的军队复员、退伍军人，转业干部及从国家机关、事业单位调入企业人员,其个人账户的建立,待国家明确规定后,再按国家规定执行。

31. 本办法自 1998 年 1 月 1 日起实行。

附件 1:职工基本养老保险个人账户表式(略)

附件 2

职工基本养老保险
个人账户表式指标解释

职工基本养老保险个人账户表式共分八表,供各地社会保险经办机构在本地进行职工基本养老保险个人账户管理时使用,各地社会保险经办机构可结合本地实际情况在本表式的基础上增加栏目或其他所需表式。本表式中的主要指标解释如下:

1. 单位名称,指参加基本养老保险单位在工商行政管理部门注册时使用的名称。

2. 单位编码,指社会保险经办机构为参保单位设置的数字代码。

3. 单位地址,指参加基本养老保险单位在工商行政管理部门注册时填写的地址。

4. 主管部门,指本单位上一级行政主管单位。

5. 单位负责人,指本单位主管基本养老保险工作的负责人。

6. 业务经办人,指本单位具体经办基本养老保险业务的业务人员。

7. 实行基本养老保险(社会统筹)日期,指本单位经社会保险经办机构批准正式参加基本养老保险(社会统筹)的日期。

8. 上年末职工人数,指截至上年 12 月 31 日在本单位工作的各类职工人数之和。

9. 上年职工工资总额,指截至上年 12 月 31 日在本单位工作的各类职工工资收入总额。

10. 上年末离退休(职)人数,指截至上年 12 月 31 日从本单位离退休(职)的各类职工人数之和(不含已死亡的离退休(职)人员)。

11. 上年离退休(职)费用总额,指截至上年12月31日从本单位离退休(职)的各类职工在实际统筹项目范围内领取的离退休(职)费之和(不含已死亡的离退休(职)人员的离退休(职)费)。

12. 单位缴费比例,指参加统筹单位按当地政府规定缴纳的基本养老保险费的比例。

13. 当月养老金支付基数,指实行差额收缴、拨付养老金的地区单位本月应从社会保险经办机构领取的基本养老金金额;实行全额收缴、拨付的地区指在实行统筹项目范围内本月应支付本单位离退休(职)费之和(不含已死亡的离退休(职)人员的离退休(职)费)。

14. 姓名,应与本人身份证姓名相同。

15. 社会保障号码,共16位数,为身份证号码后加一位校验码。目前国家技术监督局尚未确定校验码,可暂填身份证号码。

16. 参加工作时间,指参保职工首次参加工作的时间。

17. 视同缴费年限,指参保职工实际缴费年限之前的按国家有关规定计算的连续工作年限。

18. 实际缴费年限,指职工参加基本养老保险后,按规定足额缴纳基本养老保险费的年限。

19. 首次参保年月,指参保职工第一次参加养老保险(社会统筹)的时间。

20. 月缴费工资,指参保职工按国家规定统计口径作为缴纳基本养老保险费的月缴费工资基数。

21. 变化时间,指参保人员在发生增减变化时到本单位或当地社会保险经办机构办理手续的时间。

22. 调出单位,应填写参保职工调出前所在工作单位在工商行政管理部门注册时使用的单位名称。

23. 调入单位,应填写参保职工调入新的工作单位在工商行政管理部门注册时的单位名称。

24. 截止缴费时间,指参保职工调出原单位时最后一次缴纳基本养老保险费的时间。

25. 缴费(支付)截止时间,指参保职工最后一次缴费或最后一次领取基本养老金的时间。

26. 基本养老金个人账户累计储存额或余额(含利息),指参保职工最后一次缴费或最后一次领取基本养老金后其个人账户中剩余金额本息和。

27. 个人缴费本息,指参保职工最后一次缴费或最后一次领取基本养老金后其个人账户中个人缴费部分剩余金额本息和。

28. 领取人姓名,指符合一次性支付条件的职工本人或其合法代领人的姓名,领取人所填姓名须与其身份证上姓名相同。

29. 有关证件号,指领取人领取养老金时须同时出示的本人身份证或工作证的号码(若为代领时还须同时出示被代领人的身份证)。

30. 签字,指领取人的亲笔签名。

31. 离退休时间,指参保职工经劳动行政部门批准开始离退休的时间。

32. 个人缴费首次记入时间,指参保职工在本地区实行个人缴费后,所足额缴费首次记入个人账户的时间。

33. 上年职工平均工资,指按规定记入的全省或参保职工所在地市上一年职工平均工资。

34. 当年缴费工资,指参保职工按国家规定统计口径计算应作为缴纳基本养老保险费的当年缴费工资基数。

35. 当年缴费月数,指参保职工按规定当年向社会保险经办机构足额缴纳基本养老保险费月数和。

36. 当年记账利率,指每年公布的当年个人账户的记账利率。

37. 累计缴费月数,指参保职工从当地开始建立职工基本养老保险个人账户时时起,至目前按规定累计向社会保险经办机构缴纳基本养老保险费月数总和。

38. 个人缴费工资基数,指职工本人缴纳基本养老保险费的上一年度月平均工资(或上月工资收入),月平均工资超过当地职工月平均工资300%以上的部分,不计入个人缴费工资基数;低于当地职工月平均工资60%的,按60%计入。

39. 企业缴费中划转部分(%),指社会保险经办机构从企业缴纳的养老保险费中按个人缴费工资基数的一定比例划转记入个人账户的金额。“(%)”中,“%”前填写由当地政府确定的划转比例。

40. 个人缴费部分(%),指职工个人按规定的缴费比例缴纳基本养老保险费的金额。“(%)”中,“%”前填写由当地政府确定的职工个人缴费比例。

附件3

至本年底止个人账户
累计储存额计算办法(月积数法)

至本年底止个人账户储存额分为四部分计算:

第一部分:上年底个人账户累计储存额至当年底的本息和(设为A);

第二部分:本年按时足额缴费记账额的本息和(设为B);

第三部分:补记入个人账户部分补缴利息(设为C);

第四部分:补记入个人账户部分本年本息和(设为D)。

1. 上年底个人账户累计储存额至本年底的本息和计算公式:

A = 上年底止累计储存额 × (1 + 本年记账利率)

2. 本年按时足额缴费记账额本息和计算公式:

B = 本年记账额本金 + 本年记账额利息

本年记账额利息 = 本年记账月积数 × 本年记账月利率

本年记账月积数 = ∑〔n月份记账额 × (12 - n + 1)〕

本年记账月利率 = 本年记账利率 × 1/12

即:

B = 本年记账额本金 + ∑〔n月份记账额 × (12 - n + 1)〕 × 本年记账利率 × 1/12

(n为本年各记账月,且$1 \leqslant n \leqslant 12$)

3. 补记入个人账户部分补缴利息分两部分:

第一部分:跨年度补缴利息(设为C_1);

第二部分:非跨年度补缴利息(设为C_2)。即:

$$C = C_1 + C_2$$

(1)跨年度补缴利息计算分为三部分:

第一部分:补缴欠缴年度当年欠缴利息(设为C_{11});

第二部分:补缴欠缴年度后第二年起至补缴年度前一年止的欠缴利息(设为C_{12});

第三部分：补缴年度当年欠缴利息（设为 C_{13}）。

其计算公式为：

$$C_1 = C_{11} + C_{12} + C_{13}$$

其中：

C_{11} = 欠缴年度当年欠缴额月积数 × 欠缴年度当年记账月利率

欠缴年度当年欠缴额月积数 = ∑（n 月份欠缴额 × 欠缴年度当年欠缴月数）

欠缴年度当年欠缴月数 = 12 − n + 1

欠缴年度当年记账月利率 = 欠缴年度当年记账利率 × 1/12

即：

C_{11} = ∑〔n 月份欠缴额 ×（12 − n + 1）〕× 欠缴年度当年记账利率 × 1/12

（n 为欠缴年度欠缴时月份，且 $1 \leqslant n \leqslant 12$）

C_{12} = 欠缴年度后第二年应补缴利息 + 欠缴年度后第三年应补缴利息 + … + 补缴年度前一年应补缴利息

欠缴年度后第二年应补缴利息 =（欠缴额本金 + C_{11}）× 欠缴年度后第二年记账利率

欠缴年度后第三年应补缴利息 =（欠缴额本金 + C_{11} + 欠缴年度后第二年应补缴利息）× 欠缴年度后第三年记账利率

……

补缴年度前一年应补缴利息 =（欠缴额本金 + C_{11} + 欠缴年度后第二年应补缴利息 + … + 补缴年度前两年应补缴利息）× 补缴年度前 − 年记账利率

C_{13} =（欠缴额本金和 + C_{11} + C_{12}）×（补缴时月份 − 1）× 补缴年度前 − 年记账利率 × 1/12

（2）非跨年度补缴利息计算公式：

C_2 = ∑（n 月份欠缴额 × 欠缴月数）× 欠缴年度上一年记账利率 × 1/12

（欠缴月数 = m − n）

即：

C_2 = ∑〔n 月份欠缴额 ×（m − n）〕× 欠缴年度上一年记账利率 × 1/12

（n 为本年欠缴时月份，m 为本年补缴时月份）

4. 补记入个人账户部分本年本息和计算分为两部分：

第一部分：欠缴年度已缴部分（未足额）本息和（设为 D_1）；

第二部分：补缴部分本金到本年底本息和（设为D_2）。

其计算公式为：

$D = D_1 + D_2$

D_1 计算方法参考本办法1、2。

D_2 = 本年补缴额本金月积数 × 本年记账利率 × 1/12

本年补缴额本金月积数计算方法参考办法2。

国务院办公厅关于转发人力资源社会保障部　财政部城镇企业职工基本养老保险关系转移接续暂行办法的通知

（2009年12月28日　国办发〔2009〕66号
自2010年1月1日起施行）

各省、自治区、直辖市人民政府，国务院各部委、各直属机构：

人力资源社会保障部、财政部《城镇企业职工基本养老保险关系转移接续暂行办法》已经国务院同意，现转发给你们，请结合实际，认真贯彻执行。

城镇企业职工基本养老保险关系转移接续暂行办法

（人力资源社会保障部　财政部）

第一条　为切实保障参加城镇企业职工基本养老保险人员（以下简称参保人员）的合法权益，促进人力资源合理配置和有序流动，保证参保人员跨省、自治区、直辖市（以下简称跨省）流动并在城镇就业时基本养老保险关系的顺畅转移接续,制定本办法。

第二条 本办法适用于参加城镇企业职工基本养老保险的所有人员,包括农民工。已经按国家规定领取基本养老保险待遇的人员,不再转移基本养老保险关系。

第三条 参保人员跨省流动就业的,由原参保所在地社会保险经办机构(以下简称社保经办机构)开具参保缴费凭证,其基本养老保险关系应随同转移到新参保地。参保人员达到基本养老保险待遇领取条件的,其在各地的参保缴费年限合并计算,个人账户储存额(含本息,下同)累计计算;未达到待遇领取年龄前,不得终止基本养老保险关系并办理退保手续;其中出国定居和到香港、澳门、台湾地区定居的,按国家有关规定执行。

第四条 参保人员跨省流动就业转移基本养老保险关系时,按下列方法计算转移资金:

(一)个人账户储存额:1998 年 1 月 1 日之前按个人缴费累计本息计算转移,1998 年 1 月 1 日后按计入个人账户的全部储存额计算转移。

(二)统筹基金(单位缴费):以本人 1998 年 1 月 1 日后各年度实际缴费工资为基数,按 12% 的总和转移,参保缴费不足 1 年的,按实际缴费月数计算转移。

第五条 参保人员跨省流动就业,其基本养老保险关系转移接续按下列规定办理:

(一)参保人员返回户籍所在地(指省、自治区、直辖市,下同)就业参保的,户籍所在地的相关社保经办机构应为其及时办理转移接续手续。

(二)参保人员未返回户籍所在地就业参保的,由新参保地的社保经办机构为其及时办理转移接续手续。但对男性年满 50 周岁和女性年满 40 周岁的,应在原参保地继续保留基本养老保险关系,同时在新参保地建立临时基本养老保险缴费账户,记录单位和个人全部缴费。参保人员再次跨省流动就业或在新参保地达到待遇领取条件时,将临时基本养老保险缴费账户中的全部缴费本息,转移归集到原参保地或待遇领取地。

(三)参保人员经县级以上党委组织部门、人力资源社会保障行政部门批准调动,且与调入单位建立劳动关系并缴纳基本养老保险费的,不受以上年龄规定限制,应在调入地及时办理基本养老保险关系转移接续手续。

第六条 跨省流动就业的参保人员达到待遇领取条件时,按下列规定确定其待遇领取地：

（一）基本养老保险关系在户籍所在地的，由户籍所在地负责办理待遇领取手续，享受基本养老保险待遇。

（二）基本养老保险关系不在户籍所在地，而在其基本养老保险关系所在地累计缴费年限满 10 年的，在该地办理待遇领取手续，享受当地基本养老保险待遇。

（三）基本养老保险关系不在户籍所在地，且在其基本养老保险关系所在地累计缴费年限不满 10 年的，将其基本养老保险关系转回上一个缴费年限满 10 年的原参保地办理待遇领取手续，享受基本养老保险待遇。

（四）基本养老保险关系不在户籍所在地，且在每个参保地的累计缴费年限均不满 10 年的，将其基本养老保险关系及相应资金归集到户籍所在地，由户籍所在地按规定办理待遇领取手续，享受基本养老保险待遇。

第七条　参保人员转移接续基本养老保险关系后，符合待遇领取条件的，按照《国务院关于完善企业职工基本养老保险制度的决定》（国发〔2005〕38 号）的规定，以本人各年度缴费工资、缴费年限和待遇领取地对应的各年度在岗职工平均工资计算其基本养老金。

第八条　参保人员跨省流动就业的，按下列程序办理基本养老保险关系转移接续手续：

（一）参保人员在新就业地按规定建立基本养老保险关系和缴费后，由用人单位或参保人员向新参保地社保经办机构提出基本养老保险关系转移接续的书面申请。

（二）新参保地社保经办机构在 15 个工作日内，审核转移接续申请，对符合本办法规定条件的，向参保人员原基本养老保险关系所在地的社保经办机构发出同意接收函，并提供相关信息；对不符合转移接续条件的，向申请单位或参保人员作出书面说明。

（三）原基本养老保险关系所在地社保经办机构在接到同意接收函的 15 个工作日内，办理好转移接续的各项手续。

（四）新参保地社保经办机构在收到参保人员原基本养老保险关系所在地社保经办机构转移的基本养老保险关系和资金后，应在 15 个工作日内办结有关手续，并将确认情况及时通知用人单位或参保人员。

第九条　农民工中断就业或返乡没有继续缴费的，由原参保地社保经办机构保留其基本养老保险关系,保存其全部参保缴费记录及个人账户,个人账户储存额继续按规定计息。农民工返回城镇就业并继续参保缴费的,无论其回到原参保地就业还是到其他城镇就业,均按前述规定累计计算其缴费年限,合并计算其个人账户储存额,符合待遇领取条件的,与城镇职工同样享受基本养老保险待遇;农民工不再返回城镇就业的,其在城镇参保缴费记录及个人账户全部有效,并根据农民工的实际情况,或在其达到规定领取条件时享受城镇职工基本养老保险待遇,或转入新型农村社会养老保险。

农民工在城镇参加企业职工基本养老保险与在农村参加新型农村社会养老保险的衔接政策,另行研究制定。

第十条 建立全国县级以上社保经办机构联系方式信息库,并向社会公布,方便参保人员查询参保缴费情况,办理基本养老保险关系转移接续手续。加快建立全国统一的基本养老保险参保缴费信息查询服务系统,发行全国通用的社会保障卡,为参保人员查询参保缴费信息提供便捷有效的技术服务。

第十一条 各地已制定的跨省基本养老保险关系转移接续相关政策与本办法规定不符的,以本办法规定为准。在省、自治区、直辖市内的基本养老保险关系转移接续办法,由各省级人民政府参照本办法制定,并报人力资源社会保障部备案。

第十二条 本办法所称缴费年限,除另有特殊规定外,均包括视同缴费年限。

第十三条 本办法从 2010 年 1 月 1 日起施行。

2. 城乡居民基本养老保险

国务院关于建立统一的城乡居民基本养老保险制度的意见

(2014年2月21日 国发〔2014〕8号)

各省、自治区、直辖市人民政府,国务院各部委、各直属机构:

按照党的十八大精神和十八届三中全会关于整合城乡居民基本养老保险制度的要求,依据《中华人民共和国社会保险法》有关规定,在总结新型农村社会养老保险(以下简称新农保)和城镇居民社会养老保险(以下简称城居保)试点经验的基础上,国务院决定,将新农保和城居保两项制度合并实施,在全国范围内建立统一的城乡居民基本养老保险(以下简称城乡居民养老保险)制度。现提出以下意见:

一、指导思想

高举中国特色社会主义伟大旗帜,以邓小平理论、"三个代表"重要思想、科学发展观为指导,贯彻落实党中央和国务院的各项决策部署,按照全覆盖、保基本、有弹性、可持续的方针,以增强公平性、适应流动性、保证可持续性为重点,全面推进和不断完善覆盖全体城乡居民的基本养老保险制度,充分发挥社会保险对保障人民基本生活、调节社会收入分配、促进城乡经济社会协调发展的重要作用。

二、任务目标

坚持和完善社会统筹与个人账户相结合的制度模式,巩固和拓宽个人缴费、集体补助、政府补贴相结合的资金筹集渠道,完善基础养老金和个人账户养老金相结合的待遇支付政策,强化长缴多得、多缴多得等制度的激励机制,建立基础养老金正常调整机制，健全服务网络，提高管理水平，为参保居民提供方便快捷的服务。“十二五”末，在全国基本实现新农保和城居保制度合并实施，并与职工基本养老保险制度相衔接。2020年前，全面建成公平、统一、规范的城乡居民养老保险制度，与社会救助、社会福利等其他社会保障政策相配套，充分发挥家庭养老等传统保障方式的积极作用，更好保障参保城乡居民的老年基本生活。

三、参保范围

年满16周岁（不含在校学生），非国家机关和事业单位工作人员及不属于职工基本养老保险制度覆盖范围的城乡居民，可以在户籍地参加城乡居民养老保险。

四、基金筹集

城乡居民养老保险基金由个人缴费、集体补助、政府补贴构成。

（一）个人缴费。

参加城乡居民养老保险的人员应当按规定缴纳养老保险费。缴费标准目前设为每年100元、200元、300元、400元、500元、600元、700元、800元、900元、1000元、1500元、2000元12个档次，省（区、市）人民政府可以根据实际情况增设缴费档次，最高缴费档次标准原则上不超过当地灵活就业人员参加职工基本养老保险的年缴费额，并报人力资源社会保障部备案。人力资源社会保障部会同财政部依据城乡居民收入增长等情况适时调整缴费档次标准。参保人自主选择档次缴费，多缴多得。

（二）集体补助。

有条件的村集体经济组织应当对参保人缴费给予补助，补助标准由村民委员会召开村民会议民主确定，鼓励有条件的社区将集体补助纳入社区公益事业资金筹集范围。鼓励其他社会经济组织、公益慈善组织、个人为参保人缴费提供资助。补助、资助金额不超过当地设定的最高缴费档次标准。

（三）政府补贴。

政府对符合领取城乡居民养老保险待遇条件的参保人全额支付基础养老金，其中，中央财政对中西部地区按中央确定的基础养老金标准给予全额补助，对东部地区给予50%的补助。

地方人民政府应当对参保人缴费给予补贴，对选择最低档次标准缴费的，补贴标准不低于每人每年30元；对选择较高档次标准缴费的，适当增加补贴金额；对选择500元及以上档次标准缴费的，补贴标准不低于每人每年60元，具体标准和办法由省（区、市）人民政府确定。对重度残疾人等缴费困难群体，地方人民政府为其代缴部分或全部最低标准的养老保险费。

五、建立个人账户

国家为每个参保人员建立终身记录的养老保险个人账户，个人缴费、地方人民政府对参保人的缴费补贴、集体补助及其他社会经济组织、公益慈善组织、个人对参保人的缴费资助，全部记入个人账户。个人账户储存额按国家规定计息。

六、养老保险待遇及调整

城乡居民养老保险待遇由基础养老金和个人账户养老金构成，支付终身。

（一）*基础养老金*。中央确定基础养老金最低标准，建立基础养老金最低标准正常调整机制，根据经济发展和物价变动等情况，适时调整全国基础养老金最低标准。地方人民政府可以根据实际情况适当提高基础养老金标准；对长期缴费的，可适当加发基础养老金，提高和加发部分的资金由地方人民政府支出，具体办法由省（区、市）人民政府规定，并报人力资源社会保障部备案。

（二）*个人账户养老金*。个人账户养老金的月计发标准，目前为个人账户全部储存额除以139（与现行职工基本养老保险个人账户养老金计发系数相同）。参保人死亡，个人账户资金余额可以依法继承。

七、养老保险待遇领取条件

参加城乡居民养老保险的个人，年满60周岁、累计缴费满15年，且未领取国家规定的基本养老保障待遇的，可以按月领取城乡居民养老保险待遇。

新农保或城居保制度实施时已年满60周岁，在本意见印发之日前未领取国家规定的基本养老保障待遇的，不用缴费，自本意见实施之月起，可以按月领取城乡居民养老保险基础养老金；距规定领取年龄不足15年的，应逐年缴费，也允许补缴，累计缴费不超过15年；距规定领取年龄超过15年的，应按年缴费，累计缴费不少于15年。

城乡居民养老保险待遇领取人员死亡的，从次月起停止支付其养老金。有条件的地方人民政府可以结合本地实际探索建立丧葬补助金制度。社会保险经办机构应每年对城乡居民养老保险待遇领取人员进行核对；村（居）

民委员会要协助社会保险经办机构开展工作,在行政村(社区)范围内对参保人待遇领取资格进行公示,并与职工基本养老保险待遇等领取记录进行比对,确保不重、不漏、不错。

八、转移接续与制度衔接

参加城乡居民养老保险的人员,在缴费期间户籍迁移、需要跨地区转移城乡居民养老保险关系的,可在迁入地申请转移养老保险关系,一次性转移个人账户全部储存额,并按迁入地规定继续参保缴费,缴费年限累计计算;已经按规定领取城乡居民养老保险待遇的,无论户籍是否迁移,其养老保险关系不转移。

城乡居民养老保险制度与职工基本养老保险、优抚安置、城乡居民最低生活保障、农村五保供养等社会保障制度以及农村部分计划生育家庭奖励扶助制度的衔接,按有关规定执行。

九、基金管理和运营

将新农保基金和城居保基金合并为城乡居民养老保险基金,完善城乡居民养老保险基金财务会计制度和各项业务管理规章制度。城乡居民养老保险基金纳入社会保障基金财政专户,实行收支两条线管理,单独记账、独立核算,任何地区、部门、单位和个人均不得挤占挪用、虚报冒领。各地要在整合城乡居民养老保险制度的基础上,逐步推进城乡居民养老保险基金省级管理。

城乡居民养老保险基金按照国家统一规定投资运营,实现保值增值。

十、基金监督

各级人力资源社会保障部门要会同有关部门认真履行监管职责,建立健全内控制度和基金稽核监督制度,对基金的筹集、上解、划拨、发放、存储、管理等进行监控和检查,并按规定披露信息,接受社会监督。财政部门、审计部门按各自职责,对基金的收支、管理和投资运营情况实施监督。对虚报冒领、挤占挪用、贪污浪费等违纪违法行为,有关部门按国家有关法律法规严肃处理。要积极探索有村(居)民代表参加的社会监督的有效方式,做到基金公开透明,制度在阳光下运行。

十一、经办管理服务与信息化建设

省(区、市)人民政府要切实加强城乡居民养老保险经办能力建设,结合本地实际,科学整合现有公共服务资源和社会保险经办管理资源,充实加强基层经办力量,做到精确管理、便捷服务。要注重运用现代管理方式和政府购买服务方式,降低行政成本,提高工作效率。要加强城乡居民养老保险工作人员专业培训,不断提高公共服务水平。社会保险经办机构要认真记录参保人缴费和领取待遇情况,建立参保档案,按规定妥善保存。地方人民政府要为经办机构提供必要的工作场地、设施设备、经费保障。城乡居民养老保险工作经费纳入同级财政预算,不得从城乡居民养老保险基金中开支。基层财政确有困难的地区,省市级财政可给予适当补助。

各地要在现有新农保和城居保业务管理系统基础上,整合形成省级集中的城乡居民养老保险信息管理系统,纳入"金保工程"建设,并与其他公民信息管理系统实现信息资源共享;要将信息网络向基层延伸,实现省、市、县、乡镇(街道)、社区实时联网,有条件的地区可延伸到行政村;要大力推行全国统一的社会保障卡,方便参保人持卡缴费、领取待遇和查询本人参保信息。

十二、加强组织领导和政策宣传

地方各级人民政府要充分认识建立城乡居民养老保险制度的重要性,将其列入当地经济社会发展规划和年度目标管理考核体系,切实加强组织领导;要优化财政支出结构,加大财政投入,为城乡居民养老保险制度建设提供必要的财力保障。各级人力资源社会保障部门要切实履行主管部门职责,会同有关部门做好城乡居民养老保险工作的统筹规划和政策制定、统一管理、综合协调、监督检查等工作。

各地区和有关部门要认真做好城乡居民养老保险政策宣传工作,全面准确地宣传解读政策,正确把握舆论导向,注重运用通俗易懂的语言和群众易于接受的方式,深入基层开展宣传活动,引导城乡居民踊跃参保、持续缴费、增加积累,保障参保人的合法权益。

各省(区、市)人民政府要根据本意见,结合本地区实际情况,制定具体实施办法,并报人力资源社会保障部备案。

本意见自印发之日起实施,已有规定与本意见不一致的,按本意见执行。

城乡养老保险制度衔接暂行办法

（2014年2月24日人力资源和社会保障部、财政部发布
人社部发〔2014〕17号 自2014年7月1日起施行）

第一条 为了解决城乡养老保险制度衔接问题，维护参保人员的养老保险权益，依据《中华人民共和国社会保险法》和《实施〈中华人民共和国社会保险法〉若干规定》（人力资源和社会保障部令第13号）的规定，制定本办法。

第二条 本办法适用于参加城镇职工基本养老保险（以下简称城镇职工养老保险）、城乡居民基本养老保险（以下简称城乡居民养老保险）两种制度需要办理衔接手续的人员。已经按照国家规定领取养老保险待遇的人员，不再办理城乡养老保险制度衔接手续。

第三条 参加城镇职工养老保险和城乡居民养老保险人员，达到城镇职工养老保险法定退休年龄后，城镇职工养老保险缴费年限满15年（含延长缴费至15年）的，可以申请从城乡居民养老保险转入城镇职工养老保险，按照城镇职工养老保险办法计发相应待遇；城镇职工养老保险缴费年限不足15年的，可以申请从城镇职工养老保险转入城乡居民养老保险，待达到城乡居民养老保险规定的领取条件时，按照城乡居民养老保险办法计发相应待遇。

第四条 参保人员需办理城镇职工养老保险和城乡居民养老保险制度衔接手续的，先按城镇职工养老保险有关规定确定待遇领取地，并将城镇职工养老保险的养老保险关系归集至待遇领取地，再办理制度衔接手续。

参保人员申请办理制度衔接手续时，从城乡居民养老保险转入城镇职工养老保险的，在城镇职工养老保险待遇领取地提出申请办理；从城镇职工养老保险转入城乡居民养老保险的，在转入城乡居民养老保险待遇领取地提出申请办理。

第五条　参保人员从城乡居民养老保险转入城镇职工养老保险的，城乡居民养老保险个人账户全部储存额并入城镇职工养老保险个人账户，城乡居民养老保险缴费年限不合并计算或折算为城镇职工养老保险缴费年限。

第六条　参保人员从城镇职工养老保险转入城乡居民养老保险的，城镇职工养老保险个人账户全部储存额并入城乡居民养老保险个人账户，参加城镇职工养老保险的缴费年限合并计算为城乡居民养老保险的缴费年限。

第七条　参保人员若在同一年度内同时参加城镇职工养老保险和城乡居民养老保险的，其重复缴费时段（按月计算，下同）只计算城镇职工养老保险缴费年限，并将城乡居民养老保险重复缴费时段相应个人缴费和集体补助退还本人。

第八条　参保人员不得同时领取城镇职工养老保险和城乡居民养老保险待遇。对于同时领取城镇职工养老保险和城乡居民养老保险待遇的，终止并解除城乡居民养老保险关系，除政府补贴外的个人账户余额退还本人，已领取的城乡居民养老保险基础养老金应予以退还；本人不予退还的，由社会保险经办机构负责从城乡居民养老保险个人账户余额或者城镇职工养老保险基本养老金中抵扣。

第九条　参保人员办理城乡养老保险制度衔接手续时，按下列程序办理：

（一）由参保人员本人向待遇领取地社会保险经办机构提出养老保险制度衔接的书面申请。

（二）待遇领取地社会保险经办机构受理并审核参保人员书面申请，对符合本办法规定条件的，在15个工作日内，向参保人员原城镇职工养老保险、城乡居民养老保险关系所在地社会保险经办机构发出联系函，并提供相关信息；对不符合本办法规定条件的，向申请人作出说明。

（三）参保人员原城镇职工养老保险、城乡居民养老保险关系所在地社会保险经办机构在接到联系函的15个工作日内，完成制度衔接的参保缴费信息传递和基金划转手续。

（四）待遇领取地社会保险经办机构收到参保人员原城镇职工养老保险、城乡居民养老保险关系所在地社会保险经办机构转移的资金后，应在15个工作日内办结有关手续，并将情况及时通知申请人。

第十条　健全完善全国县级以上社会保险经办机构联系方式信息库，并向社会公布，方便参保人员办理城乡养老保险制度衔接手续。建立全国统一的基本养老保险参保缴费信息查询服务系统，进一步完善全国社会保险关系转移系统，加快普及全国通用的社会保障卡，为参保人员查询参保缴费信息、办理城乡养老保险制度衔接提供便捷有效的技术服务。

第十一条 本办法从2014年7月1日起施行。各地已出台政策与本办法不符的，以本办法规定为准。

人力资源社会保障部 财政部关于建立城乡居民基本养老保险待遇确定和基础养老金正常调整机制的指导意见

（2018年3月26日 人社部发〔2018〕21号）

各省、自治区、直辖市及新疆生产建设兵团人力资源社会保障厅（局）、财政厅（局），各计划单列市人力资源社会保障局、财政局：

党中央、国务院高度重视城乡社会保障体系建设，2014年在全国建立了统一的城乡居民基本养老保险制度，在保障城乡老年居民基本生活、调节收入分配、促进社会和谐稳定等方面发挥了积极作用。同时，还存在着保障水平较低、待遇确定和正常调整机制尚未健全、缴费激励约束机制不强等问题。根据中央关于改革和完善基本养老保险制度的要求，为进一步完善城乡居民基本养老保险制度，经党中央、国务院同意，现就建立城乡居民基本养老保险待遇确定和基础养老金正常调整机制提出以下意见。

一、总体要求

全面贯彻党的十九大精神，以习近平新时代中国特色社会主义思想为指导，紧紧围绕统筹推进“五位一体”总体布局和协调推进“四个全面”战略布局，牢固树立和贯彻落实新发展理念，坚持以人民为中心的发展思想，按照兜底线、织密网、建机制的要求，建立激励约束有效、筹资权责清晰、保障水平适度的城乡居民基本养老保险待遇确定和基础养老金正常调整机制，推动城乡居民基本养老保险待遇水平随经济发展而逐步提高，确保参保居民共享经济社会发展成果，促进城乡居民基本养老保险制度健康发展，不断增强参保居民的获得感、幸福感、安全感。

二、主要任务

（一）完善待遇确定机制。城乡居民基本养老保险待遇由基础养老金和个人账户养老金构成。基础养老金由中央和地方确定标准并全额支付给符合领取条件的参保人；个人账户养老金由个人账户全部储存额除以计发系数确定。明确各级人民政府、集体经济组织和参保居民等各方面的责任。中央根据全国城乡居民人均可支配收入和财力状况等因素，合理确定全国基础养老金最低标准。地方应当根据当地实际提高基础养老金标准，对 65 岁及以上参保城乡老年居民予以适当倾斜；对长期缴费、超过最低缴费年限的，应适当加发年限基础养老金。各地提高基础养老金和加发年限基础养老金标准所需资金由地方负担。引导激励符合条件的城乡居民早参保、多缴费，增加个人账户资金积累，优化养老保险待遇结构，提高待遇水平。

（二）建立基础养老金正常调整机制。人力资源社会保障部会同财政部，统筹考虑城乡居民收入增长、物价变动和职工基本养老保险等其他社会保障标准调整情况，适时提出城乡居民全国基础养老金最低标准调整方案，报请党中央和国务院确定。地方基础养老金的调整，应由当地人力资源社会保障部门会同财政部门提出方案，报请同级党委和政府确定。

（三）建立个人缴费档次标准调整机制。各地要根据城乡居民收入增长情况，合理确定和调整城乡居民基本养老保险缴费档次标准，供城乡居民选择。最高缴费档次标准原则上不超过当地灵活就业人员参加职工基本养老保险的年缴费额。对重度残疾人等缴费困难群体，可保留现行最低缴费档次标准。

（四）建立缴费补贴调整机制。各地要建立城乡居民基本养老保险缴费补贴动态调整机制，根据经济发展、个人缴费标准提高和财力状况，合理调整缴费补贴水平，对选择较高档次缴费的人员可适当增加缴费补贴，引导城乡居民选择高档次标准缴费。鼓励集体经济组织提高缴费补助，鼓励其他社会组织、公益慈善组织、个人为参保人缴费加大资助。

（五）实现个人账户基金保值增值。各地要按照《国务院关于印发基本养老保险基金投资管理办法的通知》（国发〔2015〕48号）要求和规定，开展城乡居民基本养老保险基金委托投资，实现基金保值增值，提高个人账户养老金水平和基金支付能力。

三、工作要求

（一）加强组织领导。建立城乡居民基本养老保险待遇确定和基础养老金正常调整机制是党中央、国务院部署的重要任务，是基本养老保险制度改革的重要内容，关系到广大城乡居民的切身利益，各级人力资源社会保障部门、财政部门要高度重视，加强组织领导，明确部门责任，切实把政策落实到位。

（二）完善机制建设。各地要根据本指导意见的精神，逐项落实各项政策，尽力而为，量力而行，建立和完善适合本地区情况的城乡居民基本养老保险待遇确定和基础养老金调整机制。

（三）强化部门协同。各地人力资源社会保障部门、财政部门要切实履行职责，加强协调配合，精心制定工作方案，共同做好基础养老金、个人缴费档次标准、政府补贴标准等测算和调整工作，相关标准和政策报上级人力资源社会保障部门和财政部门备案。

（四）做好政策宣传。要采取多种方式全面准确解读政策，正确引导社会舆论，让参保居民形成合理的预期。

3. 机关事业单位基本养老保险

国务院关于机关事业单位工作人员养老保险制度改革的决定

（2015 年 1 月 3 日　国发〔2015〕2 号）

各省、自治区、直辖市人民政府，国务院各部委、各直属机构：

按照党的十八大和十八届三中、四中全会精神，根据《中华人民共和国社会保险法》等相关规定，为统筹城乡社会保障体系建设，建立更加公平、可持续的养老保险制度，国务院决定改革机关事业单位工作人员养老保险制度。

一、改革的目标和基本原则。以邓小平理论、“三个代表”重要思想、科学发展观为指导，深入贯彻党的十八大、十八届三中、四中全会精神和党中央、国务院决策部署，坚持全覆盖、保基本、多层次、可持续方针，以增强公平性、适应流动性、保证可持续性为重点，改革现行机关事业单位工作人员退休保障制度，逐步建立独立于机关事业单位之外、资金来源多渠道、保障方式多层次、管理服务社会化的养老保险体系。改革应遵循以下基本原则：

（一）公平与效率相结合。既体现国民收入再分配更加注重公平的要求，又体现工作人员之间贡献大小差别，建立待遇与缴费挂钩机制，多缴多得、长缴多得，提高单位和职工参保缴费的积极性。

（二）权利与义务相对应。机关事业单位工作人员要按照国家规定切实履行缴费义务，享受相应的养老保险待遇，形成责任共担、统筹互济的养老保险筹资和分配机制。

（三）保障水平与经济发展水平相适应。立足社会主义初级阶段基本国情，合理确定基本养老保险筹资和待遇水平，切实保障退休人员基本生活，促进基本养老保险制度可持续发展。

（四）改革前与改革后待遇水平相衔接。立足增量改革，实现平稳过渡。对改革前已退休人员，保持现有待遇并参加今后的待遇调整；对改革后参加工作的人员，通过建立新机制，实现待遇的合理衔接；对改革前参加工作、改革后退休的人员，通过实行过渡性措施，保持待遇水平不降低。

（五）解决突出矛盾与保证可持续发展相促进。统筹规划、合理安排、量力而行，准确把握改革的节奏和力度，先行解决目前城镇职工基本养老保险制度不统一的突出矛盾，再结合养老保险顶层设计，坚持精算平衡，逐步完善相关制度和政策。

二、改革的范围。本决定适用于按照公务员法管理的单位、参照公务员法管理的机关（单位）、事业单位及其编制内的工作人员。

三、实行社会统筹与个人账户相结合的基本养老保险制度。基本养老保险费由单位和个人共同负担。单位缴纳基本养老保险费（以下简称单位缴费）的比例为本单位工资总额的20%，个人缴纳基本养老保险费（以下简称个人缴费）的比例为本人缴费工资的8%，由单位代扣。按本人缴费工资8%的数额建立基本养老保险个人账户，全部由个人缴费形成。个人工资超过当地上年度在岗职工平均工资300%以上的部分，不计入个人缴费工资基数；低于当地上年度在岗职工平均工资60%的，按当地在岗职工平均工资的60%计算个人缴费工资基数。

个人账户储存额只用于工作人员养老，不得提前支取，每年按照国家统一公布的记账利率计算利息，免征利息税。参保人员死亡的，个人账户余额可以依法继承。

四、改革基本养老金计发办法。本决定实施后参加工作、个人缴费年限累计满15年的人员，退休后按月发给基本养老金。基本养老金由基础养老金和个人账户养老金组成。退休时的基础养老金月标准以当地上年度在岗职工月平均工资和本人指数化月平均缴费工资的平均值为基数，缴费每满1年发给1%。个人账户养老金月标准为个人账户储存额除以计发月数，计发月数根据本人退休时城镇人口平均预期寿命、本人退休年龄、利息等因素确定（详见附件）。

本决定实施前参加工作、实施后退休且缴费年限（含视同缴费年限，下同）累计满15年的人员，按照合理衔接、平稳过渡的原则，在发给基础养老金和个人账户养老金的基础上，再依据视同缴费年限长短发给过渡性养老金。具体办法由人力资源社会保障部会同有关部门制定并指导实施。

本决定实施后达到退休年龄但个人缴费年限累计不满15年的人员，其基本养老保险关系处理和基本养老金计发比照《实施〈中华人民共和国社会保险法〉若干规定》（人力资源社会保障部令第13号）执行。

本决定实施前已经退休的人员，继续按照国家规定的原待遇标准发放基本养老金，同时执行基本养老金调整办法。

机关事业单位离休人员仍按照国家统一规定发给离休费，并调整相关待遇。

五、建立基本养老金正常调整机制。根据职工工资增长和物价变动等情况，统筹安排机关事业单位和企业退休人员的基本养老金调整，逐步建立兼顾各类人员的养老保险待遇正常调整机制，分享经济社会发展成果，保障退休人员基本生活。

六、加强基金管理和监督。建立健全基本养老保险基金省级统筹；暂不具备条件的，可先实行省级基金调剂制度，明确各级人民政府征收、管理和支付的责任。机关事业单位基本养老保险基金单独建账，与企业职工基本养老保险基金分别管理使用。基金实行严格的预算管理，纳入社会保障基金财政专户，实行收支两条线管理，专款专用。依法加强基金监管，确保基金安全。

七、做好养老保险关系转移接续工作。参保人员在同一统筹范围内的机关事业单位之间流动，只转移养老保险关系，不转移基金。参保人员跨统筹范围流动或在机关事业单位与企业之间流动，在转移养老保险关系的同时，基本养老保险个人账户储存额随同转移，并以本人改革后各年度实际缴费工资为基数，按12%的总和转移基金，参保缴费不足1年的，按实际缴费月数计算转移基金。转移后基本养老保险缴费年限（含视同缴费年限）、个人账户储存额累计计算。

八、建立职业年金制度。机关事业单位在参加基本养老保险的基础上，应当为其工作人员建立职业年金。单位按本单位工资总额的8%缴费，个人按本人缴费工资的4%缴费。工作人员退休后，按月领取职业年金待遇。职业年金的具体办法由人力资源社会保障部、财政部制定。

九、建立健全确保养老金发放的筹资机制。机关事业单位及其工作人员应按规定及时足额缴纳养老保险费。各级社会保险征缴机构应切实加强基金征缴,做到应收尽收。各级政府应积极调整和优化财政支出结构,加大社会保障资金投入,确保基本养老金按时足额发放,同时为建立职业年金制度提供相应的经费保障,确保机关事业单位养老保险制度改革平稳推进。

十、逐步实行社会化管理服务。提高机关事业单位社会保险社会化管理服务水平,普遍发放全国统一的社会保障卡,实行基本养老金社会化发放。加强街道、社区人力资源社会保障工作平台建设,加快老年服务设施和服务网络建设,为退休人员提供方便快捷的服务。

十一、提高社会保险经办管理水平。各地要根据机关事业单位工作人员养老保险制度改革的实际需要,加强社会保险经办机构能力建设,适当充实工作人员,提供必要的经费和服务设施。人力资源社会保障部负责在京中央国家机关及所属事业单位基本养老保险的管理工作,同时集中受托管理其职业年金基金。中央国家机关所属京外单位的基本养老保险实行属地化管理。社会保险经办机构应做好机关事业单位养老保险参保登记、缴费申报、关系转移、待遇核定和支付等工作。要按照国家统一制定的业务经办流程和信息管理系统建设要求,建立健全管理制度,由省级统一集中管理数据资源,实现规范化、信息化和专业化管理,不断提高工作效率和服务质量。

十二、加强组织领导。改革机关事业单位工作人员养老保险制度,直接关系广大机关事业单位工作人员的切身利益,是一项涉及面广、政策性强的工作。各地区、各部门要充分认识改革工作的重大意义,切实加强领导,精心组织实施,向机关事业单位工作人员和社会各界准确解读改革的目标和政策,正确引导舆论,确保此项改革顺利进行。各地区、各部门要按照本决定制定具体的实施意见和办法,报人力资源社会保障部、财政部备案后实施。人力资源社会保障部要会同有关部门制定贯彻本决定的实施意见,加强对改革工作的协调和指导,及时研究解决改革中遇到的问题,确保本决定的贯彻实施。

本决定自2014年10月1日起实施,已有规定与本决定不一致的,按照本决定执行。

附件:个人账户养老金计发月数表

附件

个人账户养老金计发月数表

退休年龄	计发月数	退休年龄	计发月数
40	233	56	164
41	230	57	158
42	226	58	152
43	223	59	145
44	220	60	139
45	216	61	132
46	212	62	125
47	207	63	117
48	204	64	109
49	199	65	101
50	195	66	93
51	190	67	84
52	185	68	75
53	180	69	65
54	175	70	56
55	170		

在京中央国家机关事业单位工作人员养老保险制度改革实施办法

（2015年12月21日人力资源和社会保障部、财政部发布
人社部发〔2015〕112号　自2014年10月1日起施行）

根据《国务院关于机关事业单位工作人员养老保险制度改革的决定》（国发〔2015〕2号）、《国务院办公厅关于印发机关事业单位职业年金办法的通知》（国办发〔2015〕18号）和《人力资源社会保障部、财政部关于贯彻落实〈国务院关于机关事业单位工作人员养老保险制度改革的决定〉的通知》（人社部发〔2015〕28号）等规定，结合在京中央国家机关事业单位实际，制定本办法。

一、改革的目标和基本原则

（一）改革的目标。以邓小平理论、“三个代表”重要思想和科学发展观为指导，坚持全覆盖、保基本、多层次、可持续方针，以增强公平性、适应流动性、保证可持续性为重点，改革在京中央国家机关事业单位现行机关事业单位工作人员退休保障制度，逐步建立独立于机关事业单位之外、资金来源多渠道、保障方式多层次、管理服务社会化的养老保险体系。

（二）基本原则。在京中央国家机关事业单位实施机关事业单位养老保险制度改革应当坚持公平与效率相结合、权利与义务相对应、保障水平与经济发展水平相适应、改革前与改革后待遇水平相衔接、解决突出矛盾与保持可持续发展相促进的原则。

二、改革的范围

本办法适用于按照（参照）公务员法管理的在京中央国家机关（单位）、事业单位及其编制内的工作人员。具体是指法人注册地在北京，且执行在京中央国家机关规范津贴补贴和在京中央事业单位绩效工资政策的中央国家

机关和事业单位编制内工作人员。

事业单位是指，根据《中共中央、国务院关于分类推进事业单位改革的指导意见》（中发〔2011〕5号）有关规定进行分类改革后的公益一类、二类事业单位。

对于目前划分为生产经营类，但尚未转企改制到位的事业单位，已参加北京市企业职工基本养老保险的仍继续参加；尚未参加的，暂参加在京中央国家机关事业单位基本养老保险，待其转企改制到位后，按有关规定纳入北京市企业职工基本养老保险范围。

对于目前尚未确定分类类型的事业单位，已参加北京市企业职工基本养老保险的仍继续参加；尚未参加的，暂参加在京中央国家机关事业单位基本养老保险，待其分类类型确定并改革到位后，纳入相应的养老保险制度。

要严格按照机关事业单位编制管理规定确定参保人员范围。编制外人员应依法参加企业职工基本养老保险。对于编制管理不规范的单位，要先按照有关规定进行清理规范，待明确工作人员身份后再纳入相应的养老保险制度。

三、基本养老保险基金筹集

实行社会统筹与个人账户相结合的基本养老保险制度。基本养老保险费由单位和个人共同负担。用人单位应当及时申报、按时足额缴纳养老保险费。单位缴纳基本养老保险费（以下简称单位缴费）的比例为本单位上年度工资总额的20%，计入社会统筹基金。个人缴纳基本养老保险费（以下简称个人缴费）的比例为本人上年度缴费工资的8%，由单位代扣。本单位工资总额为参加机关事业单位养老保险工作人员的个人缴费工资基数之和。

机关单位（含参公管理的单位）工作人员的个人缴费工资基数包括：本人上年度工资收入中的基本工资、国家统一的津贴补贴（警衔津贴、海关津贴等国家统一规定纳入原退休费计发基数的项目）、规范后的津贴补贴（地区附加津贴）、工改保留补贴、在京中央国家机关适当补贴、年终一次性奖金。

事业单位工作人员的个人缴费工资基数包括：本人上年度工资收入中的基本工资、国家统一的津贴补贴（国家统一规定纳入原退休费计发基数的项目）、工改保留补贴、绩效工资（限高线以下部分）。

其余项目暂不纳入个人缴费工资基数。

2014年10月1日至2014年12月31日的个人缴费基数按照2013年度本人工资收入中包含的个人缴费基数项目确定。2015年度及以后年度的个人缴费基数按上年度本人工资收入中包含的个人缴费基数项目确定。个人缴费工资基数超过北京市上年度职工平均工资300%以上的部分以及事业单位绩效工资超过限高线的部分，不计入个人缴费工资基数；低于北京市上年度职工平均工资60%的，按北京市上年度职工平均工资的60%计算个人缴费工资基数。

在京中央国家机关事业单位外派到国（境）外的工作人员，由原单位以其档案工资中包含的个人缴费基数项目并参照本单位同类人员的国内工资标准确定个人缴费基数。

四、基本养老保险个人账户

按本人缴费工资8%的数额建立基本养老保险个人账户，全部由个人缴费形成。个人账户储存额只用于工作人员养老，不得提前支取，每年按照国家统一公布的记账利率计算利息，免征利息税。参保人员死亡的，个人账户余额可以依法继承。

基本养老保险个人账户记账利率按照国家统一规定执行。

五、基本养老金计发办法

（一）本办法实施后参加工作、个人缴费年限累计满15年的人员，退休后按月发给基本养老金。基本养老金由基础养老金和个人账户养老金组成。退休时的基础养老金月标准以北京市上年度在岗职工月平均工资和本人指数化月平均缴费工资的平均值为基数，缴费每满1年发给1%。个人账户养老金月标准为个人账户储存额除以计发月数，计发月数根据本人退休时城镇人口平均预期寿命、本人退休年龄、利息等因素确定（详见附件）。

（二）本办法实施前参加工作、实施后退休且缴费年限（含视同缴费年限，下同）累计满15年的人员（以下简称“中人”），按照合理衔接、平稳过渡的原则，在发给基础养老金和个人账户养老金的基础上，再依据视同缴费年限长短发给过渡性养老金。“中人”具体过渡办法另行制定。

（三）对于改革前曾参加企业职工基本养老保险、改革后参加机关事业单位基本养老保险的工作人员，其参加企业职工基本养老保险的实际缴费年限应予确认，不认定为视同缴费年限，并与参加机关事业单位基本养老保险的实际缴费年限合并计算。其他情形视同缴费年限的认定，按照国家有关规定执行。在本人退休时，根据其实际缴费年限、视同缴费年限及对应的视同缴费指数等因素计发基本养老金。

（四）本办法实施后达到退休年龄但个人缴费年限累计不满15年的人员，其基本养老保险关系处理和基本养老金计发比照《实施〈中华人民共和国社会保险法〉若干规定》（人力资源社会保障部令第13号）执行。

（五）本办法实施前为编制内工作人员且已经退休的，继续按照国家规定的原待遇标准发放基本养老金，其纳入在京中央国家机关事业单位养老保险基金支付的项目为国家规定的基本退休费、退休人员补贴和其他国家统一规定的补贴（在京中央国家机关适当补贴、工改保留补贴以及教龄津贴、护龄津贴、特级教师津贴等按原标准100%发给部分），同时执行基本养老金调整办法；其它项目（政府特殊津贴、提租补贴、取暖费、物业费等）仍从原渠道列支。本办法实施前为编制外工作人员且已经退休的，参加北京市企业职工养老保险并按规定领取养老待遇。

（六）机关事业单位离休人员按照国家统一规定发给离休费，并调整相关待遇。具体办法由人力资源社会保障部会同有关部门制定。

六、基本养老金调整

根据职工工资增长和物价变动等情况，国家统筹安排在京中央国家机关事业单位退休人员的基本养老金调整，逐步建立兼顾各类人员的养老保险待遇正常调整机制，分享经济社会发展成果，保障退休人员基本生活。

七、基金管理和监督

在京中央国家机关事业单位及其工作人员应按规定及时足额缴纳养老保险费。养老保险基金单独统筹，实行收支两条线，纳入社会保障基金财政专户，专款专用。依法加强基金监管，确保基金安全。

在京中央国家机关事业单位执行统一的机关事业单位基本养老保险制度和政策，统一基本养老保险缴费比例和缴费基数项目，统一基本养老金计发办法、统筹项目和标准以及基本养老金调整办法，统一编制和实施基本养老保险基金预算。按照国家统一制定的业务经办流程和信息管理系统建设要求，统一基本养老保险业务经办规程和管理制度，统一建设信息管理系统，实现集中管理数据资源。机关事业单位基本养老保险基金财务管理办法另行制定。

八、养老保险关系转移接续

参保人员在在京中央国家机关事业单位之间流动，只转移养老保险关系，不转移基金。参保人员跨统筹范围流动或在机关事业单位与企业之间流动，在转移养老保险关系的同时，基本养老保险个人账户储存额随同转移，并以本人改革后各年度实际缴费工资为基数，按12%的总和转移统筹基金，参保缴费不足1年的，按实际缴费月数计算转移基金。转移后基本养老保险缴费年限(含视同缴费年限)、个人账户储存额累计计算。

九、职业年金制度

在京中央国家机关事业单位在参加基本养老保险的基础上，应当为其工作人员建立职业年金。单位按本单位工资总额的8%缴费，个人按本人缴费工资基数的4%缴费。工作人员退休后，按月领取职业年金待遇。在京中央国家机关事业单位的职业年金基金由人力资源社会保障部负责集中受托管理；中央国家机关所属京外单位的职业年金实行属地化管理。具体办法按照国办发〔2015〕18号文件执行。

十、其他政策

(一)改革前已经参加北京市企业职工养老保险、事业单位分类后划分为公益一类或二类的在京中央国家机关所属事业单位及其编制内的工作人员，参加在京中央国家机关事业单位养老保险。其中，在职人员可按规定将其养老保险关系转续至机关事业单位养老保险，退休时按照有关规定计发待遇；改革前已经退休的人员，继续按原有待遇标准发放养老金，同时执行基本养老金调整办法。

(二)参加在京中央国家机关事业单位养老保险的单位中的编制内劳动合同制工人，按规定参加在京中央国家机关事业单位养老保险。其中，已参加北京市企业职工养老保险的，在职人员按规定将其养老保险关系转续至机关事业单位养老保险，退休时按照有关规定计发待遇；改革前已经退休的人员，继续按原有待遇标准发放养老金，同时执行机关事业单位基本养老金调整办法。

(三)驻外外交人员随任配偶属在京中央国家机关事业单位编制内人员的，参加在京中央国家机关事业单位养老保险，具体办法按《关于加强驻外外交人员随任配偶保障工作的通知》(外发〔2006〕35号)执行。

(四)改革后获得省部级以上劳模、有重大贡献的高级专家等荣誉称号的在京中央国家机关事业单位工作人员，在职时给予一次性奖励，退休时不再提高基本退休费计发比例，奖励所需资金不得从养老保险基金中列支。对于改革前已获得此类荣誉称号的工作人员，本人退休时给予一次性退休补贴并支付给本人，资金从原渠道列支。一次性退休补贴标准由人力资源社会保障部会同相关部门根据平衡衔接的原则予以确定。符合原有加发退休费情况的其他人员，按照上述办法处理。

（五）曾有企业工作经历的中央国家机关事业单位工作人员，在企业工作期间应缴未缴养老保险费的，应按企业职工养老保险有关规定补缴后将养老保险关系转续至机关事业单位养老保险；未按规定补缴的，应缴未缴的工作年限作为中断缴费年限。

（六）改革后，按照国家有关政策和干部管理权限，经批准可适当延长退休年龄的工作人员，继续参保缴费。其中少数人员年满70岁时仍继续工作的，个人可以选择继续缴费，也可以选择不再继续缴费。待正式办理退休手续时，按规定计发养老待遇。

十一、养老保险经办能力建设

人力资源社会保障部社会保险事业管理中心负责在京中央国家机关事业单位养老保险参保登记、申报核定、保险费征收、养老保险关系转移、待遇核定和支付、稽核与内控等工作。要优化业务经办流程，建立健全管理制度，实现规范化、信息化和专业化管理，逐步提高在京中央国家机关事业单位社会保险社会化管理服务水平，实行基本养老金社会化发放，不断提高工作效率和服务质量。

在京中央国家机关事业单位工作人员养老保险信息系统由人力资源社会保障部统一规划建设、集中部署实施，并与中央编办、财政部等部门和相关商业银行的系统相衔接，实现业务协同和信息共享。由北京市发放全国统一的社会保障卡，支持养老保险业务管理和服务。利用互联网、移动终端、自助一体机等渠道，建设一体化的公共服务系统，为机关事业单位及工作人员提供便捷、高效、安全的服务。

十二、组织实施工作要求

机关事业单位养老保险制度改革，涉及在京中央国家机关事业单位工作人员的切身利益，是一项涉及面广、政策性强的工作。各部门要制定贯彻国发〔2015〕2号文件的工作方案，明确工作任务、分工和要求，并报人力资源社会保障部、财政部备案。要切实加强领导，精心组织实施，采取宣传、培训等方式向机关事业单位工作人员准确解读改革的目标和政策，让他们关心和支持改革工作,保证改革顺利实施。要结合本部门实际,认真排查风险点,制定应对预案,把工作做实做细,保持社会稳定。人力资源社会保障部、财政部负责对本办法的执行情况进行监督检查。

本办法自2014年10月1日起实施,已有规定与本办法不一致的,按本办法执行。

本办法由人力资源社会保障部、财政部负责解释。

附件:个人账户养老金计发月数表(略,见国发〔2015〕2号文件)

机关事业单位基本养老保险关系和职业年金转移接续经办规程(暂行)

(2017年1月18日人力资源和社会保障部办公厅发布
人社厅发〔2017〕7号)

第一章 总 则

第一条 为统一规范机关事业单位工作人员基本养老保险关系和职业年金转移接续业务经办程序,根据《国务院关于机关事业单位工作人员养老保险制度改革的决定》(国发〔2015〕2号)、《国务院办公厅关于印发机关事业单位职业年金办法的通知》(国办发〔2015〕18号)、《关于机关事业单位基本养老保险关系和职业年金转移接续有关问题的通知》(人社部规〔2017〕1号)和《关于印发职业年金基金管理暂行办法的通知》(人社部发〔2016〕92号),制定本规程。

第二条 本规程适用于参加基本养老保险在职人员(以下简称参保人员)在机关事业单位之间、机关事业单位与企业之间流动就业时,其基本养老保险关系和职业年金、企业年金转移接续的业务经办。

第三条 县级以上社会保险经办机构负责机关事业单位基本养老保险

关系和职业年金的转移接续业务经办。

第四条 参保人员符合以下条件的,应办理基本养老保险关系和职业年金的转移接续:

(一)在机关事业单位之间流动的;

(二)在机关事业单位和企业(含个体工商户和灵活就业人员)之间流动的;

(三)因辞职辞退等原因离开机关事业单位的。

第五条 参保人员在同一统筹范围内机关事业单位之间流动的,只转移基本养老保险关系,不转移基本养老保险基金。省(自治区、直辖市)内机关事业单位基本养老保险关系转移接续经办规程由各省(自治区、直辖市)制定。

省内建立一个职业年金计划或建立多个职业年金计划且实行统一收益率的,参保人员在本省(自治区、直辖市)机关事业单位之间流动时,只转移职业年金关系,不转移职业年金基金;需要记实职业年金的,按规定记实后再办理转移接续。省内建立多个职业年金计划且各年金计划分别计算收益率的,参保人员在省内各年金计划之间的转移接续,由各省(自治区、直辖市)自行制定实施细则。

第六条 转出地和转入地社会保险经办机构通过全国基本养老保险关系跨省转移接续系统,进行基本养老保险关系和职业年金转移接续信息交换。

第二章 基本养老保险关系转移接续

第七条 参保人员在机关事业单位之间跨省流动的、从机关事业单位流动到企业的,按以下流程办理:

(一)出具参保缴费凭证。参保人员转移接续前,参保单位或参保人员到基本养老保险关系所在地(以下简称转出地)社会保险经办机构申请开具《养老保险参保缴费凭证》(附件1,以下简称《参保缴费凭证》)。转出地社会保险经办机构核对相关信息后,出具《参保缴费凭证》,并告知转移接续条件。

(二)转移接续申请。参保人员新就业单位或本人向新参保地(以下简称转入地)社会保险经办机构提出转移接续申请并出示《参保缴费凭证》,填写《养老保险关系转移接续申请表》(附件2,以下简称《申请表》)。如参保人员在离开转出地时未开具《参保缴费凭证》,由转入地社会保险经办机构与转出地社会保险经办机构联系补办。

(三)发联系函。转入地社会保险经办机构对符合转移接续条件的,应在受理之日起15个工作日内生成《基本养老保险关系转移接续联系函》(附件3,以下简称《基本养老保险联系函》),并向参保人员转出地社会保险经办机构发出。

(四)转出基本养老保险信息表和基金。转出地社会保险经办机构在收到《基本养老保险联系函》之日起15个工作日内完成以下手续:

1. 核对有关信息并生成《基本养老保险关系转移接续信息表》(附件4,以下简称《基本养老保险信息表》);机关事业单位之间转移接续的,转出地社会保险经办机构应将缴费工资基数、相应年度在岗职工平均工资等记录在《基本养老保险信息表附表》(附件5);

2. 办理基本养老保险基金划转手续。其中:个人缴费部分按记入本人个人账户的全部储存额计算转移。单位缴费部分以本人改革后各年度实际缴费工资为基数,按12%的总和转移;参保缴费不足1年的,按实际缴费月数计算转移。当发生两次及以上转移的,原从企业职工基本养老保险转入的单位缴费部分和个人账户储存额随同转移;

3. 将《基本养老保险信息表》和《基本养老保险信息表附表》传送给转入地社会保险经办机构;

4. 终止参保人员在本地的基本养老保险关系。

(五)基本养老保险关系转入。转入地社会保险经办机构收到《基本养老保险信息表》和转移基金,在信息、资金匹配一致后15个工作日内办结以下接续手续:

1. 核对《基本养老保险信息表》及转移基金额;

2. 将转移基金额按规定分别记入统筹基金和参保人员个人账户;

3. 根据《基本养老保险信息表》及参保单位或参保人员提供的材料,补充完善相关信息;机关事业单位之间转移接续的,根据《基本养老保险信息表附表》按照就高不就低的原则核实参保人员的实际缴费指数;

4. 将办结情况告知新参保单位或参保人员。

第八条　参保人员从企业流动到机关事业单位的,其流程按本规程第七

条规定办理。转移基金按以下办法计算:

(一)个人账户储存额:1998 年 1 月 1 日之前个人缴费累计本息和 1998 年 1 月 1 日之后个人账户的全部储存额。个人账户储存额与按规定计算的资金转移额不一致的,1998 年 1 月 1 日之前的,转入地和转出地均保留原个人账户记录;1998 年 1 月 1 日至 2005 年 12 月 31 日期间,个人账户记账比例高于 11% 的部分不计算为转移基金,个人账户记录不予调整,低于 11% 的,转出地按 11% 计算转移资金并相应调整个人账户记录;2006 年 1 月 1 日之后的个人账户记账比例高于 8% 的部分不转移,个人账户不予调整,低于 8% 的,转出地按 8% 计算转移资金,并相应调整个人账户记录。

(二)统筹基金(单位缴费):以本人 1998 年 1 月 1 日后各年度实际缴费工资为基数,按 12% 的总和转移;参保缴费不足 1 年的,按实际缴费月数计算转移。

第九条 参保人员因辞职、辞退、未按规定程序离职、开除、判刑等原因离开机关事业单位的,应将基本养老保险关系转移至户籍所在地企业职工社会保险经办机构,按以下流程办理转移接续手续:

(一)原参保单位提交《机关事业单位辞职辞退等人员基本养老保险关系转移申请表》(附件 6),并提供相关资料。

(二)转出地社会保险经办机构在收到《机关事业单位辞职辞退等人员基本养老保险关系转移申请表》之日起 15 个工作日内完成以下手续:

1. 核对有关信息并生成《基本养老保险信息表》;

2. 办理基本养老保险基金划转手续,转移基金额按本规程第七条第四款第 2 项规定计算;

3. 将《基本养老保险信息表》传送给转入地社会保险经办机构;

4. 终止参保人员在本地的基本养老保险关系并将办结情况告知原参保单位。

(三)基本养老保险关系转入。转入地社会保险经办机构收到《基本养老保险信息表》和转移基金,在信息、资金匹配一致后 15 个工作日内办结以下接续手续:

1. 核对《基本养老保险信息表》及转移基金额;

2. 将转移基金额按规定分别记入统筹基金和参保人员个人账户;

3. 根据《基本养老保险信息表》及相关资料,补充完善相关信息;

4. 将办结情况告知参保人员或原参保单位。

第三章　职业年金转移接续

第十条　参保人员出现以下情形之一的，参保单位或参保人员在申报基本养老保险关系转移接续时，应当一并申报职业年金（企业年金）转移接续：

（一）从机关事业单位流动到本省（自治区、直辖市）内的机关事业单位。

（二）从机关事业单位流动到本省（自治区、直辖市）外的机关事业单位。

（三）从机关事业单位流动到已建立企业年金的新参保单位。

（四）从已建立企业年金的参保单位流动到机关事业单位。

第十一条　社会保险经办机构在办理职业年金转移接续时，需转移以下基金项目：

（一）缴费形成的职业年金；

（二）参加本地机关事业单位养老保险试点的个人缴费本息划转的资金；

（三）补记的职业年金；

（四）原转入的企业年金。

以上项目应在职业年金个人账户管理中予以区分，分别管理并计算收益。

第十二条　参加机关事业单位养老保险人员在2014年10月1日后办理了正式调动或辞职、辞退手续离开机关事业单位的，应由原参保单位填报《职业年金补记申请表》（附件7），并提供其改革前本人在机关事业单位工作年限相关证明材料。转出地社会保险经办机构依据单位申请资料，协助计算所需补记的职业年金个人账户金额，生成《职业年金个人账户记实/补记通知》（附件8，以下简称《记实/补记通知》）；原参保单位根据《记实/补记通知》向原资金保障渠道申请资金，及时划转至社会保险经办机构职业年金归集账户。社会保险经办机构确认账实相符后，记入其职业年金个人账户。

第十三条　参保人员在相应的同级财政全额供款的单位之间流动的，职业年金个人账户中记账金额无需记实，继续由转入单位采取记账方式管理。

除此之外，职业年金个人账户中记账部分需在转移接续前记实。参保人员需要记实本人职业年金记账部分时，转出地社会保险经办机构应根据参保单位申请资料，向其出具《记实/补记通知》，记实资金到账并核对一致后，记入参保人员的职业年金个人账户。

第十四条　参保人员从机关事业单位流动到本省(自治区、直辖市)以外机关事业单位的,按以下流程办理职业年金转移接续:

(一)出具参保缴费凭证,按本规程第七条第一款规定办理。

(二)发年金联系函。新参保单位向转入地社会保险经办机构申请职业年金转入,转入地社会保险经办机构受理并审核相关资料,符合转移接续条件的,在受理之日起15个工作日内向转出地社会保险经办机构发出《职业年金(企业年金)关系转移接续联系函》(附件9,以下简称《年金联系函》);对不符合转移接续条件的,应一次性告知需补充的相关材料。

(三)转出年金信息表、基金。转出地社会保险经办机构在收到《年金联系函》后,在确认补记年金、记实资金足额到账之日起45个工作日内完成以下手续:

1. 办理职业年金个人账户的记实、补记和个人账户资产的赎回等业务;

2. 核对有关信息并生成《职业年金(企业年金)关系转移接续信息表》(附件10,以下简称《年金信息表》);

3. 向转入地社会保险经办机构发送《年金信息表》,同时将转移资金划转至转入地社会保险经办机构职业年金归集账户;

4. 终止参保人员在本地的职业年金关系。

(四)职业年金关系转入。转入地社会保险经办机构在收到《年金信息表》和确认转移基金账实相符后,15个工作日内办结以下接续手续:

1. 核对《年金信息表》及转移基金,进行资金到账处理;

2. 将转移金额按项目分别记入参保人员的职业年金个人账户;

3. 根据《年金信息表》及参保单位或参保人员提供的材料,补充完善相关信息;

4. 将办结情况通知新参保单位或参保人员。

第十五条　参保人员从机关事业单位流动到已建立企业年金制度的企业,原参保单位或参保人员申请办理职业年金转移接续。参保人员存在职业年金补记、职业年金个人账户记实等情形的,转出地社会保险经办机构完成上述业务后,45个工作日内办结以下转出手续:

(一)受理并审核企业年金管理机构出具的《年金联系函》;

(二)转出地社会保险经办机构核对相关信息后生成《年金信息表》,将赎回的职业年金个人账户资金划转至新参保单位的企业年金受托财产托管账户；

（三）将《年金信息表》通过新参保单位或参保人员反馈至企业年金管理机构；

（四）终止参保人员的职业年金关系。

第十六条　参保人员从已建立企业年金制度的企业流动到机关事业单位的，转入地社会保险经办机构按以下流程办理转入手续：

（一）受理参保单位或参保人员提出的转移接续申请，15 个工作日内向其出具《年金联系函》；

（二）审核企业年金管理机构提供的参保人员参加企业年金的证明材料；

（三）接收转入资金，账实匹配后按规定记入职业年金个人账户。

第十七条　存在下列情形之一的，参保人员的职业年金基金不转移，原参保地社会保险经办机构在业务系统中标识保留账户，继续管理运营其职业年金个人账户：

（一）参保人员升学、参军、失业期间的；

（二）参保人员的新就业单位没有实行职业年金或企业年金制度的。

社会保险经办机构在参保单位办理上述人员相关业务时，应告知参保单位按规定申请资金补记职业年金或记实职业年金记账部分，在记实或补记资金账实相符后，将记实或补记金额记入参保人员的职业年金个人账户。

参保人员退休时，负责管理运营职业年金保留账户的社会保险经办机构依本人申请按照国办发〔2015〕18 号文件规定计发职业年金待遇。同时，将原参加本地试点的个人缴费本息划转资金的累计储存额一次性支付给本人。

第十八条　参保人员从企业再次流动到机关事业单位的，转入地社会保险经办机构按以下方式办理：

（一）未参加企业年金制度的企业转出，转入的机关事业单位和原机关事业单位在同一省（自治区、直辖市）内的，转入地机关事业单位社会保险经办机构将参保人员保留账户恢复为正常缴费账户，按规定继续管理运营。

（二）未参加企业年金制度的企业转出，转入的机关事业单位和原机关事业单位不在同一省（自治区、直辖市）内的，参保人员的职业年金保留账户按照制度内跨省转移接续流程（本规程第十四条）办理。

(三)建立企业年金制度的企业转出,按照从企业流动到机关事业单位的企业年金转移接续流程(本规程第十六条)办理。

第十九条 参保人员再次从机关事业单位流动到企业的,不再重复补记职业年金。参保人员再次从企业流动到机关事业单位的,在机关事业单位养老保险制度内退休时,待遇领取地社会保险经办机构将补记职业年金本金及投资收益划转到机关事业单位基本养老保险统筹基金。

第二十条 参保人员达到待遇领取条件时,存在建立多个职业年金关系的,应由待遇领取地社会保险经办机构通知其他建立职业年金关系的社会保险经办机构,按照本规程第十四条规定将职业年金关系归集至待遇领取地社会保险经办机构。

第二十一条 参保人员从企业流动到机关事业单位的,原在企业建立的企业年金按规定转移接续并继续管理运营。参保人员在机关事业单位养老保险制度内退休时,过渡期内,企业年金累计储存额不计入新老办法标准对比范围,企业年金累计储存额除以计发月数,按月领取;过渡期之后,将职业年金、企业年金累计储存额合并计算,按照国办发〔2015〕18 号文件计发职业年金待遇。

第二十二条 改革前参加地方原有试点、改革后纳入机关事业单位基本养老保险的人员,改革前的个人缴费本息划入本人职业年金个人账户管理。

第四章 其他情形处理

第二十三条 参保人员转移接续基本养老保险关系前本人欠缴基本养老保险费的,由本人向原基本养老保险关系所在地补缴个人欠费后再办理基本养老保险关系转移接续手续,同时原参保所在地社会保险经办机构负责转出包括参保人员原欠缴年份的单位缴费部分;本人不补缴个人欠费的,社会保险经办机构也应及时办理基本养老保险关系和基金转出的各项手续,其欠缴基本养老保险费的时间不计算缴费年限,个人欠费的时间不转移基金,之后不再办理补缴欠费。

第二十四条 参保人员同时存续基本养老保险关系或重复缴纳基本养老保险费的,转入地社会保险经办机构应按“先转后清”的原则,在参保人员确认保留相应时段缴费并提供退款账号后,办理基本养老保险关系清理和个人账户储存额退还手续。

第二十五条　转入地社会保险经办机构发现《养老保险信息表》转移金额等信息有误的,应通过全国基本养老保险关系转移接续系统或书面材料告知转出地社会保险经办机构。由转出地社会保险经办机构补充完善相关资料后,转入地社会保险经办机构办理相关转移接续手续。

第二十六条　社会保险经办机构在办理养老保险关系转移接续时,对资料不全或不符合规定的,应一次性告知需要补充和更正的资料或不予受理的理由。

第二十七条　转出地社会保险经办机构对参保人员转移接续的有关信息应保留备份。

第五章　附　　则

第二十八条　本规程由人力资源社会保障部负责解释。

附件:(略)

三、医 疗 保 险

1. 职工基本医疗保险

国务院关于建立城镇职工基本医疗保险制度的决定

(1998年12月14日　国发〔1998〕44号)

各省、自治区、直辖市人民政府,国务院各部委、各直属机构:

加快医疗保险制度改革,保障职工基本医疗,是建立社会主义市场经济体制的客观要求和重要保障。在认真总结近年来各地医疗保险制度改革试点经验的基础上,国务院决定,在全国范围内进行城镇职工医疗保险制度改革。

一、改革的任务和原则

医疗保险制度改革的主要任务是建立城镇职工基本医疗保险制度,即适应社会主义市场经济体制,根据财政、企业和个人的承受能力,建立保障职工基本医疗需求的社会医疗保险制度。

建立城镇职工基本医疗保险制度的原则是:基本医疗保险的水平要与社会主义初级阶段生产力发展水平相适应;城镇所有用人单位及其职工都要参加基本医疗保险,实行属地管理;基本医疗保险费由用人单位和职工双方共同负担;基本医疗保险基金实行社会统筹和个人账户相结合。

二、覆盖范围和缴费办法

城镇所有用人单位,包括企业(国有企业、集体企业、外商投资企业、私营企业等)、机关、事业单位、社会团体、民办非企业单位及其职工,都要参加基本医疗保险。乡镇企业及其职工、城镇个体经济组织业主及其从业人员是否参加基本医疗保险,由各省、自治区、直辖市人民政府决定。

基本医疗保险原则上以地级以上行政区(包括地、市、州、盟)为统筹单位,也可以县(市)为统筹单位,北京、天津、上海3个直辖市原则上在全市范围内实行统筹(以下简称统筹地区)。所有用人单位及其职工都要按照属地管理原则参加所在统筹地区的基本医疗保险,执行统一政策,实行基本医疗保险基金的统一筹集、使用和管理。铁路、电力、远洋运输等跨地区、生产流动性较大的企业及其职工,可以相对集中的方式异地参加统筹地区的基本医疗保险。

基本医疗保险费由用人单位和职工共同缴纳。用人单位缴费率应控制在职工工资总额的6%左右,职工缴费率一般为本人工资收入的2%。随着经济发展,用人单位和职工缴费率可作相应调整。

三、建立基本医疗保险统筹基金和个人账户

要建立基本医疗保险统筹基金和个人账户。基本医疗保险基金由统筹基金和个人账户构成。职工个人缴纳的基本医疗保险费,全部计入个人账户。用人单位缴纳的基本医疗保险费分为两部分,一部分用于建立统筹基金,一部分划入个人账户。划入个人账户的比例一般为用人单位缴费的

30%左右，具体比例由统筹地区根据个人账户的支付范围和职工年龄等因素确定。

统筹基金和个人账户要划定各自的支付范围，分别核算，不得互相挤占。要确定统筹基金的起付标准和最高支付限额，起付标准原则上控制在当地职工年平均工资的10%左右，最高支付限额原则上控制在当地职工年平均工资的4倍左右。起付标准以下的医疗费用，从个人账户中支付或由个人自付。起付标准以上、最高支付限额以下的医疗费用，主要从统筹基金中支付，个人也要负担一定比例。超过最高支付限额的医疗费用，可以通过商业医疗保险等途径解决。统筹基金的具体起付标准、最高支付限额以及在起付标准以上和最高支付限额以下医疗费用的个人负担比例，由统筹地区根据以收定支、收支平衡的原则确定。

四、健全基本医疗保险基金的管理和监督机制

基本医疗保险基金纳入财政专户管理，专款专用，不得挤占挪用。

社会保险经办机构负责基本医疗保险基金的筹集、管理和支付，并要建立健全预决算制度、财务会计制度和内部审计制度。社会保险经办机构的事业经费不得从基金中提取，由各级财政预算解决。

基本医疗保险基金的银行计息办法：当年筹集的部分，按活期存款利率计息；上年结转的基金本息，按3个月期整存整取银行存款利率计息；存入社会保障财政专户的沉淀资金，比照3年期零存整取储蓄存款利率计息，并不低于该档次利率水平。个人账户的本金和利息归个人所有，可以结转使用和继承。

各级劳动保障和财政部门，要加强对基本医疗保险基金的监督管理。审计部门要定期对社会保险经办机构的基金收支情况和管理情况进行审计。统筹地区应设立由政府有关部门代表、用人单位代表、医疗机构代表、工会代表和有关专家参加的医疗保险基金监督组织，加强对基本医疗保险基金的社会监督。

五、加强医疗服务管理

要确定基本医疗保险的服务范围和标准。劳动保障部会同卫生部、财政部等有关部门制定基本医疗服务的范围、标准和医药费用结算办法，制定国家基本医疗保险药品目录、诊疗项目、医疗服务设施标准及相应的管理办法。各省、自治区、直辖市劳动保障行政管理部门根据国家规定，会同有关部门制定本地区相应的实施标准和办法。

基本医疗保险实行定点医疗机构(包括中医医院)和定点药店管理。劳动保障部会同卫生部、财政部等有关部门制定定点医疗机构和定点药店的资格审定办法。社会保险经办机构要根据中西医并举,基层、专科和综合医疗机构兼顾,方便职工就医的原则,负责确定定点医疗机构和定点药店,并同定点医疗机构和定点药店签订合同,明确各自的责任、权利和义务。在确定定点医疗机构和定点药店时,要引进竞争机制,职工可选择若干定点医疗机构就医、购药,也可持处方在若干定点药店购药。国家药品监督管理局会同有关部门制定定点药店购药药事事故处理办法。

各地要认真贯彻《中共中央、国务院关于卫生改革与发展的决定》(中发〔1997〕3号)精神,积极推进医药卫生体制改革,以较少的经费投入,使人民群众得到良好的医疗服务,促进医药卫生事业的健康发展。要建立医药分开核算、分别管理的制度,形成医疗服务和药品流通的竞争机制,合理控制医药费用水平;要加强医疗机构和药店的内部管理,规范医药服务行为,减员增效,降低医药成本;要理顺医疗服务价格,在实行医药分开核算、分别管理,降低药品收入占医疗总收入比重的基础上,合理提高医疗技术劳务价格;要加强业务技术培训和职业道德教育,提高医药服务人员的素质和服务质量;要合理调整医疗机构布局,优化医疗卫生资源配置,积极发展社区卫生服务,将社区卫生服务中的基本医疗服务项目纳入基本医疗保险范围。卫生部会同有关部门制定医疗机构改革方案和发展社区卫生服务的有关政策。国家经贸委等部门要认真配合做好药品流通体制改革工作。

六、妥善解决有关人员的医疗待遇

离休人员、老红军的医疗待遇不变,医疗费用按原资金渠道解决,支付确有困难的,由同级人民政府帮助解决。离休人员、老红军的医疗管理办法由省、自治区、直辖市人民政府制定。

二等乙级以上革命伤残军人的医疗待遇不变,医疗费用按原资金渠道解决,由社会保险经办机构单独列账管理。医疗费支付不足部分,由当地人民政府帮助解决。

退休人员参加基本医疗保险,个人不缴纳基本医疗保险费。对退休人员个人账户的计入金额和个人负担医疗费的比例给予适当照顾。

国家公务员在参加基本医疗保险的基础上,享受医疗补助政策。具体办法另行制定。

为了不降低一些特定行业职工现有的医疗消费水平，在参加基本医疗保险的基础上，作为过渡措施，允许建立企业补充医疗保险。企业补充医疗保险费在工资总额4%以内的部分，从职工福利费中列支，福利费不足列支的部分，经同级财政部门核准后列入成本。

国有企业下岗职工的基本医疗保险费，包括单位缴费和个人缴费，均由再就业服务中心按照当地上年度职工平均工资的60%为基数缴纳。

七、加强组织领导

医疗保险制度改革政策性强，涉及广大职工的切身利益，关系到国民经济发展和社会稳定。各级人民政府要切实加强领导，统一思想，提高认识，做好宣传工作和政治思想工作，使广大职工和社会各方面都积极支持和参与这项改革。各地要按照建立城镇职工基本医疗保险制度的任务、原则和要求，结合本地实际，精心组织实施，保证新旧制度的平稳过渡。

建立城镇职工基本医疗保险制度工作从1999年初开始启动，1999年底基本完成。各省、自治区、直辖市人民政府要按照本决定的要求，制定医疗保险制度改革的总体规划，报劳动保障部备案。统筹地区要根据规划要求，制定基本医疗保险实施方案，报省、自治区、直辖市人民政府审批后执行。

劳动保障部要加强对建立城镇职工基本医疗保险制度工作的指导和检查，及时研究解决工作中出现的问题。财政、卫生、药品监督管理等有关部门要积极参与，密切配合，共同努力，确保城镇职工基本医疗保险制度改革工作的顺利进行。

城镇职工基本医疗保险业务管理规定

(2000年1月5日劳动和社会保障部发布
劳社部函〔2000〕4号)

为规范全国基本医疗保险业务管理工作，根据《国务院关于建立城镇职工基本医疗保险制度的决定》(国发〔1998〕44号)和其他有关规定,制定本规定。

一、登记与缴费核定

(一)受理缴费单位(或个人)填报的社会保险登记表及其所提供的证件和资料,并在自受理之日起的10个工作日内审核完毕。对符合规定者予以登记,并发给社会保险登记证。负责办理社会保险登记的变更、注销事宜。

(二)建立和调整统筹地区内缴费单位和个人参加城镇职工基本医疗保险的基础档案资料(缴费单位与缴费个人的基础档案资料主要项目见附件2与附件3)。

(三)根据上年度基本医疗保险缴费情况,以及统筹基金和个人帐户的支出情况,本着收支平衡的原则,制定本年度的基本医疗保险费征集计划。

(四)对缴费单位送达的申报表、代扣代缴明细表及其他有关资料进行审核,认真核定参保人数和缴费单位与个人的缴费工资基数、缴费金额等项目。向用人单位发放缴费核定通知单。

(五)对于按规定应参加而未参加基本医疗保险的单位(或个人),要及时发放《办理社会保险手续通知单》,督促其尽快补办参保手续。

(六)按规定为在统筹地区内流动的参保人员核转基本医疗保险关系。对跨统筹地区流动的,除按规定核转其基本医疗保险关系外,还应通知费用记录处理和待遇支付环节,对个人帐户进行结算,为其转移个人帐户余额,并出具转移情况表。

(七)定期稽核基本医疗保险缴费单位的职工人数、工资基数和财务状况,以确认其是否依法足额缴纳基本医疗保险费。

(八)由税务机关征收基本医疗保险费的地区,社会保险经办机构要逐月向税务机关提供缴费单位(或个人)的基本医疗保险登记情况及缴费核定情况。

二、费用征集

(一)根据基本医疗保险缴费单位和个人的基础档案资料,确认缴费单位(或个人)的开户银行、户名、帐号、基本医疗保险主管负责人及专管员的姓名、联系电话等情况,并与缴费单位建立固定业务联系。

(二)依据核定的基本医疗保险费数额,开具委托收款及其他结算凭证,通过基本医疗保险基金收入户征集基本医疗保险费,或者由社会保险经办机构直接征集。

（三）以支票或现金形式征集基本医疗保险费时，必须开具“社会保险费收款收据”。

（四）及时整理汇总基本医疗保险费收缴情况，对已办理申报手续但未及时、足额缴纳基本医疗保险费的单位（或个人），经办机构要及时向其发出《社会保险费催缴通知书》；对拒不执行者，将有关情况及时上报劳动保障行政部门，由其下达《劳动保障限期改正指令书》；逾期不缴纳者，除责其补缴欠缴数额外，从欠缴之日起，按日加收2‰的滞纳金。

（五）保费征集情况要及时通知待遇审核和费用记录处理环节。对欠缴基本医疗保险费的单位（或个人），从次月起暂停其享受社会统筹基金支付的待遇；欠缴期内暂停记载个人帐户资金，不计算参保人员缴费年限，待补齐欠费和滞纳金后，方可恢复其待遇享受资格，补记个人帐户。

（六）定期汇总、分析、上报基本医疗保险费征缴情况，提出加强基本医疗保险费征集工作的意见和建议。

三、费用记录处理

（一）根据缴费单位和个人的基础档案资料，及时建立基础档案库及个人帐户。

（二）根据费用征集环节提供的数据，对单位和个人的缴费情况进行记录，及时建立并记录个人帐户（个人帐户主要记录项目见附件4）。个人缴纳的保险费计入个人帐户；单位缴纳的保险费按规定分别计入个人帐户和统筹基金。根据待遇支付环节提供的数据，对个人帐户及统筹基金的支出情况进行记录，以反映个人帐户和统筹基金的动态变更情况。

（三）由税务机关征收基本医疗保险费的地区，社会保险经办机构要根据税务机关提供的缴费单位（或个人）的缴费情况对个人帐户进行记录，同时将有关情况汇总，报劳动保障行政部门。

（四）按有关规定计算并登记缴费个人的个人帐户本息和缴费年限。

（五）负责向缴费单位和个人提供缴费情况及个人帐户记录情况的查询服务。对缴费记录中出现的差错，要及时向相关业务管理环节核实后予以纠正。

（六）根据登记与缴费核定环节提供的缴费单位和个人的变动情况，随时向登记与缴费核定环节及待遇支付环节提供变动单位和个人的基础资料及个人帐户的相关情况。

（七）对缴费单位、定点医疗机构、定点零售药店等报送的基本医疗保险统计报表，定期进行统计汇总与分析。按规定及时向上级社会保险经办机构报送。

（八）缴费年度初应向社会公布上一年度参保单位的缴费情况；每年至少向缴费单位或个人发送一次个人帐户通知单，内容包括个人帐户的划入、支出及结存等情况；每半年应向社会公布一次保险费征收情况和统筹基金支出情况，以接受社会监督。

四、待遇审核

（一）按照有关规定确定定点医疗机构和定点零售药店，并与之签订服务协议，发放定点标牌。

（二）向缴费单位和个人发放定点医疗机构选择登记表，并组织、指导其填报。根据参保人员的选择意向、定点医疗机构的服务能力及区域分布，进行统筹规划，为参保人员确定定点医疗机构。

（三）指导缴费单位的基本医疗保险专管员（或缴费个人）填写基本医疗保险待遇审批表，按规定进行审核，并向参保人员发放基本医疗保险证（卡），同时将相关信息及时提供给定点医疗机构和定点零售药店。

（四）及时掌握参保人员的缴费情况及医疗保险费用支出的相关信息。对欠缴基本医疗保险费的单位（或个人），从次月起暂停由社会统筹基金向参保人员支付待遇。

（五）接受定点医疗机构、定点零售药店的费用申报以及参保人员因急诊、经批准的转诊转院等特殊情况而发生的费用申报，按有关规定进行审核。核准后向待遇支付环节传送核准通知，对未被核准者发送拒付通知。

（六）负责建立参保人员的基本医疗保险档案，主要包括就医记录、个人帐户及统筹基金的使用情况等。

（七）按照有关政策规定，负责定期审核、调整参保人员所应享受的保险待遇。

（八）按照有关法规和协议，对定点医疗机构和定点零售药店进行监督检查，对查出的问题及时处理。

五、待遇支付

（一）确认缴费单位或个人享受基本医疗保险待遇的资料，编制人员名册与台帐或数据库。

（二）根据有关规定，研究确定基本医疗保险待遇的支付方式以及与定点医疗机构、定点零售药店的结算方式和结算时间。

（三）根据待遇审核环节提供的核准通知及申报资料，按协议规定的时间与定点医疗机构和定点零售药店进行结算，及时拨付结算款。

根据有关规定，核退个人垫付的应由基本医疗保险统筹基金支付的款项；为跨统筹地区流动的参保人员转移个人帐户余额；向参保人员继承人支付个人帐户结余款。

（四）对个人帐户和统筹基金的支出情况及时进行登记，并将有关支出数据提供给费用记录处理环节。

（五）与银行、缴费单位、定点医疗机构和定点零售药店等建立经常性的业务联系，以便于相互协调配合。

六、基金会计核算与财务管理

（一）根据国家有关规定，在国有商业银行设立基金收入户和支出户。收入户只能向财政专户划转基金，不得发生其他支付业务；支出户只接受财政专户拨付的基金及该帐户的利息收入，不得发生其他收入业务。

（二）根据审核后的原始凭证及时编制基本医疗保险费收入和支出记帐凭证，同时按规定对基本医疗保险费的实际收支进行审核。

（三）根据原始凭证、汇总凭证或记帐凭证，登记基本医疗保险明细分类帐或现金日记帐、收入户存款日记帐、支出户存款日记帐、财政专户存款日记帐。定期汇总记帐凭证，填制记帐凭证科目汇总表，试算平衡后登记总帐，并将明细帐金额分别与总帐进行核对，无误后进行结帐。

（四）每月与开户银行对帐，确保帐帐、帐款相符；编制银行存款余额调节表，及时调整未达帐项；对因银行退票等原因造成的保险费欠收，要及时通知费用征集环节，查明原因、采取措施，确保保险费收缴到位。按照有关规定，与财政部门（税务部门）定期对帐。

（五）按期计算、提取保险费用，并编制凭证。保险基金当年入不敷出时，按《社会保险基金财务制度》有关条款的规定执行。

（六）根据保险基金的实际结存情况，在满足周转需要的前提下，按照有关规定，及时办理基金存储或购买国债的手续；建立银行定期存款和各种有价证券备查帐，掌握银行存款及有价证券的存储时间与金额，按时办理银行存款及有价证券的转存、兑付及保管工作。

（七）指导和监督费用征集、费用记录处理和待遇支付等工作，建立应缴未缴、应付未付保险基金备查簿，以及各种业务台帐，定期进行核对、清理，加强对各种暂付款、借入款、暂收款等的管理。

（八）按要求定期编报会计报表，正确反映基金的收支结存情况，并提供基金筹集、使用、管理等情况的分析报告。

（九）年度终了前，根据本年度基金预算执行情况和下年度基金收支预测，编制次年的基金预算草案。基金预算草案由劳动保障部门审核后报财政部门审核，经同级人民政府批准后执行。在预算执行中，遇有特殊情况需调整预算时，应编制预算调整方案，并按上述报批程序执行。定期向同级劳动保障行政部门和财政部门报告预算执行情况。

（十）年度终了后，编制年度基金财务报告。年度基金财务报告经劳动保障部门核准后报同级财政部门审核，经同级人民政府批准形成基金决算，并逐级上报。

（十一）制定、完善内部的财务管理制度，充分发挥会计的反映、监督职能。

（十二）建立和完善保险基金预警制度，定期组织有关人员对基金收支情况进行分析、预测。计算机管理系统要具备较为完善的基金监控、分析、评价、预测功能。

附件：1. 城镇职工基本医疗保险业务管理图（略）
　　2. 缴费单位基础档案资料主要项目
　　3. 缴费个人基础档案资料主要项目
　　4. 个人帐户主要记录项目

附件2

缴费单位基础档案资料主要项目

一、单位名称

二、组织机构统一代码

三、单位注册地址

四、单位现所在地地址

五、单位邮政编码

六、单位类型

七、单位隶属关系

八、单位所有制性质

九、单位主管部门或总机构

十、单位所属行业

十一、单位社会保险登记证编号

十二、单位法人代表

十三、单位基本医疗保险主管负责人的姓名及联系电话

十四、单位基本医疗保险专管员的姓名及联系电话

十五、单位的开户银行、户名及帐号

十六、单位实行医疗保险的基本情况（含投保人数、人员分类、工资及退休金总额等项目）

十七、事业单位、民办非企业单位及社会团体的经费来源

十八、其他情况

附件3

缴费个人基础档案资料主要项目

一、姓名

二、性别

三、出生年月日

四、社会保障号

五、所在单位的组织机构统一代码

六、参加工作时间

七、劳动用工形式

八、人员分类（在职/退休）

九、通讯地址、邮政编码及联系电话
十、婚姻状况
十一、女职工生育情况
十二、投保日期
十三、个人缴费基数
十四、跨统筹地区流动情况
十五、其他情况

附件4

个人帐户主要记录项目

一、姓名
二、社会保障号
三、基本医疗保险证(卡)状态(有效/无效)
四、人员分类(在职/退休)
五、上年工资总额
六、个人应缴费金额
七、单位应缴费金额
八、年划拨额度及划拨日期
九、实际划拨额度及托收日期
十、历年结转额
十一、医疗费用支出情况
十二、个人帐户支付额
十三、个人帐户余额

劳动和社会保障部办公厅关于城镇灵活就业人员参加基本医疗保险的指导意见

(2003年5月26日 劳社厅发〔2003〕10号)

各省、自治区、直辖市劳动保障厅(局):

随着我国经济体制改革的进一步深化和产业结构的调整,以非全日制、临时性和弹性工作等灵活形式就业的人员(以下简称灵活就业人员)逐步增加,这部分人的医疗保障问题日益突出。为解决灵活就业人员的医疗保障问题,落实《中共中央 国务院关于进一步做好下岗失业人员再就业工作的通知》(中发〔2002〕12号)关于抓紧制定以灵活形式就业的下岗失业人员社会保障配套办法的要求,现就城镇灵活就业人员参加基本医疗保险的有关问题提出如下指导意见:

一、统一认识,积极将灵活就业人员纳入基本医疗保险制度范围

(一)灵活就业人员参加基本医疗保险是解决他们医疗保障问题的重要措施,也是促进就业和再就业与完善社会保障体系的本质要求。各级劳动保障部门要从全面实践"三个代表"重要思想的高度出发,重视灵活就业人员的医疗保障问题,积极将灵活就业人员纳入基本医疗保险制度范围。

(二)结合经济发展水平和医疗保险管理能力,在区分灵活就业人员的人群类别、充分调查分析其基本医疗需求的基础上,针对不同类别的人群,制定相应政策和管理办法。

(三)灵活就业人员参加基本医疗保险要坚持权利和义务相对应、缴费水平与待遇水平相挂钩的原则。在参保政策和管理办法上既要与城镇职工基本医疗保险制度相衔接,又要适应灵活就业人员的特点。

二、明确政策，规范灵活就业人员参保方式、激励措施和待遇水平

（四）已与用人单位建立明确劳动关系的灵活就业人员，要按照用人单位参加基本医疗保险的方法缴费参保。其他灵活就业人员，要以个人身份缴费参保。

（五）可从建立基本医疗保险统筹基金起步，首先解决灵活就业人员住院和门诊大额医疗费用的保障问题，也可为有条件的部分灵活就业人员同时建立个人账户和实行大额医疗补助。

（六）灵活就业人员参加基本医疗保险的缴费率原则上按照当地的缴费率确定。从统筹基金起步的地区，可参照当地基本医疗保险建立统筹基金的缴费水平确定。缴费基数可参照当地上一年职工年平均工资核定。灵活就业人员缴纳的医疗保险费纳入统筹地区基本医疗保险基金统一管理。

（七）采取措施，促使灵活就业人员连续足额缴费。可根据灵活就业人员的缴费水平和缴费时间，参照当地基本医疗保险的待遇水平，确定相应的医疗保险待遇，并明确医疗保险待遇与缴费年限和连续缴费相挂钩的办法。对首次参加医疗保险的灵活就业人员，可规定其参加基本医疗保险到开始享受相关医疗保险待遇的期限。要考虑灵活就业人员收入不稳定等特点，明确中断缴费的认定和处理办法。

（八）灵活就业人员按照基本医疗保险的规定选择定点医疗机构和定点药店，严格执行基本医疗保险用药、诊疗项目和医疗服务设施标准的有关规定。要指导和协助参保的灵活就业人员选择定点医疗机构和定点药店。

三、加强管理，切实做好灵活就业人员的医疗保险管理服务工作

（九）针对灵活就业人员就业形式多样、工作地点和时间不固定等特点，完善医疗保险的业务管理办法，制定相应的个人申报登记办法、个人缴费办法和资格审核办法。鼓励灵活就业人员通过劳动保障事务代理机构或社区劳动保障服务机构等实现整体参保。

（十）经办机构要开设专门窗口，方便灵活就业人员个人直接缴费参保和医疗费用的结算。要进一步提高社会化管理服务水平，做到社会保险经办机构与定点医疗机构和定点药店的直接结算，减轻参保灵活就业人员的事务性负担。

（十一）做好参保灵活就业人员的医疗保险信息管理工作。进一步完善缴费个人基础档案资料的主要项目，建立完整的个人基础档案资料，做好个人缴费记录。根据灵活就业人员就业形式的变化，及时调整或更改个人信息，做好灵活就业人员的医疗保险关系变更服务。对灵活就业人员的缴费收入、医药费用支出等信息，要单独进行统计分析。

四、精心组织，稳妥推进灵活就业人员参保工作

（十二）各级劳动保障部门要努力争取党委和政府的支持，加大宣传力度，为做好灵活就业人员参加基本医疗保险创造良好的氛围。要主动与工商、税务等相关部门沟通，争取支持。

（十三）各统筹地区劳动保障部门要在认真调查和测算的基础上，制定和完善各类灵活就业人员参加基本医疗保险办法，精心组织实施。要及时分析和研究出现的新问题，不断完善政策和管理措施，确保制度平稳运行。

2. 居民基本医疗保险

国务院关于整合城乡居民基本医疗保险制度的意见

（2016 年 1 月 3 日　国发〔2016〕3 号）

各省、自治区、直辖市人民政府，国务院各部委、各直属机构：

整合城镇居民基本医疗保险（以下简称城镇居民医保）和新型农村合作医疗（以下简称新农合）两项制度，建立统一的城乡居民基本医疗保险（以下简称城乡居民医保）制度，是推进医药卫生体制改革、实现城乡居民公平享有基本医疗保险权益、促进社会公平正义、增进人民福祉的重大举措，对促进城乡经济社会协调发展、全面建成小康社会具有重要意义。在总结城镇居民医保和新农合运行情况以及地方探索实践经验的基础上，现就整合建立城乡居民医保制度提出如下意见。

一、总体要求与基本原则

（一）总体要求。

以邓小平理论、“三个代表”重要思想、科学发展观为指导，认真贯彻党的十八大、十八届二中、三中、四中、五中全会和习近平总书记系列重要讲话精神，落实党中央、国务院关于深化医药卫生体制改革的要求，按照全覆盖、保基本、多层次、可持续的方针，加强统筹协调与顶层设计，遵循先易后难、循序渐进的原则，从完善政策入手，推进城镇居民医保和新农合制度整合，逐步在全国范围内建立起统一的城乡居民医保制度，推动保障更加公平、管理服务更加规范、医疗资源利用更加有效，促进全民医保体系持续健康发展。

（二）基本原则。

1. 统筹规划、协调发展。要把城乡居民医保制度整合纳入全民医保体系发展和深化医改全局，统筹安排，合理规划，突出医保、医疗、医药三医联动，加强基本医保、大病保险、医疗救助、疾病应急救助、商业健康保险等衔接，强化制度的系统性、整体性、协同性。

2. 立足基本、保障公平。要准确定位，科学设计，立足经济社会发展水平、城乡居民负担和基金承受能力，充分考虑并逐步缩小城乡差距、地区差异，保障城乡居民公平享有基本医保待遇，实现城乡居民医保制度可持续发展。

3. 因地制宜、有序推进。要结合实际，全面分析研判，周密制订实施方案，加强整合前后的衔接，确保工作顺畅接续、有序过渡，确保群众基本医保待遇不受影响，确保医保基金安全和制度运行平稳。

4. 创新机制、提升效能。要坚持管办分开，落实政府责任，完善管理运行机制，深入推进支付方式改革，提升医保资金使用效率和经办管理服务效能。充分发挥市场机制作用，调动社会力量参与基本医保经办服务。

二、整合基本制度政策

（一）统一覆盖范围。

城乡居民医保制度覆盖范围包括现有城镇居民医保和新农合所有应参保（合）人员，即覆盖除职工基本医疗保险应参保人员以外的其他所有城乡居民。农民工和灵活就业人员依法参加职工基本医疗保险，有困难的可按照当地规定参加城乡居民医保。各地要完善参保方式，促进应保尽保，避免重复参保。

（二）统一筹资政策。

坚持多渠道筹资，继续实行个人缴费与政府补助相结合为主的筹资方式，鼓励集体、单位或其他社会经济组织给予扶持或资助。各地要统筹考虑城乡居民医保与大病保险保障需求，按照基金收支平衡的原则，合理确定城乡统一的筹资标准。现有城镇居民医保和新农合个人缴费标准差距较大的地区，可采取差别缴费的办法，利用2—3年时间逐步过渡。整合后的实际人均筹资和个人缴费不得低于现有水平。

完善筹资动态调整机制。在精算平衡的基础上，逐步建立与经济社会发展水平、各方承受能力相适应的稳定筹资机制。逐步建立个人缴费标准与城乡居民人均可支配收入相衔接的机制。合理划分政府与个人的筹资责任，在提高政府补助标准的同时，适当提高个人缴费比重。

（三）统一保障待遇。

遵循保障适度、收支平衡的原则，均衡城乡保障待遇，逐步统一保障范围和支付标准，为参保人员提供公平的基本医疗保障。妥善处理整合前的特殊保障政策，做好过渡与衔接。

城乡居民医保基金主要用于支付参保人员发生的住院和门诊医药费用。稳定住院保障水平，政策范围内住院费用支付比例保持在75%左右。进一步完善门诊统筹，逐步提高门诊保障水平。逐步缩小政策范围内支付比例与实际支付比例间的差距。

（四）统一医保目录。

统一城乡居民医保药品目录和医疗服务项目目录，明确药品和医疗服务支付范围。各省（区、市）要按照国家基本医保用药管理和基本药物制度有关规定，遵循临床必需、安全有效、价格合理、技术适宜、基金可承受的原则，在现有城镇居民医保和新农合目录的基础上，适当考虑参保人员需求变化进行调整，有增有减、有控有扩，做到种类基本齐全、结构总体合理。完善医保目录管理办法，实行分级管理、动态调整。

（五）统一定点管理。

统一城乡居民医保定点机构管理办法，强化定点服务协议管理，建立健全考核评价机制和动态的准入退出机制。对非公立医疗机构与公立医疗机构实行同等的定点管理政策。原则上由统筹地区管理机构负责定点机构的准入、退出和监管，省级管理机构负责制订定点机构的准入原则和管理办法，并重点加强对统筹区域外的省、市级定点医疗机构的指导与监督。

（六）统一基金管理。

城乡居民医保执行国家统一的基金财务制度、会计制度和基金预决算管理制度。城乡居民医保基金纳入财政专户，实行“收支两条线”管理。基金独立核算、专户管理，任何单位和个人不得挤占挪用。

结合基金预算管理全面推进付费总额控制。基金使用遵循以收定支、收支平衡、略有结余的原则，确保应支付费用及时足额拨付，合理控制基金当年结余率和累计结余率。建立健全基金运行风险预警机制，防范基金风险，提高使用效率。

强化基金内部审计和外部监督，坚持基金收支运行情况信息公开和参保人员就医结算信息公示制度，加强社会监督、民主监督和舆论监督。

三、理顺管理体制

（一）整合经办机构。

鼓励有条件的地区理顺医保管理体制，统一基本医保行政管理职能。充分利用现有城镇居民医保、新农合经办资源，整合城乡居民医保经办机构、人员和信息系统，规范经办流程，提供一体化的经办服务。完善经办机构内外部监督制约机制，加强培训和绩效考核。

（二）创新经办管理。

完善管理运行机制，改进服务手段和管理办法，优化经办流程，提高管理效率和服务水平。鼓励有条件的地区创新经办服务模式，推进管办分开，引入竞争机制，在确保基金安全和有效监管的前提下，以政府购买服务的方式委托具有资质的商业保险机构等社会力量参与基本医保的经办服务，激发经办活力。

四、提升服务效能

（一）提高统筹层次。

城乡居民医保制度原则上实行市（地）级统筹，各地要围绕统一待遇政策、基金管理、信息系统和就医结算等重点，稳步推进市（地）级统筹。做好医保关系转移接续和异地就医结算服务。根据统筹地区内各县（市、区）的经济发展和医疗服务水平，加强基金的分级管理，充分调动县级政府、经办管理机构基金管理的积极性和主动性。鼓励有条件的地区实行省级统筹。

（二）完善信息系统。

整合现有信息系统，支撑城乡居民医保制度运行和功能拓展。推动城乡居民医保信息系统与定点机构信息系统、医疗救助信息系统的业务协同和信息共享，做好城乡居民医保信息系统与参与经办服务的商业保险机构信息系统必要的信息交换和数据共享。强化信息安全和患者信息隐私保护。

（三）完善支付方式。

系统推进按人头付费、按病种付费、按床日付费、总额预付等多种付费方式相结合的复合支付方式改革，建立健全医保经办机构与医疗机构及药品供应商的谈判协商机制和风险分担机制，推动形成合理的医保支付标准，引导定点医疗机构规范服务行为，控制医疗费用不合理增长。

通过支持参保居民与基层医疗机构及全科医师开展签约服务、制定差别化的支付政策等措施，推进分级诊疗制度建设，逐步形成基层首诊、双向转诊、急慢分治、上下联动的就医新秩序。

（四）加强医疗服务监管。

完善城乡居民医保服务监管办法，充分运用协议管理，强化对医疗服务的监控作用。各级医保经办机构要利用信息化手段，推进医保智能审核和实时监控，促进合理诊疗、合理用药。卫生计生行政部门要加强医疗服务监管，规范医疗服务行为。

五、精心组织实施，确保整合工作平稳推进

（一）加强组织领导。

整合城乡居民医保制度是深化医改的一项重点任务，关系城乡居民切身利益，涉及面广、政策性强。各地各有关部门要按照全面深化改革的战略布局要求，充分认识这项工作的重要意义，加强领导，精心组织，确保整合工作平稳有序推进。各省级医改领导小组要加强统筹协调，及时研究解决整合过程中的问题。

（二）明确工作进度和责任分工。

各省（区、市）要于2016年6月底前对整合城乡居民医保工作作出规划和部署，明确时间表、路线图，健全工作推进和考核评价机制，严格落实责任制，确保各项政策措施落实到位。各统筹地区要于2016年12月底前出台具体实施方案。综合医改试点省要将整合城乡居民医保作为重点改革内容，加强与医改其他工作的统筹协调，加快推进。

各地人力资源社会保障、卫生计生部门要完善相关政策措施，加强城乡居民医保制度整合前后的衔接；财政部门要完善基金财务会计制度，会同相关部门做好基金监管工作；保险监管部门要加强对参与经办服务的商业保险机构的从业资格审查、服务质量和市场行为监管；发展改革部门要将城乡居民医保制度整合纳入国民经济和社会发展规划；编制管理部门要在经办资源和管理体制整合工作中发挥职能作用；医改办要协调相关部门做好跟踪评价、经验总结和推广工作。

（三）做好宣传工作。

要加强正面宣传和舆论引导，及时准确解读政策，宣传各地经验亮点，妥善回应公众关切，合理引导社会预期，努力营造城乡居民医保制度整合的良好氛围。

国务院办公厅转发卫生部等部门关于建立新型农村合作医疗制度意见的通知①

（2003 年 1 月 16 日　国办发〔2003〕3 号）

各省、自治区、直辖市人民政府，国务院各部委、各直属机构：

卫生部、财政部、农业部《关于建立新型农村合作医疗制度的意见》已经国务院同意，现转发给你们，请认真贯彻执行。

① 本文件虽已不再适用，但其与城乡居民基本医疗保险具有衔接关系，故本书仍予保留。——编者注

卫生部、财政部、农业部关于建立新型农村合作医疗制度的意见

（2003 年 1 月 10 日）

建立新型农村合作医疗制度是新时期农村卫生工作的重要内容，是实践“三个代表”重要思想的具体体现，对提高农民健康水平，促进农村经济发展，维护社会稳定具有重大意义。根据《中共中央、国务院关于进一步加强农村卫生工作的决定》（中发〔2002〕13 号），提出以下意见。

一、目标和原则

新型农村合作医疗制度是由政府组织、引导、支持，农民自愿参加，个人、集体和政府多方筹资，以大病统筹为主的农民医疗互助共济制度。从 2003 年起，各省、自治区、直辖市至少要选择 2—3 个县（市）先行试点，取得经验后逐步推开。到 2010 年，实现在全国建立基本覆盖农村居民的新型农村合作医疗制度的目标，减轻农民因疾病带来的经济负担，提高农民健康水平。

建立新型农村合作医疗制度要遵循以下原则：

（一）自愿参加，多方筹资。农民以家庭为单位自愿参加新型农村合作医疗，遵守有关规章制度，按时足额缴纳合作医疗经费；乡（镇）、村集体要给予资金扶持；中央和地方各级财政每年要安排一定专项资金予以支持。

（二）以收定支，保障适度。新型农村合作医疗制度要坚持以收定支，收支平衡的原则，既保证这项制度持续有效运行，又使农民能够享有最基本的医疗服务。

（三）先行试点，逐步推广。建立新型农村合作医疗制度必须从实际出发，通过试点总结经验，不断完善，稳步发展。要随着农村社会经济的发展和农民收入的增加，逐步提高新型农村合作医疗制度的社会化程度和抗风险能力。

二、组织管理

（一）新型农村合作医疗制度一般采取以县（市）为单位进行统筹。条件不具备的地方，在起步阶段也可采取以乡（镇）为单位进行统筹，逐步向县

(市)统筹过渡。

(二)要按照精简、效能的原则,建立新型农村合作医疗制度管理体制。省、地级人民政府成立由卫生、财政、农业、民政、审计、扶贫等部门组成的农村合作医疗协调小组。各级卫生行政部门内部应设立专门的农村合作医疗管理机构,原则上不增加编制。

县级人民政府成立由有关部门和参加合作医疗的农民代表组成的农村合作医疗管理委员会,负责有关组织、协调、管理和指导工作。委员会下设经办机构,负责具体业务工作,人员由县级人民政府调剂解决。根据需要在乡(镇)可设立派出机构(人员)或委托有关机构管理。经办机构的人员和工作经费列入同级财政预算,不得从农村合作医疗基金中提取。

三、筹资标准

新型农村合作医疗制度实行个人缴费、集体扶持和政府资助相结合的筹资机制。

(一)农民个人每年的缴费标准不应低于10元,经济条件好的地区可相应提高缴费标准。乡镇企业职工(不含以农民家庭为单位参加新型农村合作医疗的人员)是否参加新型农村合作医疗由县级人民政府确定。

(二)有条件的乡村集体经济组织应对本地新型农村合作医疗制度给予适当扶持。扶持新型农村合作医疗的乡村集体经济组织类型、出资标准由县级人民政府确定,但集体出资部分不得向农民摊派。鼓励社会团体和个人资助新型农村合作医疗制度。

(三)地方财政每年对参加新型农村合作医疗农民的资助不低于人均10元,具体补助标准和分级负担比例由省级人民政府确定。经济较发达的东部地区,地方各级财政可适当增加投入。从2003年起,中央财政每年通过专项转移支付对中西部地区除市区以外的参加新型农村合作医疗的农民按人均10元安排补助资金。

四、资金管理

农村合作医疗基金是由农民自愿缴纳、集体扶持、政府资助的民办公助社会性资金,要按照以收定支、收支平衡和公开、公平、公正的原则进行管理,必须专款专用,专户储存,不得挤占挪用。

(一)农村合作医疗基金由农村合作医疗管理委员会及其经办机构进行管理。农村合作医疗经办机构应在管理委员会认定的国有商业银行设立农村合作医疗基金专用账户,确保基金的安全和完整,并建立健全农村合作医疗基金管理的规章制度,按照规定合理筹集、及时审核支付农村合作医疗基金。

(二)农村合作医疗基金中农民个人缴费及乡村集体经济组织的扶持资金,原则上按年由农村合作医疗经办机构在乡(镇)设立的派出机构(人员)或委托有关机构收缴,存入农村合作医疗基金专用账户;地方财政支持资金,由地方各级财政部门根据参加新型农村合作医疗的实际人数,划拨到农村合作医疗基金专用账户;中央财政补助中西部地区新型农村合作医疗的专项资金,由财政部根据各地区参加新型农村合作医疗的实际人数和资金到位等情况核定,向省级财政划拨。中央和地方各级财政要确保补助资金及时、全额拨付到农村合作医疗基金专用账户,并通过新型农村合作医疗试点逐步完善补助资金的划拨办法,尽可能简化程序,易于操作。要结合财政国库管理制度改革和完善情况,逐步实现财政直接支付。关于新型农村合作医疗资金具体补助办法,由财政部商有关部门研究制定。

(三)农村合作医疗基金主要补助参加新型农村合作医疗农民的大额医疗费用或住院医疗费用。有条件的地方,可实行大额医疗费用补助与小额医疗费用补助结合的办法,既提高抗风险能力又兼顾农民受益面。对参加新型农村合作医疗的农民,年内没有动用农村合作医疗基金的,要安排进行一次常规性体检。各省、自治区、直辖市要制订农村合作医疗报销基本药物目录。各县(市)要根据筹资总额,结合当地实际,科学合理地确定农村合作医疗基金的支付范围、支付标准和额度,确定常规性体检的具体检查项目和方式,防止农村合作医疗基金超支或过多结余。

(四)加强对农村合作医疗基金的监管。农村合作医疗经办机构要定期向农村合作医疗管理委员会汇报农村合作医疗基金的收支、使用情况;要采取张榜公布等措施,定期向社会公布农村合作医疗基金的具体收支、使用情况,保证参加合作医疗农民的参与、知情和监督的权利。县级人民政府可根据本地实际,成立由相关政府部门和参加合作医疗的农民代表共同组成的农村合作医疗监督委员会,定期检查、监督农村合作医疗基金使用和管理情况。农村合作医疗管理委员会要定期向监督委员会和同级人民代表大会汇报工作,主动接受监督。审计部门要定期对农村合作医疗基金收支和管理情况进行审计。

五、医疗服务管理

加强农村卫生服务网络建设，强化对农村医疗卫生机构的行业管理，积极推进农村医疗卫生体制改革，不断提高医疗卫生服务能力和水平，使农民得到较好的医疗服务。各地区要根据情况，在农村卫生机构中择优选择农村合作医疗的服务机构，并加强监管力度，实行动态管理。要完善并落实各种诊疗规范和管理制度，保证服务质量，提高服务效率，控制医疗费用。

六、组织实施

（一）省级人民政府要制订新型农村合作医疗制度的管理办法，本着农民参保积极性较高，财政承受能力较强，管理基础较好的原则选择试点县（市），积极、稳妥地开展新型农村合作医疗试点工作。试点工作的重点是探索新型农村合作医疗管理体制、筹资机制和运行机制。县级人民政府要制定具体方案，各级相关部门在同级人民政府统一领导下组织实施。

（二）要切实加强对新型农村合作医疗的宣传教育，采取多种形式向农民宣传新型农村合作医疗的重要意义和当地的具体做法，引导农民不断增强自我保健和互助共济意识，动员广大农民自愿、积极参加新型农村合作医疗。农民参加合作医疗所履行的缴费义务，不能视为增加农民负担。

建立新型农村合作医疗制度是帮助农民抵御重大疾病风险的有效途径，是推进农村卫生改革与发展的重要举措，政策性强，任务艰巨。各地区、各有关部门要高度重视，加强领导，落实政策措施，抓好试点，总结经验，积极稳妥地做好这项工作。

国务院关于开展城镇居民基本医疗保险试点的指导意见[①]

（2007年7月10日 国发〔2007〕20号）

各省、自治区、直辖市人民政府，国务院各部委、各直属机构：

党中央、国务院高度重视解决广大人民群众的医疗保障问题，不断完善医疗保障制度。1998年我国开始建立城镇职工基本医疗保险制度，之后又启动了新型农村合作医疗制度试点，建立了城乡医疗救助制度。目前没有医疗保障制度安排的主要是城镇非从业居民。为实现基本建立覆盖城乡全体居民的医疗保障体系的目标，国务院决定，从今年起开展城镇居民基本医疗保险试点（以下简称试点）。各地区各部门要充分认识这项工作的重要性，将其作为落实科学发展观、构建社会主义和谐社会的一项重要任务，高度重视，统筹规划，规范引导，稳步推进。

一、目标和原则

（一）试点目标。2007年在有条件的省份选择2至3个城市启动试点，2008年扩大试点，争取2009年试点城市达到80%以上，2010年在全国全面推开，逐步覆盖全体城镇非从业居民。要通过试点，探索和完善城镇居民基本医疗保险的政策体系，形成合理的筹资机制、健全的管理体制和规范的运行机制，逐步建立以大病统筹为主的城镇居民基本医疗保险制度。

（二）试点原则。试点工作要坚持低水平起步，根据经济发展水平和各方面承受能力，合理确定筹资水平和保障标准，重点保障城镇非从业居民的大病医疗需求，逐步提高保障水平；坚持自愿原则，充分尊重群众意愿；明确

① 本文件虽已不再适用，但其与城乡居民基本医疗保险具有衔接关系，故本书仍予保留。——编者注

中央和地方政府的责任，中央确定基本原则和主要政策，地方制订具体办法，对参保居民实行属地管理；坚持统筹协调，做好各类医疗保障制度之间基本政策、标准和管理措施等的衔接。

二、参保范围和筹资水平

（三）参保范围。不属于城镇职工基本医疗保险制度覆盖范围的中小学阶段的学生（包括职业高中、中专、技校学生）、少年儿童和其他非从业城镇居民都可自愿参加城镇居民基本医疗保险。

（四）筹资水平。试点城市应根据当地的经济发展水平以及成年人和未成年人等不同人群的基本医疗消费需求，并考虑当地居民家庭和财政的负担能力，恰当确定筹资水平；探索建立筹资水平、缴费年限和待遇水平相挂钩的机制。

（五）缴费和补助。城镇居民基本医疗保险以家庭缴费为主，政府给予适当补助。参保居民按规定缴纳基本医疗保险费，享受相应的医疗保险待遇，有条件的用人单位可以对职工家属参保缴费给予补助。国家对个人缴费和单位补助资金制定税收鼓励政策。

对试点城市的参保居民，政府每年按不低于人均 40 元给予补助，其中，中央财政从 2007 年起每年通过专项转移支付，对中西部地区按人均 20 元给予补助。在此基础上，对属于低保对象的或重度残疾的学生和儿童参保所需的家庭缴费部分，政府原则上每年再按不低于人均 10 元给予补助，其中，中央财政对中西部地区按人均 5 元给予补助；对其他低保对象、丧失劳动能力的重度残疾人、低收入家庭 60 周岁以上的老年人等困难居民参保所需家庭缴费部分，政府每年再按不低于人均 60 元给予补助，其中，中央财政对中西部地区按人均 30 元给予补助。中央财政对东部地区参照新型农村合作医疗的补助办法给予适当补助。财政补助的具体方案由财政部门商劳动保障、民政等部门研究确定，补助经费要纳入各级政府的财政预算。

（六）费用支付。城镇居民基本医疗保险基金重点用于参保居民的住院和门诊大病医疗支出，有条件的地区可以逐步试行门诊医疗费用统筹。

城镇居民基本医疗保险基金的使用要坚持以收定支、收支平衡、略有结余的原则。要合理制定城镇居民基本医疗保险基金起付标准、支付比例和最高支付限额，完善支付办法，合理控制医疗费用。探索适合困难城镇非从业居民经济承受能力的医疗服务和费用支付办法，减轻他们的医疗费用负担。城镇居民基本医疗保险基金用于支付规定范围内的医疗费用,其他费用可以通过补充医疗保险、商业健康保险、医疗救助和社会慈善捐助等方式解决。

三、加强管理和服务

(七)组织管理。对城镇居民基本医疗保险的管理,原则上参照城镇职工基本医疗保险的有关规定执行。各地要充分利用现有管理服务体系,改进管理方式,提高管理效率。鼓励有条件的地区结合城镇职工基本医疗保险和新型农村合作医疗管理的实际,进一步整合基本医疗保障管理资源。要探索建立健全由政府机构、参保居民、社会团体、医药服务机构等方面代表参加的医疗保险社会监督组织,加强对城镇居民基本医疗保险管理、服务、运行的监督。建立医疗保险专业技术标准组织和专家咨询组织,完善医疗保险服务管理专业技术标准和业务规范。根据医疗保险事业发展的需要,切实加强医疗保险管理服务机构和队伍建设。建立健全管理制度,完善运行机制,加强医疗保险信息系统建设。

(八)基金管理。要将城镇居民基本医疗保险基金纳入社会保障基金财政专户统一管理,单独列账。试点城市要按照社会保险基金管理等有关规定,严格执行财务制度,加强对基本医疗保险基金的管理和监督,探索建立健全基金的风险防范和调剂机制,确保基金安全。

(九)服务管理。对城镇居民基本医疗保险的医疗服务管理,原则上参照城镇职工基本医疗保险的有关规定执行,具体办法由试点城市劳动保障部门会同发展改革、财政、卫生等部门制定。要综合考虑参保居民的基本医疗需求和基本医疗保险基金的承受能力等因素,合理确定医疗服务的范围。通过订立和履行定点服务协议,规范对定点医疗机构和定点零售药店的管理,明确医疗保险经办机构和定点的医疗机构、零售药店的权利和义务。医疗保险经办机构要简化审批手续,方便居民参保和报销医疗费用;明确医疗费用结算办法,按规定与医疗机构及时结算。加强对医疗费用支出的管理,探索建立医疗保险管理服务的奖惩机制。积极推行医疗费用按病种付费、按总额预付等结算方式,探索协议确定医疗费用标准的办法。

(十)充分发挥城市社区服务组织等的作用。整合、提升、拓宽城市社区服务组织的功能,加强社区服务平台建设,做好基本医疗保险管理服务工作。大力发展社区卫生服务,将符合条件的社区卫生服务机构纳入医疗保险定点范围；对参保居民到社区卫生服务机构就医发生的医疗费用，要适当提高医疗保险基金的支付比例。

四、深化相关改革

（十一）继续完善各项医疗保障制度。进一步完善城镇职工基本医疗保险制度，采取有效措施将混合所有制、非公有制经济组织从业人员以及灵活就业人员纳入城镇职工基本医疗保险；大力推进进城务工的农民工参加城镇职工基本医疗保险，重点解决大病统筹问题；继续着力解决国有困难企业、关闭破产企业等职工和退休人员的医疗保障问题；鼓励劳动年龄内有劳动能力的城镇居民，以多种方式就业并参加城镇职工基本医疗保险；进一步规范现行城镇职工基本医疗保险的支付政策，强化医疗服务管理。加快实施新型农村合作医疗制度。进一步完善城市和农村医疗救助制度。完善多层次医疗保障体系，搞好各项医疗保障制度的衔接。

（十二）协同推进医疗卫生体制和药品生产流通体制改革。根据深化医药卫生体制改革的总体要求，统筹协调医疗卫生、药品生产流通和医疗保障体系的改革和制度衔接，充分发挥医疗保障体系在筹集医疗资金、提高医疗质量和控制医疗费用等方面的作用。进一步转变政府职能，加强区域卫生规划，健全医疗服务体系。建立健全卫生行业标准体系，加强对医疗服务和药品市场的监管。规范医疗服务行为，逐步建立和完善临床操作规范、临床诊疗指南、临床用药规范和出入院标准等技术标准。加快城市社区卫生服务体系建设，充分发挥社区卫生服务和中医药服务在医疗服务中的作用，有条件的地区可探索实行参保居民分级医疗的办法。

五、加强组织领导

（十三）建立国务院城镇居民基本医疗保险部际联席会议制度。在国务院领导下，国务院城镇居民基本医疗保险部际联席会议（以下简称部际联席会议）负责组织协调和宏观指导试点工作，研究制定相关政策并督促检查政策的落实情况，总结评估试点工作，协调解决试点工作中出现的问题，并就重大问题向国务院提出报告和建议。

（十四）选择确定试点城市。省级人民政府可根据本地条件选择2至3个试点城市，报部际联席会议审定。试点城市的试点实施方案报部际联席会议办公室备案，由省（区、市）人民政府批准实施。

（十五）制定配套政策和措施。劳动保障部门要会同发展改革、财政、卫生、民政、教育、药品监督和中医药管理等有关部门制定相关配套政策和措施。各部门要根据各自的职责，协同配合，加快推进各项配套改革。动员社会各方面力量，为推进医疗保险制度改革创造良好的环境、提供有力的支持，确保试点工作的顺利进行。

（十六）精心组织实施。地方各级人民政府要充分认识试点工作的重大意义，切实加强组织领导。省级人民政府要根据本指导意见规定的试点目标和任务、基本政策和工作步骤，统筹规划，积极稳妥地推进本行政区域的试点工作。试点城市要在充分调研、周密测算、多方论证的基础上，制订试点实施方案并精心组织实施。已经先行开展基本医疗保险工作的城市，要及时总结经验，完善制度，进一步探索更加符合实际的基本医疗保险的体制和机制。

（十七）做好舆论宣传工作。建立城镇居民基本医疗保险制度直接关系广大群众的切身利益，是一项重大的民生工程，政策性很强。各地要坚持正确的舆论导向，加强对试点工作重要意义、基本原则和方针政策的宣传，加强对试点中好的做法和经验的总结推广，使这项惠民政策深入人心，真正得到广大群众和社会各界的理解和支持，使试点工作成为广大群众积极参与的实践。

各地要注意研究试点过程中出现的新情况、新问题，积极探索解决的办法，妥善处理改革、发展与稳定的关系。遇有重要情况及时向部际联席会议报告。

人力资源和社会保障部、财政部关于全面开展城镇居民基本医疗保险工作的通知[①]

（2009年4月8日 人社部发〔2009〕35号）

各省、自治区、直辖市人力资源社会保障（人事、劳动保障）厅（局）、财政厅（局），新疆生产建设兵团劳动保障局、财务局：

城镇居民基本医疗保险试点工作开展以来，各地高度重视，组织有力，工作扎实，稳步推进，试点工作取得明显成效，受到广大城镇居民的欢迎，为完善城镇居民基本医疗保险制度积累了经验。根据《中共中央 国务院关于深化医药卫生体制改革的意见》（中发〔2009〕6号）和《国务院关于印发医药卫生体制改革近期重点实施方案（2009－2011年）的通知》（国发〔2009〕12号），经国务院同意，2009年在全国范围内全面开展城镇居民基本医疗保险工作。现就有关问题通知如下：

一、明确工作目标和任务。各地要在认真总结试点经验基础上，加大工作力度，完善相关政策，提高居民参保率，全面开展城镇居民基本医疗保险工作。2009年全国所有城市都要开展城镇居民基本医疗保险工作。2009年新开展这项工作的城市，方案由省级人民政府负责审批，并报人力资源社会保障部备案，原则上第二季度启动实施，参保率力争达到50%以上。2009年前已开展试点的城市，应结合试点工作中出现的问题进一步完善政策、加强管理，参保率力争达到80%以上。东部地区可在规范管理的基础上加快推进

① 本文件虽已不再适用，但其与城乡居民基本医疗保险具有衔接关系，故本书仍予保留。——编者注

扩面速度。在工作推进中,各地区要坚持低水平、广覆盖、保基本、可持续的原则,科学设计和调整实施方案;要坚持公开、公正、公平,规范操作,加强监管;要坚持便民利民,真正方便居民、服务居民、让居民受益。

二、规范和完善财政补助政策。 2009年政府对参保居民的补助标准,按照《关于做好2008年城镇居民基本医疗保险试点工作的通知》(人社部发〔2008〕39号)相关规定执行。省级财政要切实负起责任,加大对困难市县的补助力度。各地要及时上报财政补助申报材料,将本级财政应当安排的补助资金列入预算,及时足额拨付上级和本级补助资金,确保财政补助申请和拨付工作顺利进行。继续完善城乡医疗救助制度,切实做好困难居民的界定工作,进一步加大投入,帮助解决困难城镇居民缴费困难问题。同时,要加强城镇居民基本医疗保险基金管理和使用的专项审计,发现问题,及时纠正。

三、科学合理制定和调整有关政策。 各地要在分析总结城镇居民基本医疗保险制度和基金运行情况基础上,认真测算,科学制定和调整有关政策。坚持做到城镇居民基本医疗保险基金收支平衡,略有结余。基金结余较多的城市要根据基金收支情况适当调整基金支付政策,避免结余资金过多。充分利用基层和社区医疗卫生服务,探索建立普通门诊费用统筹,扩大制度受益面。对起付线、封顶线、基金支付比例和补助范围等政策的调整,要通盘考虑城镇居民基本医疗保险基金使用情况、居民潜在医疗需求增长和医药费用上涨等因素,注意保持政策的连续性和稳定性。要探索做好参保人员在不同制度间转移时的医疗保险关系和待遇等的衔接。有条件的地方积极探索推进统筹城乡医疗保险的不同方式和路径。

四、提高统筹层次,积极推进地级统筹。 明确地级统筹中市(地、州)和县(市、区)相关机构的职责,建立相应的考核激励办法,充分发挥县(市、区)一级相关机构在医疗保险筹资和管理中的作用。同一统筹地区应统一缴费和待遇政策,基金统筹管理使用,统一设计各项管理流程,统一管理服务网络。条件不具备、难以一步到位实行地级统筹的地区,可在统一缴费和待遇政策、统一管理经办流程、统一管理服务网络的基础上,建立基金调剂机制,明确调剂金的管理使用办法,建立相应的考核激励办法。要探索地级统筹情况下适宜的就医管理办法,处理好扩大就医范围与合理控制医疗费用的关系。

五、切实加强经办管理能力建设。各地要本着精简、效能的原则，切实解决好经办机构人员编制和经费问题。要强化经办机构内部管理，明确岗位职责，优化岗位设置，提高经办机构服务水平和能力。要加强社区服务平台建设，提高社区劳动保障平台的服务管理能力，探索建立社区劳动保障平台与社区卫生服务机构之间的信息共享和协同管理服务机制，形成服务到人的管理服务网络。要建立和完善基本医疗保障信息系统。加强信息系统建设，实现与医疗机构信息系统的对接。要逐步建立药品、诊疗项目以及参保人员实际利用医疗服务信息基础数据库，研究科学合理的药品和诊疗项目评价办法，逐步建立医疗保险技术标准体系，实现医疗保险管理规范化、精细化和标准化。要建立健全科学合理的绩效评价体系，对经办服务机构进行量化评价，促进经办服务机构提高管理服务水平和能力。

六、加强对全面开展城镇居民基本医疗保险工作的组织领导。全面开展城镇居民基本医疗保险工作是深入贯彻落实科学发展观、完善社会保障体系、推进医药卫生体制改革、缓解群众“看病难、看病贵”矛盾、提高全民健康素质的一项重要措施，各地要切实摆上工作日程，提高认识，加强领导，组织好各方面力量，全力推进这项工作。各有关部门要明确责任，加强协调，密切配合。要在统筹考虑城镇职工基本医疗保险、城镇居民基本医疗保险以及新型农村合作医疗三项制度相关统计数据基础上，核准城镇居民应参保人数并制定目标任务，层层分解，加强目标考核和督查调研，制定周密工作计划并抓紧组织实施。加强宣传培训工作，使这项惠及民生的重要改革深入人心，为全面推开试点创造良好舆论环境。要不断总结经验教训，注重研究新问题、新情况，对试点工作中反映出来的重大问题要及时报告。

劳动和社会保障部等关于城镇居民基本医疗保险医疗服务管理的意见

（2007年10月10日劳动和社会保障部、国家发展和改革委员会、财政部、卫生部、国家食品药品监督管理局、国家中医药管理局发布　劳社部发〔2007〕40号）

各省、自治区、直辖市劳动和社会保障厅（局）、发展改革委、财政厅（局）、卫生厅（局）、食品药品监督管理局、中医药管理局：

根据《国务院关于开展城镇居民基本医疗保险试点的指导意见》（国发〔2007〕20号）精神，为做好城镇居民基本医疗保险试点工作，现就城镇居民基本医疗保险医疗服务管理的有关问题提出如下意见：

一、城镇居民基本医疗保险医疗服务管理的基本要求

（一）建立以大病统筹为主的城镇居民基本医疗保险，是落实以人为本的科学发展观和构建社会主义和谐社会的重要举措。加强和完善医疗服务管理，对保障参保居民合理的医疗权益，规范医疗服务行为，控制医疗费用支出，提高医疗保险基金的使用效率，保证制度的平稳运行，具有重要意义。各级各相关部门要密切配合，在城镇居民基本医疗保险试点工作中，强化城镇居民基本医疗保险医疗服务管理，切实保障广大参保居民的基本医疗需求。

（二）城镇居民基本医疗保险医疗服务管理包括医疗服务的范围管理、医疗服务的定点管理和医药费用的结算管理。城镇居民基本医疗保险坚持从低水平起步。要根据城镇居民基本医疗保险筹资水平和基金保障能力，考虑城镇居民的经济承受能力，按照重点保障住院和门诊大病、有条件的地区兼顾一般门诊医疗费用的原则，合理确定城镇居民基本医疗保险基金支付的医疗服务范围、水平，以及医疗费用的结算办法及标准。

（三）参照城镇职工基本医疗保险医疗服务管理的有关规定，结合城镇居民的特点，完善基本医疗保险医疗服务管理的相关政策。城镇居民基本医疗保险与新型农村合作医疗实行一体化管理的，也可以参照新型农村合作医疗有关医疗服务管理的规定执行。各地应按照国家有关规定和本意见精神，因地制宜，积极探索加强城镇居民基本医疗保险医疗服务管理的具体措施。

二、合理确定医疗服务范围

（四）城镇居民基本医疗保险医疗服务范围包括用药、诊疗项目和医疗服务设施范围。城镇居民基本医疗保险医疗服务范围，由相关部门按照有关程序和权限，在城镇职工基本医疗保险医疗服务范围的基础上进行适当调整。具体范围由劳动保障部门会同有关部门按照相关规定，在认真组织专家评审、充分听取有关方面意见的基础上研究确定。

（五）城镇居民基本医疗保险用药范围在国家和省（区、市）《基本医疗保险和工伤保险药品目录》的基础上，进行适当调整、合理确定。要把国家《基本医疗保险和工伤保险药品目录》甲类目录药品全部纳入城镇居民基本医疗保险基金的支付范围。国家根据儿童用药的特点，按照“临床必需、安全有效、价格合理、使用方便、兼顾中西药”的原则，适当增加儿童用药的品种及剂型。

（六）城镇居民基本医疗保险诊疗项目范围、医疗服务设施范围，原则上执行当地城镇职工基本医疗保险的诊疗项目、医疗服务设施范围。各地也可根据本地实际适当增加孕产妇、婴幼儿必需的诊疗项目和医疗服务设施及中医药诊疗项目和医疗服务设施。新增诊疗项目和医疗服务设施暂由各省（区、市）负责制定。

（七）各地要完善基本医疗保险用药、诊疗项目和医疗服务设施管理，加强对高价药品、新增诊疗项目、大型医用设备检查及高值医用耗材的准入和使用管理，控制医疗费用支出，提高城镇居民基本医疗保险基金的使用效率，减轻城镇居民基本医疗保险基金和参保人员的费用负担。

三、加强定点管理

（八）城镇居民基本医疗保险实行定点医疗机构和定点零售药店管理。具体管理办法按照城镇职工基本医疗保险定点医疗机构和定点零售药店管理的有关规定执行。要根据城镇居民的就医特点和需要，进一步细化和完善定点医疗服务协议管理，充分发挥基本医疗保险对医疗服务的约束作用。要根据各项医疗保障制度协调发展的需要，统筹确定各类医疗保障人群医疗服务定点管理的办法和措施。

（九）合理确定定点医疗机构和零售药店的范围和数量，具体由各地劳动保障部门商卫生、中医药行政部门和食品药品监管部门确定。参保居民在定点医疗机构和零售药店就医购药所发生的费用，由医疗保险基金按规定予以支付。各地要根据参保居民的医疗需求，将符合条件的妇产医院、妇幼保健院、儿童医院和社区卫生服务机构等纳入定点范围。

（十）要探索促进参保居民合理利用医疗服务资源的管理机制，引导参保居民充分利用社区卫生服务机构、基层医疗机构提供的医疗服务及中医药服务，探索建立双向转诊机制。对纳入基金支付的门诊大病和实行医疗费用统筹的普通门诊医疗服务项目，要制定有效利用社区和基层医疗服务的就医管理办法和医疗费用结算办法。对参保居民在定点社区卫生服务机构和基层医疗机构就医的费用，可适当提高基金的支付比例。

四、完善费用结算管理

（十一）要根据医疗服务范围和筹资水平，建立和完善基本医疗保险费用结算方式，合理确定医疗费用结算标准，并纳入协议管理。对符合规定的医疗费用，要按协议及时结算并足额支付，不符合规定的医疗费用不予支付。

（十二）积极探索由医疗保险经办机构与定点医疗机构协商确定医疗服务的付费方式及标准。积极探索按病种付费、按总额预付等结算方式，调动定点医疗机构主动参与管理、降低医疗服务成本的积极性。

各级各相关部门要在当地政府的统一领导下，积极配合，共同做好城镇居民基本医疗保险的医疗服务管理工作。要通过实践探索，不断总结管理经验，遇有重大问题及时上报。

人力资源和社会保障部等关于开展城镇居民基本医疗保险门诊统筹的指导意见

（2009年7月24日人力资源和社会保障部、财政部、卫生部发布
人社部发〔2009〕66号）

各省、自治区、直辖市人力资源社会保障（劳动保障）厅（局）、财政厅（局）、卫生厅（局），新疆生产建设兵团劳动保障局、财务局、卫生局：

根据《国务院关于印发医药卫生体制改革近期重点实施方案（2009－2011年）的通知》（国发〔2009〕12号）和《国务院关于开展城镇居民基本医疗保险试点的指导意见》（国发〔2007〕20号）的精神，为扩大城镇居民基本医疗保险制度受益面，切实减轻参保居民门诊医疗费用负担，有条件的地区可逐步开展城镇居民基本医疗保险门诊统筹工作，现就有关问题提出如下意见：

一、开展城镇居民基本医疗保险门诊统筹，要在坚持基本医疗保险政策规定的基础上，充分考虑门诊医疗服务特点和城镇居民对门诊医疗基本保障的迫切需要，进一步完善基本医疗保险的保障范围、筹资、支付等政策和就医、费用结算、业务经办等管理措施，通过统筹共济的方式合理分担参保居民门诊医疗费用。

二、开展门诊统筹应坚持以下原则：立足基本保障，从低水平起步，逐步减轻群众门诊医疗费用负担；实行社会共济，通过基金统筹调剂使用，提高基金保障能力；主要依托社区卫生服务中心（站）等基层医疗卫生机构，方便群众就医，降低医疗成本。

三、根据城镇居民基本医疗保险基金支付能力，在重点保障参保居民住院和门诊大病医疗支出的基础上，逐步将门诊小病医疗费用纳入基金支付范围。城镇居民基本医疗保险基金要坚持收支平衡的原则，门诊统筹所需费用

在城镇居民基本医疗保险基金中列支,单独列账。

四、建立门诊统筹可以从慢性病发生较多的老年人起步,也可以从群众反映负担较大的多发病、慢性病做起。门诊统筹可以单独设立起付标准、支付比例和最高支付限额,具体可由各统筹地区根据实际合理确定。门诊统筹支付水平要与当地经济发展和医疗消费水平相适应,与当地城镇居民基本医疗保险筹资水平相适应。

五、开展门诊统筹应充分利用社区卫生服务中心(站)等基层医疗卫生机构和中医药服务。将符合条件的基层医疗卫生机构纳入基本医疗保险定点范围。起步阶段,门诊统筹原则上用于在定点基层医疗卫生机构发生的门诊医疗费用,随着分级诊疗和双向转诊制度的建立完善,逐步将支付范围扩大到符合规定的转诊费用。同时,要通过制定优惠的偿付政策,提供方便快捷的服务,鼓励和引导参保居民充分利用基层医疗卫生服务。各级卫生行政部门要合理设置基层医疗卫生机构,促进基层医疗卫生机构与转诊医疗机构的分工合作,探索建立分级诊疗制度及转诊相关管理办法和标准。统筹地区人力资源社会保障部门要会同卫生行政部门共同探索首诊和转诊的参保人员就医管理办法,促进建立双向转诊制度。

六、探索适合门诊统筹费用控制机制和结算管理的方式。根据门诊就医和医疗费用支出特点,积极探索总额预付或按人头付费等费用结算办法。充分发挥医疗保险集团购买的优势,采取定服务机构、定服务项目、定考核指标、定结算标准、定支付办法等方式,探索就医、支付、结算一体化的门诊统筹综合管理办法,有效控制门诊医疗费用。

七、加强组织领导。各地要高度重视,科学决策,精心组织实施。切实加强经办能力建设,完善医疗保险信息系统,探索适应门诊统筹管理需要的经办方式,提高管理服务水平。要加强社区劳动保障平台与社区卫生服务机构的协作,促进参保人员健康管理。要认真研究工作中出现的新情况、新问题,积极探索解决办法,遇有重要情况要及时报告。

人力资源和社会保障部关于普遍开展城镇居民基本医疗保险门诊统筹有关问题的意见

（2011年5月24日　人社部发〔2011〕59号）

各省、自治区、直辖市人力资源社会保障厅（局），新疆生产建设兵团劳动保障局：

近年来，部分地区积极开展城镇居民基本医疗保险（以下简称居民医保）门诊统筹工作，减轻了居民门诊医疗费用负担，增强了制度保障能力，受到群众广泛欢迎。按照国务院办公厅医药卫生体制五项重点改革2011年主要安排的要求，今年要普遍开展居民医保门诊统筹工作。现就有关问题提出以下意见：

一、充分认识门诊统筹的重要意义

普遍开展居民医保门诊统筹是提高医疗保障水平的重要举措，有利于拓宽保障功能，减轻群众门诊医疗费用负担；是完善医疗保险管理机制的重要内容，有利于整体调控卫生资源，提高保障绩效；是落实“保基本、强基层、建机制”要求的重要抓手，有利于支持基层医疗机构建设，促进基本药物制度实施，推动医药卫生体制各项改革协调发展。

开展门诊统筹要坚持以下原则：坚持基本保障，重点保障群众负担较重的门诊多发病、慢性病，避免变成福利补偿；坚持社会共济，实现基金调剂使用和待遇公平；坚持依托基层医疗卫生资源，严格控制医疗服务成本，提高基金使用效率。

各地要统一思想，落实责任，加强组织实施，确保完成今年普遍开展门诊统筹的工作任务。要按照《关于开展城镇居民基本医疗保险门诊统筹的指导意见》(人社部发〔2009〕66 号)的要求,加强管理,创新机制,努力提高门诊统筹保障绩效。要充分发挥医疗保险在医药卫生体制改革中的重要作用,着眼于调结构、建机制,降低医疗服务成本,优化卫生资源配置。

二、合理确定保障范围和支付政策

门诊统筹所需资金由居民医保基金解决。各地要综合考虑居民医疗需求、费用水平、卫生资源分布等情况,认真测算、合理安排门诊和住院资金。2011 年新增财政补助资金,在保证提高住院医疗待遇的基础上,重点用于开展门诊统筹。

门诊统筹立足保障参保人员基本医疗需求,主要支付在基层医疗卫生机构发生的符合规定的门诊医疗费用,重点保障群众负担较重的多发病、慢性病。困难地区可以从纳入统筹基金支付范围的门诊大病起步逐步拓展门诊保障范围。

合理确定门诊统筹支付比例、起付标准(额)和最高支付限额。对在基层医疗卫生机构发生的符合规定的医疗费用,支付比例原则上不低于 50%;累计门诊医疗费较高的部分,可以适当提高支付比例。对于在非基层医疗机构发生的门诊医疗费用,未经基层医疗机构转诊的原则上不支付。根据门诊诊疗和药品使用特点,探索分别制定诊疗项目和药品的支付办法。针对门诊发生频率较高的特点,可以采取每次就诊定额自付的办法确定门诊统筹起付额。要根据基金承受能力,综合考虑当地次均门诊费用、居民就诊次数、住院率等因素,合理确定门诊统筹最高支付限额,并随着基金承受能力的增强逐步提高。要结合完善就医机制,统筹考虑门诊、住院支付政策,做好相互之间的衔接,提高基金使用效率。

对恶性肿瘤门诊放化疗、尿毒症透析、器官移植术后抗排异治疗、糖尿病患者胰岛素治疗、重性精神病人药物维持治疗等特殊治疗,以及在门诊开展比住院更经济方便的部分手术,要采取措施鼓励患者在门诊就医。各地可以针对这些特殊治疗和手术的特点,单独确定定点医疗机构(不限于基层医疗机构),并参照住院制定相应的管理和支付办法,减轻他们的医疗费用负担。

三、完善医疗服务管理措施

根据门诊保障需要,建立健全适合门诊特点的医疗服务管理和考核体系,加强对门诊就诊率、转诊率、次均费用、费用结构等的考核,规范基层定点医疗机构医疗服务行为。做好与基层医疗服务体系建设、基本药物制度、全科医生制度等其他改革的衔接,做到相互促进。

居民医保门诊统筹执行基本医疗保险药品目录,在定点基层医疗机构保证《国家基本医疗保险药品目录》甲类药品(包括基本药物)的使用。对定点基层医疗机构医保甲类药品的配备和使用要提出明确要求,并纳入定点基层医疗机构考核体系。对部分患者门诊基本医疗必需的乙类药品,有条件的地区可以研究探索制订基层医疗机构医生处方外购药品的支付和管理办法。严格执行政府办基层医疗机构基本药物零差率销售政策,降低药品使用成本。

将一般诊疗费全额纳入医疗保险支付范围,按规定比例予以支付。建立健全门诊统筹诊疗服务规范和监管措施,加强对定点基层医疗机构服务行为监管,合理控制诊疗服务数量和费用,避免分解就诊、重复收费等不规范诊疗行为的发生。

四、创新就医管理和付费机制

创新门诊统筹就医管理和付费机制,管理重点逐步由费用控制向成本控制转变,降低服务成本,提高保障绩效。要充分利用基层医疗机构,引导群众基层就医,促进分级医疗体系形成。发挥医疗保险对卫生资源的调控作用,合理使用门诊和住院资源,降低住院率,从总体上控制医疗费用。

积极探索基层首诊和双向转诊就医管理机制。确定首诊基层医疗机构要综合考虑医疗机构服务能力、参保居民意愿、是否与上级医院建立协作关系等因素,一般一年一定,参保人只能选择一家。积极探索双向转诊,明确首诊、转诊医疗机构责任,逐步建立风险控制和费用分担机制。规范基层医疗机构上转病人,促进医院下转病人,推动形成分工合理的就医格局。

充分发挥医疗保险团购优势,通过谈判,控制医疗服务成本,减轻患者费用负担。各统筹地区要研究制定门诊统筹团购办法,明确规则、内容、流程等,在人头服务、慢病管理、常用药品、常规诊疗项目等方面探索团购工作。在实施总额预算管理的基础上,探索实行按人头付费等付费方式,建立风险共担的机制,促进医疗机构和医生主动控制费用。要根据不同付费方式的特点,明确监管重点,提高医疗质量,保障参保居民基本医疗权益。

五、加强经办管理

加强居民医保基金预算管理,统筹安排门诊和住院资金,提高基金使用效率。在统一进行预算管理的基础上,对门诊和住院医疗费用支出单独列账、分开统计。完善门诊和住院费用支出监测指标体系,建立动态分析制度。

完善门诊统筹协议管理。随着门诊统筹付费机制的完善,充实细化协议内容,将门诊统筹政策要求、管理措施、服务质量、考核办法、奖惩机制等落实到定点协议中,通过协议强化医疗服务监管。定期公布定点医疗机构医疗服务费用、质量、群众满意度等情况,充分发挥社会监督作用。加大考核力度,将考核结果与费用结算、奖励处罚挂钩。

加强信息系统建设。各统筹地区要加快发行社会保障卡,尽快将网络延伸到全部定点基层医疗机构和街道(乡镇)、社区(村)服务网点,利用信息化手段强化运行监控,方便即时结算。提高医疗保险信息系统建设部署层级,数据至少集中到地市一级。对定点医疗机构信息系统与医保信息系统的衔接提出明确要求,定点医疗机构向医保机构传输就诊结算信息,逐步由定时回传提高到实时回传,内容应包括个人就诊基本信息和各项医疗服务的汇总及明细信息(含自费项目)。

六、积极稳妥开展门诊统筹工作

各省(区、市)人力资源社会保障厅(局)要高度重视门诊统筹工作,研究制定具体落实措施和工作方案,加强对各统筹地区的工作指导和政策协调。尚未开展居民医保门诊统筹的地区,要抓紧出台相关政策,尽快启动实施;已开展居民医保门诊统筹的地区,要根据本通知要求进一步完善政策、加强管理。门诊统筹重点联系城市要做好重点专题探索工作,破解重点难点问题,实现体制机制创新。有条件的地区可以调整职工医保个人账户使用办法,探索职工门诊保障统筹共济办法。

门诊统筹工作政策性强、涉及面广,各级人力资源社会保障部门要主动加强与发展改革、财政、卫生、民政等部门的沟通协调,促进医改各项工作协同推进。各省(区、市)要充分发挥重点联系城市的作用,及时推广好的经验做法,形成上下互动的合力。

各地在推进居民医保门诊统筹过程中,遇有新情况、新问题请及时向我部报告。

3. 其　　他

国务院办公厅关于全面实施城乡居民大病保险的意见

（2015年7月28日　国办发〔2015〕57号）

各省、自治区、直辖市人民政府，国务院各部委、各直属机构：

城乡居民大病保险（以下简称大病保险）是基本医疗保障制度的拓展和延伸，是对大病患者发生的高额医疗费用给予进一步保障的一项新的制度性安排。大病保险试点以来，推动了医保、医疗、医药联动改革，促进了政府主导与发挥市场机制作用相结合，提高了基本医疗保障管理水平和运行效率，有力缓解了因病致贫、因病返贫问题。为加快推进大病保险制度建设，筑牢全民基本医疗保障网底，让更多的人民群众受益，经国务院同意，现提出以下意见。

一、基本原则和目标

（一）基本原则。

1. 坚持以人为本、保障大病。建立完善大病保险制度，不断提高大病保障水平和服务可及性，着力维护人民群众健康权益，切实避免人民群众因病致贫、因病返贫。

2. 坚持统筹协调、政策联动。加强基本医保、大病保险、医疗救助、疾病应急救助、商业健康保险和慈善救助等制度的衔接，发挥协同互补作用，输出充沛的保障动能，形成保障合力。

3. 坚持政府主导、专业承办。强化政府在制定政策、组织协调、监督管理等方面职责的同时，采取商业保险机构承办大病保险的方式，发挥市场机制作用和商业保险机构专业优势，提高大病保险运行效率、服务水平和质量。

4. 坚持稳步推进、持续实施。大病保险保障水平要与经济社会发展、医疗消费水平和社会负担能力等相适应。强化社会互助共济，形成政府、个人和保险机构共同分担大病风险的机制。坚持因地制宜、规范运作，实现大病保险稳健运行和可持续发展。

（二）主要目标。

2015年底前，大病保险覆盖所有城镇居民基本医疗保险、新型农村合作医疗（以下统称城乡居民基本医保）参保人群，大病患者看病就医负担有效减轻。到2017年，建立起比较完善的大病保险制度，与医疗救助等制度紧密衔接，共同发挥托底保障功能，有效防止发生家庭灾难性医疗支出，城乡居民医疗保障的公平性得到显著提升。

二、完善大病保险筹资机制

（一）科学测算筹资标准。各地结合当地经济社会发展水平、患大病发生的高额医疗费用情况、基本医保筹资能力和支付水平，以及大病保险保障水平等因素，科学细致做好资金测算，合理确定大病保险的筹资标准。

（二）稳定资金来源。从城乡居民基本医保基金中划出一定比例或额度作为大病保险资金。城乡居民基本医保基金有结余的地区，利用结余筹集大病保险资金；结余不足或没有结余的地区，在年度筹集的基金中予以安排。完善城乡居民基本医保的多渠道筹资机制，保证制度的可持续发展。

（三）提高统筹层次。大病保险原则上实行市（地）级统筹，鼓励省级统筹或全省（区、市）统一政策、统一组织实施，提高抗风险能力。

三、提高大病保险保障水平

（一）全面覆盖城乡居民。大病保险的保障对象为城乡居民基本医保参保人，保障范围与城乡居民基本医保相衔接。参保人患大病发生高额医疗费用，由大病保险对经城乡居民基本医保按规定支付后个人负担的合规医疗费用给予保障。

高额医疗费用，可以个人年度累计负担的合规医疗费用超过当地统计部门公布的上一年度城镇居民、农村居民年人均可支配收入作为主要测算依据。根据城乡居民收入变化情况，建立动态调整机制，研究细化大病的科学界定标准，具体由地方政府根据实际情况确定。合规医疗费用的具体范围由各省（区、市）和新疆生产建设兵团结合实际分别确定。

（二）逐步提高支付比例。2015年大病保险支付比例应达到50%以上，随着大病保险筹资能力、管理水平不断提高，进一步提高支付比例，更有效地减轻个人医疗费用负担。按照医疗费用高低分段制定大病保险支付比例，医疗费用越高支付比例越高。鼓励地方探索向困难群体适当倾斜的具体办法，努力提高大病保险制度托底保障的精准性。

四、加强医疗保障各项制度的衔接

强化基本医保、大病保险、医疗救助、疾病应急救助、商业健康保险及慈善救助等制度间的互补联动，明确分工，细化措施，在政策制定、待遇支付、管理服务等方面做好衔接，努力实现大病患者应保尽保。鼓励有条件的地方探索建立覆盖职工、城镇居民和农村居民的有机衔接、政策统一的大病保险制度。推动实现新型农村合作医疗重大疾病保障向大病保险平稳过渡。

建立大病信息通报制度，支持商业健康保险信息系统与基本医保、医疗机构信息系统进行必要的信息共享。大病保险承办机构要及时掌握大病患者医疗费用和基本医保支付情况，加强与城乡居民基本医保经办服务的衔接，提供"一站式"即时结算服务，确保群众方便、及时享受大病保险待遇。对经大病保险支付后自付费用仍有困难的患者，民政等部门要及时落实相关救助政策。

五、规范大病保险承办服务

（一）支持商业保险机构承办大病保险。地方政府人力资源社会保障、卫生计生、财政、保险监管部门共同制定大病保险的筹资、支付范围、最低支付比例以及就医、结算管理等基本政策，并通过适当方式征求意见。原则上通过政府招标选定商业保险机构承办大病保险业务，在正常招投标不能确定承办机构的情况下，由地方政府明确承办机构的产生办法。对商业保险机构承办大病保险的保费收入，按现行规定免征营业税，免征保险业务监管费；2015年至2018年，试行免征保险保障金。

（二）规范大病保险招标投标与合同管理。坚持公开、公平、公正和诚实信用的原则，建立健全招投标机制，规范招投标程序。招标主要包括具体支付比例、盈亏率、配备的承办和管理力量等内容。符合保险监管部门基本准入条件的商业保险机构自愿参加投标。招标人应当与中标的商业保险机构签署保险合同，明确双方责任、权利和义务，合同期限原则上不低于3年。因违反合同约定，或发生其他严重损害参保人权益的情况，可按照约定提前终止或解除合同,并依法追究责任。各地要不断完善合同内容,探索制定全省(区、市)统一的合同范本。

(三)建立大病保险收支结余和政策性亏损的动态调整机制。遵循收支平衡、保本微利的原则,合理控制商业保险机构盈利率。商业保险机构因承办大病保险出现超过合同约定的结余,需向城乡居民基本医保基金返还资金;因城乡居民基本医保政策调整等政策性原因给商业保险机构带来亏损时,由城乡居民基本医保基金和商业保险机构分摊,具体分摊比例应在保险合同中载明。

(四)不断提升大病保险管理服务的能力和水平。规范资金管理,商业保险机构承办大病保险获得的保费实行单独核算,确保资金安全和偿付能力。商业保险机构要建立专业队伍,加强专业能力建设,提高管理服务效率,优化服务流程,为参保人提供更加高效便捷的服务。发挥商业保险机构全国网络优势,简化报销手续,推动异地医保即时结算。鼓励商业保险机构在承办好大病保险业务的基础上,提供多样化的健康保险产品。

六、严格监督管理

(一)加强大病保险运行的监管。相关部门要各负其责,协同配合,强化服务意识,切实保障参保人权益。人力资源社会保障、卫生计生等部门要建立以保障水平和参保人满意度为核心的考核评价指标体系,加强监督检查和考核评估,督促商业保险机构按合同要求提高服务质量和水平。保险监管部门要加强商业保险机构从业资格审查以及偿付能力、服务质量和市场行为监管,依法查处违法违规行为。财政部门要会同相关部门落实利用城乡居民基本医保基金向商业保险机构购买大病保险的财务列支和会计核算办法,强化基金管理。审计部门要按规定进行严格审计。政府相关部门和商业保险机构要切实加强参保人员个人信息安全保障,防止信息外泄和滥用。

(二)规范医疗服务行为。卫生计生部门要加强对医疗机构、医疗服务行为和质量的监管。商业保险机构要与人力资源社会保障、卫生计生部门密切配合,协同推进按病种付费等支付方式改革。抓紧制定相关临床路径,强化诊疗规范,规范医疗行为,控制医疗费用。

(三)主动接受社会监督。商业保险机构要将签订合同情况以及筹资标准、待遇水平、支付流程、结算效率和大病保险年度收支等情况向社会公开。城乡居民基本医保经办机构承办大病保险的,在基金管理、经办服务、信息披露、社会监督等方面执行城乡居民基本医保现行规定。

七、强化组织实施

各省(区、市)人民政府和新疆生产建设兵团、各市(地)人民政府要将全面实施大病保险工作列入重要议事日程,进一步健全政府领导、部门协调、社会参与的工作机制,抓紧制定实施方案,细化工作任务和责任部门,明确时间节点和工作要求,确保2015年底前全面推开。

人力资源社会保障、卫生计生部门要加强对各地实施大病保险的指导,密切跟踪工作进展,及时研究解决新情况新问题,总结推广经验做法,不断完善大病保险制度。加强宣传解读,使群众广泛了解大病保险政策、科学理性对待疾病,增强全社会的保险责任意识,为大病保险实施营造良好社会氛围。

财政部、劳动和社会保障部关于企业补充医疗保险有关问题的通知

(2002年5月21日 财社〔2002〕18号)

各中央管理企业,各省、自治区、直辖市、计划单列市财政厅(局)、劳动和社会保障厅(局):

为加快医疗保险制度改革步伐,进一步完善多层次的医疗保障体系,根据《国务院关于建立城镇职工基本医疗保险制度的决定》(国发〔1998〕44号)和有关文件精神,现就企业建立补充医疗保险的有关问题通知如下:

一、按规定参加各项社会保险并按时足额缴纳社会保险费的企业,可自主决定是否建立补充医疗保险。企业可在按规定参加当地基本医疗保险的基础上,建立补充医疗保险,用于对城镇职工基本医疗保险制度支付以外由职工个人负担的医药费用进行的适当补助,减轻参保职工的医药费负担。

二、企业补充医疗保险费在工资总额4%以内的部分,企业可直接从成本中列支,不再经同级财政部门审批。

三、企业补充医疗保险办法应与当地基本医疗保险制度相衔接。企业补充医疗保险资金由企业或行业集中使用和管理,单独建账,单独管理,用于本企业个人负担较重职工和退休人员的医药费补助,不得划入基本医疗保险个人账户,也不得另行建立个人账户或变相用于职工其他方面的开支。

四、财政部门和劳动保障部门要加强对企业补充医疗保险资金管理的监督和财务监管,防止挪用资金等违规行为。

四、生 育 保 险

国务院办公厅关于全面推进生育保险和职工基本医疗保险合并实施的意见

(2019 年 3 月 6 日 国办发〔2019〕10 号)

各省、自治区、直辖市人民政府,国务院各部委、各直属机构:

全面推进生育保险和职工基本医疗保险(以下统称两项保险)合并实施,是保障职工社会保险待遇、增强基金共济能力、提升经办服务水平的重要举措。根据《中华人民共和国社会保险法》有关规定,经国务院同意,现就两项保险合并实施提出以下意见。

一、指导思想

以习近平新时代中国特色社会主义思想为指导,全面贯彻党的十九大和十九届二中、三中全会精神,认真落实党中央、国务院决策部署,统筹推进"五位一体"总体布局和协调推进"四个全面"战略布局,坚持以人民为中心,牢固树立新发展理念,遵循保留险种、保障待遇、统一管理、降低成本的总体思路，推进两项保险合并实施，实现参保同步登记、基金合并运行、征缴管理一致、监督管理统一、经办服务一体化。通过整合两项保险基金及管理资源，强化基金共济能力，提升管理综合效能，降低管理运行成本，建立适应我国经济发展水平、优化保险管理资源、实现两项保险长期稳定可持续发展的制度体系和运行机制。

二、主要政策

（一）统一参保登记。参加职工基本医疗保险的在职职工同步参加生育保险。实施过程中要完善参保范围，结合全民参保登记计划摸清底数，促进实现应保尽保。

（二）统一基金征缴和管理。生育保险基金并入职工基本医疗保险基金，统一征缴，统筹层次一致。按照用人单位参加生育保险和职工基本医疗保险的缴费比例之和确定新的用人单位职工基本医疗保险费率，个人不缴纳生育保险费。同时，根据职工基本医疗保险基金支出情况和生育待遇的需求，按照收支平衡的原则，建立费率确定和调整机制。

职工基本医疗保险基金严格执行社会保险基金财务制度，不再单列生育保险基金收入，在职工基本医疗保险统筹基金待遇支出中设置生育待遇支出项目。探索建立健全基金风险预警机制，坚持基金运行情况公开，加强内部控制，强化基金行政监督和社会监督，确保基金安全运行。

（三）统一医疗服务管理。两项保险合并实施后实行统一定点医疗服务管理。医疗保险经办机构与定点医疗机构签订相关医疗服务协议时，要将生育医疗服务有关要求和指标增加到协议内容中，并充分利用协议管理，强化对生育医疗服务的监控。执行基本医疗保险、工伤保险、生育保险药品目录以及基本医疗保险诊疗项目和医疗服务设施范围。

促进生育医疗服务行为规范。将生育医疗费用纳入医保支付方式改革范围，推动住院分娩等医疗费用按病种、产前检查按人头等方式付费。生育医疗费用原则上实行医疗保险经办机构与定点医疗机构直接结算。充分利用医保智能监控系统，强化监控和审核，控制生育医疗费用不合理增长。

（四）统一经办和信息服务。两项保险合并实施后，要统一经办管理，规范经办流程。经办管理统一由基本医疗保险经办机构负责，经费列入同级财政预算。充分利用医疗保险信息系统平台，实行信息系统一体化运行。原有生育保险医疗费用结算平台可暂时保留，待条件成熟后并入医疗保险结算平台。完善统计信息系统，确保及时全面准确反映生育保险基金运行、待遇享受人员、待遇支付等方面情况。

（五）确保职工生育期间的生育保险待遇不变。生育保险待遇包括《中华人民共和国社会保险法》规定的生育医疗费用和生育津贴，所需资金从职工基本医疗保险基金中支付。生育津贴支付期限按照《女职工劳动保护特别规定》等法律法规规定的产假期限执行。

（六）确保制度可持续。各地要通过整合两项保险基金增强基金统筹共济能力；研判当前和今后人口形势对生育保险支出的影响，增强风险防范意识和制度保障能力；按照“尽力而为、量力而行”的原则，坚持从实际出发，从保障基本权益做起，合理引导预期；跟踪分析合并实施后基金运行情况和支出结构，完善生育保险监测指标；根据生育保险支出需求，建立费率动态调整机制，防范风险转嫁，实现制度可持续发展。

三、保障措施

（一）加强组织领导。两项保险合并实施是党中央、国务院作出的一项重要部署，也是推动建立更加公平更可持续社会保障制度的重要内容。各省（自治区、直辖市）要高度重视，加强领导，有序推进相关工作。国家医保局、财政部、国家卫生健康委要会同有关方面加强工作指导，及时研究解决工作中遇到的困难和问题，重要情况及时报告国务院。

（二）精心组织实施。各地要高度重视两项保险合并实施工作，按照本意见要求，根据当地生育保险和职工基本医疗保险参保人群差异、基金支付能力、待遇保障水平等因素进行综合分析和研究，周密组织实施，确保参保人员相关待遇不降低、基金收支平衡，保证平稳过渡。各省（自治区、直辖市）要加强工作部署，督促指导各统筹地区加快落实，2019 年底前实现两项保险合并实施。

（三）加强政策宣传。各统筹地区要坚持正确的舆论导向，准确解读相关政策，大力宣传两项保险合并实施的重要意义，让社会公众充分了解合并实施不会影响参保人员享受相关待遇，且有利于提高基金共济能力、减轻用人单位事务性负担、提高管理效率，为推动两项保险合并实施创造良好的社会氛围。

企业职工生育保险试行办法

（1994年12月14日劳动部发布　劳部发〔1994〕504号
自1995年1月1日起施行）

第一条　为了维护企业女职工的合法权益，保障她们在生育期间得到必要的经济补偿和医疗保健，均衡企业间生育保险费用的负担，根据有关法律、法规的规定，制定本办法。

第二条　本办法适用于城镇企业及其职工。

第三条　生育保险按属地原则组织。生育保险费用实行社会统筹。

第四条　生育保险根据"以支定收，收支基本平衡"的原则筹集资金，由企业按照其工资总额的一定比例向社会保险经办机构缴纳生育保险费，建立生育保险基金。生育保险费的提取比例由当地人民政府根据计划内生育人数和生育津贴、生育医疗费等项费用确定，并可根据费用支出情况适时调整，但最高不得超过工资总额的百分之一。企业缴纳的生育保险费作为期间费用处理，列入企业管理费用。

职工个人不缴纳生育保险费。

第五条　女职工生育按照法律、法规的规定享受产假。产假期间的生育津贴按照本企业上年度职工月平均工资计发，由生育保险基金支付。

第六条　女职工生育的检查费、接生费、手术费、住院费和药费由生育保险基金支付。超出规定的医疗服务费和药费（含自费药品和营养药品的药费）由职工个人负担。

女职工生育出院后，因生育引起疾病的医疗费，由生育保险基金支付；其他疾病的医疗费，按照医疗保险待遇的规定办理。女职工产假期满后，因病需要休息治疗的，按照有关病假待遇和医疗保险待遇规定办理。

第七条　女职工生育或流产后，由本人或所在企业持当地计划生育部门签发的计划生育证明,婴儿出生、死亡或流产证明,到当地社会保险经办机构办理手续,领取生育津贴和报销生育医疗费。

第八条 生育保险基金由劳动部门所属的社会保险经办机构负责收缴、支付和管理。

生育保险基金应存入社会保险经办机构在银行开设的生育保险基金专户。银行应按照城乡居民个人储蓄同期存款利率计息,所得利息转入生育保险基金。

第九条 社会保险经办机构可从生育保险基金中提取管理费,用于本机构经办生育保险工作所需的人员经费、办公费及其他业务经费。管理费标准,各地根据社会保险经办机构人员设置情况,由劳动部门提出,经财政部门核定后,报当地人民政府批准。管理费提取比例最高不得超过生育保险基金的百分之二。

生育保险基金及管理费不征税、费。

第十条 生育保险基金的筹集和使用,实行财务预、决算制度,由社会保险经办机构作出年度报告,并接受同级财政、审计监督。

第十一条 市(县)社会保险监督机构定期监督生育保险基金管理工作。

第十二条 企业必须按期缴纳生育保险费。对逾期不缴纳的,按日加收千分之二的滞纳金。滞纳金转入生育保险基金。滞纳金计入营业外支出,纳税时进行调整。

第十三条 企业虚报、冒领生育津贴或生育医疗费的,社会保险经办机构应追回全部虚报、冒领金额,并由劳动行政部门给予处罚。

企业欠付或拒付职工生育津贴、生育医疗费的,由劳动行政部门责令企业限期支付;对职工造成损害的,企业应承担赔偿责任。

第十四条 劳动行政部门或社会保险经办机构的工作人员滥用职权、玩忽职守、徇私舞弊,贪污、挪用生育保险基金,构成犯罪的,依法追究刑事责任;不构成犯罪的,给予行政处分。

第十五条 省、自治区、直辖市人民政府劳动行政部门可以按照本办法的规定,结合本地区实际情况制定实施办法。

第十六条 本办法自 1995 年 1 月 1 日起试行。

生育保险和职工基本医疗保险合并实施试点方案

（2017年1月19日国务院办公厅发布　国办发〔2017〕6号）

为贯彻落实党的十八届五中全会精神和《中华人民共和国国民经济和社会发展第十三个五年规划纲要》，根据《全国人民代表大会常务委员会关于授权国务院在河北省邯郸市等12个试点城市行政区域暂时调整适用〈中华人民共和国社会保险法〉有关规定的决定》，现就做好生育保险和职工基本医疗保险（以下统称两项保险）合并实施试点工作制定以下方案。

一、总体要求

（一）指导思想。全面贯彻党的十八大和十八届三中、四中、五中、六中全会精神，深入贯彻习近平总书记系列重要讲话精神和治国理政新理念新思想新战略，认真落实党中央、国务院决策部署，统筹推进“五位一体”总体布局和协调推进“四个全面”战略布局，牢固树立和贯彻落实创新、协调、绿色、开放、共享的发展理念，遵循保留险种、保障待遇、统一管理、降低成本的总体思路，推进两项保险合并实施，通过整合两项保险基金及管理资源，强化基金共济能力，提升管理综合效能，降低管理运行成本。

（二）主要目标。2017年6月底前启动试点，试点期限为一年左右。通过先行试点探索适应我国经济发展水平、优化保险管理资源、促进两项保险合并实施的制度体系和运行机制。

二、试点地区

根据实际情况和有关工作基础，在河北省邯郸市、山西省晋中市、辽宁省沈阳市、江苏省泰州市、安徽省合肥市、山东省威海市、河南省郑州市、湖南省岳阳市、广东省珠海市、重庆市、四川省内江市、云南省昆明市开展两项保险合并实施试点。未纳入试点地区不得自行开展试点工作。

三、试点内容

（一）统一参保登记。参加职工基本医疗保险的在职职工同步参加生育保险。实施过程中要完善参保范围，结合全民参保登记计划摸清底数，促进实现应保尽保。

（二）统一基金征缴和管理。生育保险基金并入职工基本医疗保险基金，统一征缴。试点期间，可按照用人单位参加生育保险和职工基本医疗保险的缴费比例之和确定新的用人单位职工基本医疗保险费率，个人不缴纳生育保险费。同时，根据职工基本医疗保险基金支出情况和生育待遇的需求，按照收支平衡的原则，建立职工基本医疗保险费率确定和调整机制。

职工基本医疗保险基金严格执行社会保险基金财务制度，两项保险合并实施的统筹地区，不再单列生育保险基金收入，在职工基本医疗保险统筹基金待遇支出中设置生育待遇支出项目。探索建立健全基金风险预警机制，坚持基金收支运行情况公开，加强内部控制，强化基金行政监督和社会监督，确保基金安全运行。

（三）统一医疗服务管理。两项保险合并实施后实行统一定点医疗服务管理。医疗保险经办机构与定点医疗机构签订相关医疗服务协议时，要将生育医疗服务有关要求和指标增加到协议内容中，并充分利用协议管理，强化对生育医疗服务的监控。执行职工基本医疗保险、工伤保险、生育保险药品目录以及基本医疗保险诊疗项目和医疗服务设施范围。生育医疗费用原则上实行医疗保险经办机构与定点医疗机构直接结算。

（四）统一经办和信息服务。两项保险合并实施后，要统一经办管理，规范经办流程。生育保险经办管理统一由职工基本医疗保险经办机构负责，工作经费列入同级财政预算。充分利用医疗保险信息系统平台，实行信息系统一体化运行。原有生育保险医疗费结算平台可暂时保留，待条件成熟后并入医疗保险结算平台。完善统计信息系统，确保及时准确反映生育待遇享受人员、基金运行、待遇支付等方面情况。

（五）职工生育期间的生育保险待遇不变。生育保险待遇包括《中华人民共和国社会保险法》规定的生育医疗费用和生育津贴，所需资金从职工基本医疗保险基金中支付。生育津贴支付期限按照《女职工劳动保护特别规定》等法律法规规定的产假期限执行。

四、保障措施

（一）加强组织领导。两项保险合并实施是党中央、国务院作出的一项重要部署，也是推动建立更加公平更可持续社会保障制度的重要内容。试点城市所在省份要高度重视，加强领导，密切配合，推动试点工作有序进行。人力资源社会保障部、财政部、国家卫生计生委要会同有关方面加强对试点地区的工作指导，及时研究解决试点中的困难和问题。试点省份和有关部门要加强沟通协调，共同推进相关工作。

（二）精心组织实施。试点城市要高度重视两项保险合并实施工作，按照本试点方案确定的主要目标、试点措施等要求，根据当地生育保险和职工基本医疗保险参保人群差异、基金支付能力、待遇保障水平等因素进行综合分析和研究，周密设计试点实施方案，确保参保人员相关待遇不降低、基金收支平衡，保证平稳过渡。2017 年 6 月底前各试点城市要制定试点实施方案并组织实施。

（三）加强政策宣传。试点城市要坚持正确的舆论导向，准确解读相关政策，大力宣传两项保险合并实施的重要意义，让社会公众充分了解合并实施不会影响参保人员享受相关待遇，且有利于提高基金共济能力、减轻用人单位事务性负担、提高管理效率，为推动两项保险合并实施创造良好的社会氛围。

（四）做好总结评估。各试点城市要及时总结经验，试点过程中发现的重要问题和有效做法请及时报送人力资源社会保障部、财政部、国家卫生计生委，为全面推开两项保险合并实施工作奠定基础。人力资源社会保障部、财政部、国家卫生计生委要对试点期间各项改革措施执行情况、实施效果、群众满意程度等内容进行全面总结评估，并向国务院报告。

劳动和社会保障部等
关于妥善解决城镇职工
计划生育手术费用问题的通知

（1999年9月28日劳动和社会保障部、国家计划生育委员会、
财政部、卫生部发布 劳社部发〔1999〕32号）

各省、自治区、直辖市劳动（劳动和社会保障）厅（局）、计划生育委员会、财政厅（局）、卫生厅（局）：

在推进城镇职工社会保险制度改革工作中，为了进一步贯彻落实计划生育有关政策，现就妥善解决城镇职工计划生育手术费用问题通知如下：

一、职工计划生育手术费用是指职工因实行计划生育需要，实施放置（取出）宫内节育器、流产术、引产术、绝育及复通手术所发生的医疗费用。

二、已经建立地方企业职工生育保险的地区，参保单位职工的计划生育手术费用可列入生育保险基金支付范围。没有建立企业职工生育保险的地区，在建立城镇职工基本医疗保险制度时，可以将符合基本医疗保险有关规定的参保单位职工计划生育手术费用纳入基本医疗保险统筹基金支付范围。没有参加生育保险和基本医疗保险的单位，职工计划生育手术费用仍由原渠道解决。

三、参保职工在基本医疗保险定点医疗机构和经计划生育行政管理部门、劳动保障部门认可的计划生育服务机构实施计划生育手术，其费用可以由相应的社会保险基金支付。

四、经有关部门鉴定，属于职工计划生育手术并发症的治疗费用，由基本医疗保险基金支付，属于按照有关规定开支以外的必需费用，由用人单位解决。因计划生育手术造成的医疗事故，按照有关医疗事故处理的规定执行。

五、各地可根据本通知精神，结合当地实际制定具体办法。妥善解决城镇职工计划生育手术费用问题，涉及广大职工的切身利益，各级劳动保障、计划生育、财政、卫生等部门要密切配合，认真抓好落实。

劳动和社会保障部办公厅关于进一步加强生育保险工作的指导意见

（2004年9月8日　劳社厅发〔2004〕14号）

各省（自治区、直辖市）劳动和社会保障厅（局）：

近十年来，各级劳动保障部门认真贯彻落实《企业职工生育保险试行办法》（劳部发〔1994〕504号），生育保险工作取得了积极进展。为了贯彻落实党的十六届三中全会精神，推进生育保险制度建设，加强生育保险管理，保障生育职工合法权益，现就进一步加强生育保险工作提出如下意见：

一、高度重视生育保险工作

建立生育保险制度，是我国社会主义市场经济发展和全面建设小康社会的必然要求，对促进经济和社会协调发展、保障妇女平等就业、促进企业公平竞争、维护妇女合法权益等方面具有重要作用。各级劳动保障部门要将建立和完善生育保险制度作为完善社会保障体系的一项重要任务，纳入当地劳动保障事业发展规划，逐步建立和完善与本地区经济发展相适应的生育保险制度。没有出台生育保险办法的地区，要积极创造条件，尽快建立生育保险制度。已经出台生育保险办法的地区，要逐步完善政策措施，确保生育保险制度稳健运行和可持续发展。

二、协同推进生育保险与医疗保险工作

各地要充分利用医疗保险的工作基础，以生育津贴社会化发放和生育医疗费用实行社会统筹为目标,加快推进生育保险制度建设。要充分利用医疗保险的医疗服务管理措施和手段,积极探索与医疗保险统一管理的生育保险医疗服务管理模式。各地要按照《中国妇女发展纲要(2001—2010年)》提出的2010年城镇职工生育保险覆盖面达到90%的目标要求,制定发展规划,积极扩大参保范围。

三、切实保障生育职工的医疗需求和基本生活待遇

各地要按照国务院《女职工劳动保护规定》明确的产假期限和当地职工工资水平,合理确定生育津贴标准并及时支付,逐步实现直接向生育职工发放生育津贴,保障女职工生育期间的基本生活。暂不具备条件的地区,可以先实行生育医疗费用社会统筹,生育津贴由用人单位负担的办法,以保障生育职工的合法权益。生育保险筹资水平按照以支定收、收支基本平衡的原则合理确定,并及时调整。

四、加强生育保险的医疗服务管理

生育保险实行医疗机构协议管理,签订协议的医疗机构范围要考虑基本医疗保险定点医疗机构和妇产医院、妇幼保健院等医疗机构。社会保险经办机构在对这些医疗机构的保险管理、服务质量、信息管理等服务能力评价的基础上,选择适合生育保险要求的医疗机构签订生育保险医疗服务协议,明确双方的权利和义务。参保职工在生育保险协议医疗机构因生育所发生符合规定的医疗费用,由生育保险基金支付。生育保险医疗费用支付的范围原则上按照基本医疗保险药品目录、诊疗项目和医疗服务设施标准执行,具体支付办法由各地根据实际情况制定。

要积极探索生育医疗费用的结算办法,逐步实现社会保险经办机构与协议管理医疗机构直接结算。要加强对医疗服务费用的监督检查,控制不合理的支出,探索制定科学规范的生育医疗费用结算办法。在协议中明确监督检查措施和考核办法。要根据协议及时结算医疗费用,对不合理的医疗费用不予支付,对严重违反协议的医疗机构可以终止协议。采取向生育职工定额支付生育保险待遇的地区,应根据本地区职工工资水平、生育医疗费用实际支出等情况,合理确定待遇支付标准,并建立调整机制。

五、提高经办机构管理和服务水平

经办生育保险的社会保险经办机构要理顺管理职能,落实经费和人员,完善管理措施,加强基础建设,提高管理服务能力。要认真做好生育保险参保登记、保险费征缴和基金管理工作，加强医疗服务协议管理和生育保险津贴的社会化管理服务工作，简化经办流程，提高办事效率，为参保职工提供快捷、便利的服务。

人力资源和社会保障部办公厅关于妥善解决城镇居民生育医疗费用的通知

（2009 年 7 月 31 日 人社厅发〔2009〕97 号）

各省、自治区、直辖市人力资源社会保障厅（局），新疆生产建设兵团人力资源社会保障局：

为提高城镇居民医疗保障水平，保障妇女生育基本医疗需求，现就城镇居民生育医疗费用有关问题通知如下：

一、各地要将城镇居民基本医疗保险参保人员住院分娩发生的符合规定的医疗费用纳入城镇居民基本医疗保险基金支付范围。开展门诊统筹的地区，可将参保居民符合规定的产前检查费用纳入基金支付范围。

二、城镇居民生育医疗服务管理，原则上参照城镇居民基本医疗保险有关规定执行。要综合考虑城镇居民生育的基本医疗需求和基金承受能力，合理确定医疗服务范围和标准。要完善医疗费结算办法，探索适合生育保障特点的结算方式，为参保人员提供方便快捷的服务，控制医疗费用不合理支出。

三、各地要从实际出发，统筹考虑城镇居民基本医疗保险和城镇职工生育保险制度的衔接，积极探索保障城镇居民生育相关费用的具体措施，妥善解决城镇居民生育医疗费用问题。

人力资源和社会保障部、财政部关于适当降低生育保险费率的通知

（2015 年 7 月 27 日　人社部发〔2015〕70 号）

各省、自治区、直辖市人力资源社会保障厅（局）、财政厅（局），新疆生产建设兵团人力资源社会保障局、财务局：

按照党的十八届三中全会提出的“适时适当降低社会保险费率”的精神，根据生育保险基金实际情况，经国务院同意，自 2015 年 10 月 1 日起，在生育保险基金结余超过合理结存的地区降低生育保险费率。现就有关问题通知如下：

一、统一思想，提高认识，确保政策落到实处

各地生育保险制度建立以来，在促进女性平等就业，均衡用人单位负担，维护女职工权益等方面发挥了重要作用。但也存在着地区间发展不平衡，基金结余偏多，待遇支付不规范等方面的问题。对基金结余多的地区降低生育保险费率，是完善生育保险政策，提高基金使用效率的一个重大举措，也是进一步减轻用人单位负担，促进就业稳定，实施积极财政政策的具体体现。各地要统一思想，充分认识降低生育保险费率的重要意义，确保政策按时落实到位，取得实效。

二、认真测算，降低费率，控制基金结余

生育保险基金合理结存量为相当于 6 至 9 个月待遇支付额。各地要根据上一年基金收支和结余情况，以及国家规定的待遇项目和标准进行测算，在确保生育保险待遇落实到位的前提下，通过调整费率，将统筹地区生育保险基金累计结余控制在合理水平。生育保险基金累计结余超过 9 个月的统筹地区，应将生育保险基金费率调整到用人单位职工工资总额的 0.5% 以内，具体费率应按照“以支定收、收支平衡”的原则，根据近年来生育保险基

金的收支和结余情况确定。

各地要加强对生育保险基金的监测和管理。降低生育保险费率的统筹地区要按程序调整生育保险基金预算，按月进行基金监测。基金累计结余低于3个月支付额度的，要制定预警方案，并向统筹地区政府和省级人力资源社会保障、财政部门报告。要通过提高统筹层次，加强基金和医疗服务管理，规范生育保险待遇，力求基金平衡。在生育保险基金累计结余不足支付时，统筹地区要采取加强支出管理、临时补贴、调整费率等方式确保基金收支平衡，确保参保职工按规定享受生育保险待遇。

三、加强组织领导，全面推进实施

各省（区、市）人力资源社会保障、财政部门要加强配合，共同研究落实国务院降低生育保险费率措施。实行省级统筹且基金结余超过9个月的省（区、市），应于9月底前提出降低生育保险费率的办法，报省级人民政府批准后实施。未实行省级统筹的省（区、市），应于8月底前制订本省（区、市）降低生育保险费率的办法，指导各统筹地区制订实施方案，符合降费率规定的统筹地区应于9月底以前发布降低费率的实施方案，以确保10月1日前完成降低生育保险费率的工作。各省（区、市）应于9月底将上述情况报告人力资源社会保障部、财政部。

要加强降低生育保险费率的宣传工作，向工作人员、参保单位和广大职工讲清降低生育保险费率的重大意义，在减轻用人单位负担的同时，调动用人单位参保积极性，切实维护女职工合法权益。要加强与有关部门协调配合，做好人口出生形势的分析和预判。各地在政策调整过程中出现的新情况、新问题，要及时与人力资源社会保障部、财政部进行沟通，采取有效措施，确保工作落实到位。

人力资源和社会保障部、财政部、国家卫生和计划生育委员会关于做好当前生育保险工作的意见

（2018 年 3 月 5 日 人社部发〔2018〕15 号）

各省、自治区、直辖市及新疆生产建设兵团人力资源社会保障厅（局）、财政厅（局）、卫生计生委，福建省医保办：

生育保险制度自建立以来，总体保持平稳运行，对维护职工生育保障权益、促进妇女公平就业、均衡用人单位负担发挥了重要作用。近年来，为应对经济下行压力，生育保险采取降费率措施，减轻了企业负担；同时，应对人口老龄化，适应国家实施全面两孩政策，采取措施保障生育保险待遇，促进了人口均衡发展。当前，为切实维护全面两孩政策下参保职工合法权益，确保生育保险稳健运行，现对进一步做好生育保险工作提出如下意见：

一、提高认识，确保生育保险待遇落实

实施全面两孩政策是适应人口和经济社会发展新形势的重大战略举措，落实生育保险政策是实施全面两孩政策的重要保障措施。各地要统一思想，提高认识，主动适应计划生育政策调整，坚持科学发展，体现社会公平，切实维护职工合法权益。要确保应保尽保，将符合条件的用人单位及职工纳入参保范围；确保参保职工的生育医疗费用和生育津贴按规定及时足额支付，杜绝拖欠和支付不足现象。要根据全面两孩生育政策对生育保险基金的影响，增强风险防范意识和制度保障能力，确保生育保险基金收支平衡，实现制度可持续发展。

二、加强预警，完善费率调整机制

各地要结合全面两孩政策实施，完善生育保险监测指标。充分利用医疗

保险信息网络系统，加强生育保险基金运行分析，参照基本医疗保险基金管理要求，全面建立生育保险基金风险预警机制，将基金累计结存控制在6－9个月支付额度的合理水平。

基金当期入不敷出的统筹地区，首先动用累计结存，同时制定预案，根据《社会保险基金财务制度》提出分类应对措施，经报同级政府同意后及时启动。基金累计结存不足（＜3个月支付额度）的统筹地区，要及时调整费率，具体费率由统筹地区按照“以支定收、收支平衡”的原则，科学测算全面两孩政策下基金支出规模后合理确定。基金累计结存完全消化的统筹地区，按规定向同级财政部门申请补贴，保障基金当期支付，同时采取费率调整措施，弥补基金缺口。

开展生育保险与职工基本医疗保险（以下统称两项保险）合并实施试点的统筹地区，要通过整合两项保险基金和统一征缴，增强基金统筹共济能力。要跟踪分析合并实施后基金运行情况，根据基金支出需求，确定新的费率并建立动态调整机制，防范风险转嫁。

三、引导预期，规范生育津贴支付政策

各地要按照“尽力而为、量力而行”的原则，坚持从实际出发，从保障基本权益做起，合理引导预期。要综合考虑生育保险基金运行和用人单位缴费等情况，规范生育津贴支付期限和计发标准等政策，确保基金可持续运行和待遇享受相对公平。确保《女职工劳动保护特别规定》法定产假期限内的生育津贴支付，探索多渠道解决生育奖励假待遇问题。

四、加强管理，提高基金使用效率

各地要结合全民参保计划实施，进一步扩大生育保险覆盖面，加大征缴力度，与基本医疗保险同步推进统筹层次提升。加强生育保险定点协议管理，切实保障参保人员生育医疗权益，促进生育医疗服务行为规范。将生育医疗费用纳入医保支付方式改革范围，实行住院分娩医疗费用按病种、产前检查按人头付费，实现经办机构与定点医疗机构费用直接结算。充分利用医保智能监控系统，强化监控和审核，控制生育医疗费用不合理增长。

五、高度重视，切实做好组织实施工作

各地要高度重视生育保险工作，切实加强组织领导，做好统筹协调。加强政策宣传与舆论引导，准确解读相关政策，及时回应群众关切。各级人力资源社会保障、财政、卫生计生部门要明确职责，密切配合，形成工作合力，加强对统筹地区工作指导，及时研究解决有关问题。积极稳妥推进两项保险合并实施试点工作，及时总结试点经验，为全面推开两项保险合并实施工作奠定基础。工作推进中，如遇到重大问题，要及时报告。

五、工　伤　保　险

工伤保险条例

（2003 年 4 月 27 日国务院令第 375 号公布
根据 2010 年 12 月 20 日国务院令第 586 号
《关于修改〈工伤保险条例〉的决定》修订）

第一章　总　　则

第一条　【立法目的】为了保障因工作遭受事故伤害或者患职业病的职工获得医疗救治和经济补偿，促进工伤预防和职业康复，分散用人单位的工伤风险，制定本条例。

第二条　【适用范围】中华人民共和国境内的企业、事业单位、社会团体、民办非企业单位、基金会、律师事务所、会计师事务所等组织和有雇工的个体工商户（以下称用人单位）应当依照本条例规定参加工伤保险，为本单位全部职工或者雇工（以下称职工）缴纳工伤保险费。

中华人民共和国境内的企业、事业单位、社会团体、民办非企业单位、基金会、律师事务所、会计师事务所等组织的职工和个体工商户的雇工，均有依照本条例的规定享受工伤保险待遇的权利。

第三条　【保险费征缴的法律适用】工伤保险费的征缴按照《社会保险费征缴暂行条例》关于基本养老保险费、基本医疗保险费、失业保险费的征缴规定执行。

第四条　【用人单位基本义务】用人单位应当将参加工伤保险的有关情况在本单位内公示。

用人单位和职工应当遵守有关安全生产和职业病防治的法律法规，执行安全卫生规程和标准，预防工伤事故发生，避免和减少职业病危害。

职工发生工伤时，用人单位应当采取措施使工伤职工得到及时救治。

第五条　【工作管理与承办】国务院社会保险行政部门负责全国的工伤保险工作。

县级以上地方各级人民政府社会保险行政部门负责本行政区域内的工伤保险工作。

社会保险行政部门按照国务院有关规定设立的社会保险经办机构（以下称经办机构）具体承办工伤保险事务。

第六条　【意见征求】社会保险行政部门等部门制定工伤保险的政策、标准，应当征求工会组织、用人单位代表的意见。

第二章　工伤保险基金

第七条　【基金构成】工伤保险基金由用人单位缴纳的工伤保险费、工伤保险基金的利息和依法纳入工伤保险基金的其他资金构成。

第八条　【费率的确定】工伤保险费根据以支定收、收支平衡的原则，确定费率。

国家根据不同行业的工伤风险程度确定行业的差别费率，并根据工伤保险费使用、工伤发生率等情况在每个行业内确定若干费率档次。行业差别费率及行业内费率档次由国务院社会保险行政部门制定，报国务院批准后公布施行。

统筹地区经办机构根据用人单位工伤保险费使用、工伤发生率等情况，适用所属行业内相应的费率档次确定单位缴费费率。

第九条　【费率的调整】国务院社会保险行政部门应当定期了解全国各统筹地区工伤保险基金收支情况，及时提出调整行业差别费率及行业内费率档次的方案，报国务院批准后公布施行。

第十条　【保险费的缴纳】用人单位应当按时缴纳工伤保险费。职工个人不缴纳工伤保险费。

用人单位缴纳工伤保险费的数额为本单位职工工资总额乘以单位缴费

费率之积。

对难以按照工资总额缴纳工伤保险费的行业,其缴纳工伤保险费的具体方式,由国务院社会保险行政部门规定。

第十一条　【基金的统筹】工伤保险基金逐步实行省级统筹。

跨地区、生产流动性较大的行业,可以采取相对集中的方式异地参加统筹地区的工伤保险。具体办法由国务院社会保险行政部门会同有关行业的主管部门制定。

第十二条　【基金的提取和使用】工伤保险基金存入社会保障基金财政专户,用于本条例规定的工伤保险待遇,劳动能力鉴定,工伤预防的宣传、培训等费用,以及法律、法规规定的用于工伤保险的其他费用的支付。

工伤预防费用的提取比例、使用和管理的具体办法,由国务院社会保险行政部门会同国务院财政、卫生行政、安全生产监督管理等部门规定。

任何单位或者个人不得将工伤保险基金用于投资运营、兴建或者改建办公场所、发放奖金,或者挪作其他用途。

第十三条　【储备金】工伤保险基金应当留有一定比例的储备金,用于统筹地区重大事故的工伤保险待遇支付;储备金不足支付的,由统筹地区的人民政府垫付。储备金占基金总额的具体比例和储备金的使用办法,由省、自治区、直辖市人民政府规定。

第三章　工伤认定

第十四条　【应当认定为工伤的情形】职工有下列情形之一的,应当认定为工伤:

(一)在工作时间和工作场所内,因工作原因受到事故伤害的;

(二)工作时间前后在工作场所内,从事与工作有关的预备性或者收尾性工作受到事故伤害的;

(三)在工作时间和工作场所内,因履行工作职责受到暴力等意外伤害的;

(四)患职业病的;

(五)因工外出期间,由于工作原因受到伤害或者发生事故下落不明的;

(六)在上下班途中,受到非本人主要责任的交通事故或者城市轨道交通、客运轮渡、火车事故伤害的;

（七）法律、行政法规规定应当认定为工伤的其他情形。

第十五条 【视同工伤的情形与待遇】职工有下列情形之一的，视同工伤：

（一）在工作时间和工作岗位，突发疾病死亡或者在48小时之内经抢救无效死亡的；

（二）在抢险救灾等维护国家利益、公共利益活动中受到伤害的；

（三）职工原在军队服役，因战、因公负伤致残，已取得革命伤残军人证，到用人单位后旧伤复发的。

职工有前款第（一）项、第（二）项情形的，按照本条例的有关规定享受工伤保险待遇；职工有前款第（三）项情形的，按照本条例的有关规定享受除一次性伤残补助金以外的工伤保险待遇。

第十六条 【不为工伤的情形】职工符合本条例第十四条、第十五条的规定，但是有下列情形之一的，不得认定为工伤或者视同工伤：

（一）故意犯罪的；

（二）醉酒或者吸毒的；

（三）自残或者自杀的。

第十七条 【工伤认定的申请】职工发生事故伤害或者按照职业病防治法规定被诊断、鉴定为职业病，所在单位应当自事故伤害发生之日或者被诊断、鉴定为职业病之日起30日内，向统筹地区社会保险行政部门提出工伤认定申请。遇有特殊情况，经报社会保险行政部门同意，申请时限可以适当延长。

用人单位未按前款规定提出工伤认定申请的，工伤职工或者其近亲属、工会组织在事故伤害发生之日或者被诊断、鉴定为职业病之日起1年内，可以直接向用人单位所在地统筹地区社会保险行政部门提出工伤认定申请。

按照本条第一款规定应当由省级社会保险行政部门进行工伤认定的事项，根据属地原则由用人单位所在地的设区的市级社会保险行政部门办理。

用人单位未在本条第一款规定的时限内提交工伤认定申请，在此期间发生符合本条例规定的工伤待遇等有关费用由该用人单位负担。

第十八条 【工伤认定申请材料】提出工伤认定申请应当提交下列材料：

（一）工伤认定申请表；

（二）与用人单位存在劳动关系（包括事实劳动关系）的证明材料；

（三）医疗诊断证明或者职业病诊断证明书（或者职业病诊断鉴定书）。

工伤认定申请表应当包括事故发生的时间、地点、原因以及职工伤害程度等基本情况。

工伤认定申请人提供材料不完整的，社会保险行政部门应当一次性书面告知工伤认定申请人需要补正的全部材料。申请人按照书面告知要求补正材料后，社会保险行政部门应当受理。

第十九条　【对工伤事故的调查核实】社会保险行政部门受理工伤认定申请后，根据审核需要可以对事故伤害进行调查核实，用人单位、职工、工会组织、医疗机构以及有关部门应当予以协助。职业病诊断和诊断争议的鉴定，依照职业病防治法的有关规定执行。对依法取得职业病诊断证明书或者职业病诊断鉴定书的，社会保险行政部门不再进行调查核实。

职工或者其近亲属认为是工伤，用人单位不认为是工伤的，由用人单位承担举证责任。

第二十条　【工伤认定决定的作出】社会保险行政部门应当自受理工伤认定申请之日起 60 日内作出工伤认定的决定，并书面通知申请工伤认定的职工或者其近亲属和该职工所在单位。

社会保险行政部门对受理的事实清楚、权利义务明确的工伤认定申请，应当在 15 日内作出工伤认定的决定。

作出工伤认定决定需要以司法机关或者有关行政主管部门的结论为依据的，在司法机关或者有关行政主管部门尚未作出结论期间，作出工伤认定决定的时限中止。

社会保险行政部门工作人员与工伤认定申请人有利害关系的，应当回避。

第四章　劳动能力鉴定

第二十一条　【进行鉴定的条件】职工发生工伤，经治疗伤情相对稳定后存在残疾、影响劳动能力的，应当进行劳动能力鉴定。

第二十二条　【鉴定的等级和标准】劳动能力鉴定是指劳动功能障碍程度和生活自理障碍程度的等级鉴定。

劳动功能障碍分为十个伤残等级，最重的为一级，最轻的为十级。

生活自理障碍分为三个等级:生活完全不能自理、生活大部分不能自理和生活部分不能自理。

劳动能力鉴定标准由国务院社会保险行政部门会同国务院卫生行政部门等部门制定。

第二十三条 【鉴定的申请】劳动能力鉴定由用人单位、工伤职工或者其近亲属向设区的市级劳动能力鉴定委员会提出申请,并提供工伤认定决定和职工工伤医疗的有关资料。

第二十四条 【鉴定委员会的组成】省、自治区、直辖市劳动能力鉴定委员会和设区的市级劳动能力鉴定委员会分别由省、自治区、直辖市和设区的市级社会保险行政部门、卫生行政部门、工会组织、经办机构代表以及用人单位代表组成。

劳动能力鉴定委员会建立医疗卫生专家库。列入专家库的医疗卫生专业技术人员应当具备下列条件:

(一)具有医疗卫生高级专业技术职务任职资格;

(二)掌握劳动能力鉴定的相关知识;

(三)具有良好的职业品德。

第二十五条 【鉴定结论的作出】设区的市级劳动能力鉴定委员会收到劳动能力鉴定申请后,应当从其建立的医疗卫生专家库中随机抽取3名或者5名相关专家组成专家组,由专家组提出鉴定意见。设区的市级劳动能力鉴定委员会根据专家组的鉴定意见作出工伤职工劳动能力鉴定结论;必要时,可以委托具备资格的医疗机构协助进行有关的诊断。

设区的市级劳动能力鉴定委员会应当自收到劳动能力鉴定申请之日起60日内作出劳动能力鉴定结论,必要时,作出劳动能力鉴定结论的期限可以延长30日。劳动能力鉴定结论应当及时送达申请鉴定的单位和个人。

第二十六条 【再次鉴定】申请鉴定的单位或者个人对设区的市级劳动能力鉴定委员会作出的鉴定结论不服的,可以在收到该鉴定结论之日起15日内向省、自治区、直辖市劳动能力鉴定委员会提出再次鉴定申请。省、自治区、直辖市劳动能力鉴定委员会作出的劳动能力鉴定结论为最终结论。

第二十七条 【鉴定工作原则】劳动能力鉴定工作应当客观、公正。劳动能力鉴定委员会组成人员或者参加鉴定的专家与当事人有利害关系的,应当回避。

第二十八条 【复查鉴定】自劳动能力鉴定结论作出之日起1年后,工伤职工或者其近亲属、所在单位或者经办机构认为伤残情况发生变化的,可以申请劳动能力复查鉴定。

第二十九条 【再次鉴定与复查鉴定的期限】劳动能力鉴定委员会依照本条例第二十六条和第二十八条的规定进行再次鉴定和复查鉴定的期限,依照本条例第二十五条第二款的规定执行。

第五章 工伤保险待遇

第三十条 【工伤医疗待遇】职工因工作遭受事故伤害或者患职业病进行治疗,享受工伤医疗待遇。

职工治疗工伤应当在签订服务协议的医疗机构就医,情况紧急时可以先到就近的医疗机构急救。

治疗工伤所需费用符合工伤保险诊疗项目目录、工伤保险药品目录、工伤保险住院服务标准的,从工伤保险基金支付。工伤保险诊疗项目目录、工伤保险药品目录、工伤保险住院服务标准,由国务院社会保险行政部门会同国务院卫生行政部门、食品药品监督管理部门等部门规定。

职工住院治疗工伤的伙食补助费,以及经医疗机构出具证明,报经办机构同意,工伤职工到统筹地区以外就医所需的交通、食宿费用从工伤保险基金支付,基金支付的具体标准由统筹地区人民政府规定。

工伤职工治疗非工伤引发的疾病,不享受工伤医疗待遇,按照基本医疗保险办法处理。

工伤职工到签订服务协议的医疗机构进行工伤康复的费用,符合规定的,从工伤保险基金支付。

第三十一条 【复议与诉讼不停止支付医疗费用】社会保险行政部门作出认定为工伤的决定后发生行政复议、行政诉讼的,行政复议和行政诉讼期间不停止支付工伤职工治疗工伤的医疗费用。

第三十二条 【辅助器具的配置】工伤职工因日常生活或者就业需要,经劳动能力鉴定委员会确认,可以安装假肢、矫形器、假眼、假牙和配置轮椅等辅助器具,所需费用按照国家规定的标准从工伤保险基金支付。

第三十三条 【停工留薪期待遇】职工因工作遭受事故伤害或者患职业病需要暂停工作接受工伤医疗的,在停工留薪期内,原工资福利待遇不变,由所在单位按月支付。

停工留薪期一般不超过12个月。伤情严重或者情况特殊，经设区的市级劳动能力鉴定委员会确认，可以适当延长，但延长不得超过12个月。工伤职工评定伤残等级后，停发原待遇，按照本章的有关规定享受伤残待遇。工伤职工在停工留薪期满后仍需治疗的，继续享受工伤医疗待遇。

生活不能自理的工伤职工在停工留薪期需要护理的，由所在单位负责。

第三十四条　【伤残职工的生活护理费】工伤职工已经评定伤残等级并经劳动能力鉴定委员会确认需要生活护理的，从工伤保险基金按月支付生活护理费。

生活护理费按照生活完全不能自理、生活大部分不能自理或者生活部分不能自理3个不同等级支付，其标准分别为统筹地区上年度职工月平均工资的50%、40%或者30%。

第三十五条　【一至四级伤残待遇】职工因工致残被鉴定为一级至四级伤残的，保留劳动关系，退出工作岗位，享受以下待遇：

（一）从工伤保险基金按伤残等级支付一次性伤残补助金，标准为：一级伤残为27个月的本人工资，二级伤残为25个月的本人工资，三级伤残为23个月的本人工资，四级伤残为21个月的本人工资；

（二）从工伤保险基金按月支付伤残津贴，标准为：一级伤残为本人工资的90%，二级伤残为本人工资的85%，三级伤残为本人工资的80%，四级伤残为本人工资的75%。伤残津贴实际金额低于当地最低工资标准的，由工伤保险基金补足差额；

（三）工伤职工达到退休年龄并办理退休手续后，停发伤残津贴，按照国家有关规定享受基本养老保险待遇。基本养老保险待遇低于伤残津贴的，由工伤保险基金补足差额。

职工因工致残被鉴定为一级至四级伤残的，由用人单位和职工个人以伤残津贴为基数，缴纳基本医疗保险费。

第三十六条　【五至六级伤残待遇】职工因工致残被鉴定为五级、六级伤残的，享受以下待遇：

（一）从工伤保险基金按伤残等级支付一次性伤残补助金，标准为：五级伤残为18个月的本人工资，六级伤残为16个月的本人工资；

（二）保留与用人单位的劳动关系，由用人单位安排适当工作。难以安排工作的，由用人单位按月发给伤残津贴，标准为：五级伤残为本人工资的70%，六级伤残为本人工资的60%，并由用人单位按照规定为其缴纳应缴纳的各项社会保险费。伤残津贴实际金额低于当地最低工资标准的，由用人单位补足差额。

经工伤职工本人提出，该职工可以与用人单位解除或者终止劳动关系，由工伤保险基金支付一次性工伤医疗补助金，由用人单位支付一次性伤残就业补助金。一次性工伤医疗补助金和一次性伤残就业补助金的具体标准由省、自治区、直辖市人民政府规定。

第三十七条　【七至十级伤残待遇】职工因工致残被鉴定为七级至十级伤残的，享受以下待遇：

（一）从工伤保险基金按伤残等级支付一次性伤残补助金，标准为：七级伤残为13个月的本人工资，八级伤残为11个月的本人工资，九级伤残为9个月的本人工资，十级伤残为7个月的本人工资；

（二）劳动、聘用合同期满终止，或者职工本人提出解除劳动、聘用合同的，由工伤保险基金支付一次性工伤医疗补助金，由用人单位支付一次性伤残就业补助金。一次性工伤医疗补助金和一次性伤残就业补助金的具体标准由省、自治区、直辖市人民政府规定。

第三十八条　【工伤复发的待遇】工伤职工工伤复发，确认需要治疗的，享受本条例第三十条、第三十二条和第三十三条规定的工伤待遇。

第三十九条　【因工死亡待遇】职工因工死亡，其近亲属按照下列规定从工伤保险基金领取丧葬补助金、供养亲属抚恤金和一次性工亡补助金：

（一）丧葬补助金为6个月的统筹地区上年度职工月平均工资；

（二）供养亲属抚恤金按照职工本人工资的一定比例发给由因工死亡职工生前提供主要生活来源、无劳动能力的亲属。标准为：配偶每月40%，其他亲属每人每月30%，孤寡老人或者孤儿每人每月在上述标准的基础上增加10%。核定的各供养亲属的抚恤金之和不应高于因工死亡职工生前的工资。供养亲属的具体范围由国务院社会保险行政部门规定；

（三）一次性工亡补助金标准为上一年度全国城镇居民人均可支配收入的20倍。

伤残职工在停工留薪期内因工伤导致死亡的，其近亲属享受本条第一款规定的待遇。

一级至四级伤残职工在停工留薪期满后死亡的，其近亲属可以享受本条第一款第（一）项、第（二）项规定的待遇。

第四十条 【待遇的调整】伤残津贴、供养亲属抚恤金、生活护理费由统筹地区社会保险行政部门根据职工平均工资和生活费用变化等情况适时调整。调整办法由省、自治区、直辖市人民政府规定。

第四十一条 【因工下落不明的待遇】职工因工外出期间发生事故或者在抢险救灾中下落不明的，从事故发生当月起 3 个月内照发工资，从第 4 个月起停发工资，由工伤保险基金向其供养亲属按月支付供养亲属抚恤金。生活有困难的，可以预支一次性工亡补助金的 50%。职工被人民法院宣告死亡的，按照本条例第三十九条职工因工死亡的规定处理。

第四十二条 【停止享受待遇情形】工伤职工有下列情形之一的，停止享受工伤保险待遇：

（一）丧失享受待遇条件的；

（二）拒不接受劳动能力鉴定的；

（三）拒绝治疗的。

第四十三条 【用人单位变故与职工借调的工伤保险责任】用人单位分立、合并、转让的，承继单位应当承担原用人单位的工伤保险责任；原用人单位已经参加工伤保险的，承继单位应当到当地经办机构办理工伤保险变更登记。

用人单位实行承包经营的，工伤保险责任由职工劳动关系所在单位承担。

职工被借调期间受到工伤事故伤害的，由原用人单位承担工伤保险责任，但原用人单位与借调单位可以约定补偿办法。

企业破产的，在破产清算时依法拨付应当由单位支付的工伤保险待遇费用。

第四十四条 【出境工作的工伤保险处理】职工被派遣出境工作，依据前往国家或者地区的法律应当参加当地工伤保险的，参加当地工伤保险，其国内工伤保险关系中止；不能参加当地工伤保险的，其国内工伤保险关系不中止。

第四十五条 【再次工伤的待遇】职工再次发生工伤，根据规定应当享受伤残津贴的，按照新认定的伤残等级享受伤残津贴待遇。

第六章 监督管理

第四十六条 【经办机构的职责】经办机构具体承办工伤保险事务，履行下列职责：

（一）根据省、自治区、直辖市人民政府规定，征收工伤保险费；

（二）核查用人单位的工资总额和职工人数，办理工伤保险登记，并负责保存用人单位缴费和职工享受工伤保险待遇情况的记录；

（三）进行工伤保险的调查、统计；

（四）按照规定管理工伤保险基金的支出；

（五）按照规定核定工伤保险待遇；

（六）为工伤职工或者其近亲属免费提供咨询服务。

第四十七条 【服务协议】经办机构与医疗机构、辅助器具配置机构在平等协商的基础上签订服务协议，并公布签订服务协议的医疗机构、辅助器具配置机构的名单。具体办法由国务院社会保险行政部门分别会同国务院卫生行政部门、民政部门等部门制定。

第四十八条 【费用核查结算】经办机构按照协议和国家有关目录、标准对工伤职工医疗费用、康复费用、辅助器具费用的使用情况进行核查，并按时足额结算费用。

第四十九条 【公示与建议】经办机构应当定期公布工伤保险基金的收支情况，及时向社会保险行政部门提出调整费率的建议。

第五十条 【听取意见】社会保险行政部门、经办机构应当定期听取工伤职工、医疗机构、辅助器具配置机构以及社会各界对改进工伤保险工作的意见。

第五十一条 【行政监督】社会保险行政部门依法对工伤保险费的征缴和工伤保险基金的支付情况进行监督检查。

财政部门和审计机关依法对工伤保险基金的收支、管理情况进行监督。

第五十二条 【群众监督】任何组织和个人对有关工伤保险的违法行为，有权举报。社会保险行政部门对举报应当及时调查，按照规定处理，并为举报人保密。

第五十三条 【工会监督】工会组织依法维护工伤职工的合法权益，对用人单位的工伤保险工作实行监督。

第五十四条 【争议处理】职工与用人单位发生工伤待遇方面的争议，按照处理劳动争议的有关规定处理。

第五十五条 【行政复议与行政诉讼】有下列情形之一的，有关单位或者个人可以依法申请行政复议，也可以依法向人民法院提起行政诉讼：

（一）申请工伤认定的职工或者其近亲属、该职工所在单位对工伤认定申请不予受理的决定不服的；

（二）申请工伤认定的职工或者其近亲属、该职工所在单位对工伤认定结论不服的；

（三）用人单位对经办机构确定的单位缴费费率不服的；

（四）签订服务协议的医疗机构、辅助器具配置机构认为经办机构未履行有关协议或者规定的；

（五）工伤职工或者其近亲属对经办机构核定的工伤保险待遇有异议的。

第七章 法律责任

第五十六条 【挪用工伤保险基金的责任】单位或者个人违反本条例第十二条规定挪用工伤保险基金，构成犯罪的，依法追究刑事责任；尚不构成犯罪的，依法给予处分或者纪律处分。被挪用的基金由社会保险行政部门追回，并入工伤保险基金；没收的违法所得依法上缴国库。

第五十七条 【社会保险行政部门工作人员的责任】社会保险行政部门工作人员有下列情形之一的，依法给予处分，情节严重，构成犯罪的，依法追究刑事责任：

（一）无正当理由不受理工伤认定申请，或者弄虚作假将不符合工伤条件的人员认定为工伤职工的；

（二）未妥善保管申请工伤认定的证据材料，致使有关证据灭失的；

（三）收受当事人财物的。

第五十八条 【经办机构的责任】经办机构有下列行为之一的，由社会保险行政部门责令改正，对直接负责的主管人员和其他责任人员依法给予纪律处分；情节严重，构成犯罪的，依法追究刑事责任；造成当事人经济损失的，由经办机构依法承担赔偿责任：

（一）未按规定保存用人单位缴费和职工享受工伤保险待遇情况记

录的；

（二）不按规定核定工伤保险待遇的；

（三）收受当事人财物的。

第五十九条 【不正当履行服务协议的责任】医疗机构、辅助器具配置机构不按服务协议提供服务的，经办机构可以解除服务协议。

经办机构不按时足额结算费用的，由社会保险行政部门责令改正；医疗机构、辅助器具配置机构可以解除服务协议。

第六十条 【骗取工伤保险待遇的责任】用人单位、工伤职工或者其近亲属骗取工伤保险待遇，医疗机构、辅助器具配置机构骗取工伤保险基金支出的，由社会保险行政部门责令退还，处骗取金额2倍以上5倍以下的罚款；情节严重，构成犯罪的，依法追究刑事责任。

第六十一条 【劳动能力鉴定违法的责任】从事劳动能力鉴定的组织或者个人有下列情形之一的，由社会保险行政部门责令改正，处2000元以上1万元以下的罚款；情节严重，构成犯罪的，依法追究刑事责任：

（一）提供虚假鉴定意见的；

（二）提供虚假诊断证明的；

（三）收受当事人财物的。

第六十二条 【用人单位应参加而未参加工伤保险的责任】用人单位依照本条例规定应当参加工伤保险而未参加的，由社会保险行政部门责令限期参加，补缴应当缴纳的工伤保险费，并自欠缴之日起，按日加收万分之五的滞纳金；逾期仍不缴纳的，处欠缴数额1倍以上3倍以下的罚款。

依照本条例规定应当参加工伤保险而未参加工伤保险的用人单位职工发生工伤的，由该用人单位按照本条例规定的工伤保险待遇项目和标准支付费用。

用人单位参加工伤保险并补缴应当缴纳的工伤保险费、滞纳金后，由工伤保险基金和用人单位依照本条例的规定支付新发生的费用。

第六十三条 【用人单位不协助事故调查核实的责任】用人单位违反本条例第十九条的规定，拒不协助社会保险行政部门对事故进行调查核实的，由社会保险行政部门责令改正，处2000元以上2万元以下的罚款。

第八章 附 则

第六十四条 【术语解释】本条例所称工资总额，是指用人单位直接支付给本单位全部职工的劳动报酬总额。

本条例所称本人工资，是指工伤职工因工作遭受事故伤害或者患职业病前12个月平均月缴费工资。本人工资高于统筹地区职工平均工资300%的，按照统筹地区职工平均工资的300%计算；本人工资低于统筹地区职工平均工资60%的，按照统筹地区职工平均工资的60%计算。

第六十五条 【公务员和参公事业单位、社会团体的工伤保险】公务员和参照公务员法管理的事业单位、社会团体的工作人员因工作遭受事故伤害或者患职业病的，由所在单位支付费用。具体办法由国务院社会保险行政部门会同国务院财政部门规定。

第六十六条 【非法用工单位的一次性赔偿】无营业执照或者未经依法登记、备案的单位以及被依法吊销营业执照或者撤销登记、备案的单位的职工受到事故伤害或者患职业病的，由该单位向伤残职工或者死亡职工的近亲属给予一次性赔偿，赔偿标准不得低于本条例规定的工伤保险待遇；用人单位不得使用童工，用人单位使用童工造成童工伤残、死亡的，由该单位向童工或者童工的近亲属给予一次性赔偿，赔偿标准不得低于本条例规定的工伤保险待遇。具体办法由国务院社会保险行政部门规定。

前款规定的伤残职工或者死亡职工的近亲属就赔偿数额与单位发生争议的，以及前款规定的童工或者童工的近亲属就赔偿数额与单位发生争议的，按照处理劳动争议的有关规定处理。

第六十七条 【施行时间与溯及力】本条例自2004年1月1日起施行。本条例施行前已受到事故伤害或者患职业病的职工尚未完成工伤认定的，按照本条例的规定执行。

劳动和社会保障部关于实施《工伤保险条例》若干问题的意见

(2004 年 11 月 1 日 劳社部函〔2004〕256 号)

各省、自治区、直辖市劳动和社会保障厅(局):

《工伤保险条例》(以下简称条例)已于 2004 年 1 月 1 日起施行,现就条例实施中的有关问题提出如下意见。

一、职工在两个或两个以上用人单位同时就业的,各用人单位应当分别为职工缴纳工伤保险费。职工发生工伤,由职工受到伤害时其工作的单位依法承担工伤保险责任。

二、条例第十四条规定“上下班途中,受到机动车事故伤害的,应当认定为工伤”。这里“上下班途中”既包括职工正常工作的上下班途中,也包括职工加班加点的上下班途中。“受到机动车事故伤害的”既可以是职工驾驶或乘坐的机动车发生事故造成的,也可以是职工因其他机动车事故造成的。

三、条例第十五条规定“职工在工作时间和工作岗位,突发疾病死亡或者在 48 小时之内经抢救无效死亡的,视同工伤”。这里“突发疾病”包括各类疾病。“48 小时”的起算时间,以医疗机构的初次诊断时间作为突发疾病的起算时间。

四、条例第十七条第二款规定的有权申请工伤认定的“工会组织”包括职工所在用人单位的工会组织以及符合《中华人民共和国工会法》规定的各级工会组织。

五、用人单位未按规定为职工提出工伤认定申请,受到事故伤害或者患职业病的职工或者其直系亲属、工会组织提出工伤认定申请,职工所在单位是否同意(签字、盖章),不是必经程序。

六、条例第十七条第四款规定“用人单位未在本条第一款规定的时限内提交工伤认定申请的，在此期间发生符合本条例规定的工伤待遇等有关费用由该用人单位负担”。这里用人单位承担工伤待遇等有关费用的期间是指从事故伤害发生之日或职业病确诊之日起到劳动保障行政部门受理工伤认定申请之日止。

七、条例第三十六条规定的工伤职工旧伤复发，是否需要治疗应由治疗工伤职工的协议医疗机构提出意见，有争议的由劳动能力鉴定委员会确认。

八、职工因工死亡，其供养亲属享受抚恤金待遇的资格，按职工因工死亡时的条件核定。

人力资源和社会保障部关于执行《工伤保险条例》若干问题的意见

（2013年4月25日　人社部发〔2013〕34号）

各省、自治区、直辖市及新疆生产建设兵团人力资源社会保障厅（局）：

《国务院关于修改〈工伤保险条例〉的决定》（国务院令第586号）已经于2011年1月1日实施。为贯彻执行新修订的《工伤保险条例》，妥善解决实际工作中的问题，更好地保障职工和用人单位的合法权益，现提出如下意见。

一、《工伤保险条例》（以下简称《条例》）第十四条第（五）项规定的“因工外出期间”的认定，应当考虑职工外出是否属于用人单位指派的因工作外出，遭受的事故伤害是否因工作原因所致。

二、《条例》第十四条第（六）项规定的“非本人主要责任”的认定，应当以有关机关出具的法律文书或者人民法院的生效裁决为依据。

三、《条例》第十六条第（一）项“故意犯罪”的认定，应当以司法机关的生效法律文书或者结论性意见为依据。

四、《条例》第十六条第(二)项"醉酒或者吸毒"的认定,应当以有关机关出具的法律文书或者人民法院的生效裁决为依据。无法获得上述证据的,可以结合相关证据认定。

五、社会保险行政部门受理工伤认定申请后,发现劳动关系存在争议且无法确认的,应告知当事人可以向劳动人事争议仲裁委员会申请仲裁。在此期间,作出工伤认定决定的时限中止,并书面通知申请工伤认定的当事人。劳动关系依法确认后,当事人应将有关法律文书送交受理工伤认定申请的社会保险行政部门,该部门自收到生效法律文书之日起恢复工伤认定程序。

六、符合《条例》第十五条第(一)项情形的,职工所在用人单位原则上应自职工死亡之日起 5 个工作日内向用人单位所在统筹地区社会保险行政部门报告。

七、具备用工主体资格的承包单位违反法律、法规规定,将承包业务转包、分包给不具备用工主体资格的组织或者自然人,该组织或者自然人招用的劳动者从事承包业务时因工伤亡的,由该具备用工主体资格的承包单位承担用人单位依法应承担的工伤保险责任。

八、曾经从事接触职业病危害作业、当时没有发现罹患职业病、离开工作岗位后被诊断或鉴定为职业病的符合下列条件的人员,可以自诊断、鉴定为职业病之日起一年内申请工伤认定,社会保险行政部门应当受理:

(一)办理退休手续后,未再从事接触职业病危害作业的退休人员;

(二)劳动或聘用合同期满后或者本人提出而解除劳动或聘用合同后,未再从事接触职业病危害作业的人员。

经工伤认定和劳动能力鉴定,前款第(一)项人员符合领取一次性伤残补助金条件的,按就高原则以本人退休前 12 个月平均月缴费工资或者确诊职业病前 12 个月的月平均养老金为基数计发。前款第(二)项人员被鉴定为一级至十级伤残、按《条例》规定应以本人工资作为基数享受相关待遇的,按本人终止或者解除劳动、聘用合同前 12 个月平均月缴费工资计发。

九、按照本意见第八条规定被认定为工伤的职业病人员,职业病诊断证明书(或职业病诊断鉴定书)中明确的用人单位,在该职工从业期间依法为其缴纳工伤保险费的,按《条例》的规定,分别由工伤保险基金和用人单位支付工伤保险待遇;未依法为该职工缴纳工伤保险费的,由用人单位按照《条例》规定的相关项目和标准支付待遇。

十、职工在同一用人单位连续工作期间多次发生工伤的,符合《条例》第三十六、第三十七条规定领取相关待遇时,按照其在同一用人单位发生工伤的最高伤残级别,计发一次性伤残就业补助金和一次性工伤医疗补助金。

十一、依据《条例》第四十二条的规定停止支付工伤保险待遇的,在停止支付待遇的情形消失后,自下月起恢复工伤保险待遇,停止支付的工伤保险待遇不予补发。

十二、《条例》第六十二条第三款规定的"新发生的费用",是指用人单位职工参加工伤保险前发生工伤的,在参加工伤保险后新发生的费用。

十三、由工伤保险基金支付的各项待遇应按《条例》相关规定支付,不得采取将长期待遇改为一次性支付的办法。

十四、核定工伤职工工伤保险待遇时,若上一年度相关数据尚未公布,可暂按前一年度的全国城镇居民人均可支配收入、统筹地区职工月平均工资核定和计发,待相关数据公布后再重新核定,社会保险经办机构或者用人单位予以补发差额部分。

本意见自发文之日起执行,此前有关规定与本意见不一致的,按本意见执行。执行中有重大问题,请及时报告我部。

人力资源和社会保障部关于执行《工伤保险条例》若干问题的意见(二)

(2016年3月28日　人社部发〔2016〕29号)

各省、自治区、直辖市及新疆生产建设兵团人力资源社会保障厅(局):

为更好地贯彻执行新修订的《工伤保险条例》,提高依法行政能力和水平,妥善解决实际工作中的问题,保障职工和用人单位合法权益,现提出如下意见：

一、一级至四级工伤职工死亡，其近亲属同时符合领取工伤保险丧葬补助金、供养亲属抚恤金待遇和职工基本养老保险丧葬补助金、抚恤金待遇条件的，由其近亲属选择领取工伤保险或职工基本养老保险其中一种。

二、达到或超过法定退休年龄，但未办理退休手续或者未依法享受城镇职工基本养老保险待遇，继续在原用人单位工作期间受到事故伤害或患职业病的，用人单位依法承担工伤保险责任。

用人单位招用已经达到、超过法定退休年龄或已经领取城镇职工基本养老保险待遇的人员，在用工期间因工作原因受到事故伤害或患职业病的，如招用单位已按项目参保等方式为其缴纳工伤保险费的，应适用《工伤保险条例》。

三、《工伤保险条例》第六十二条规定的"新发生的费用"，是指用人单位参加工伤保险前发生工伤的职工，在参加工伤保险后新发生的费用。其中由工伤保险基金支付的费用，按不同情况予以处理：

（一）因工受伤的，支付参保后新发生的工伤医疗费、工伤康复费、住院伙食补助费、统筹地区以外就医交通食宿费、辅助器具配置费、生活护理费、一级至四级伤残职工伤残津贴，以及参保后解除劳动合同时的一次性工伤医疗补助金；

（二）因工死亡的，支付参保后新发生的符合条件的供养亲属抚恤金。

四、职工在参加用人单位组织或者受用人单位指派参加其他单位组织的活动中受到事故伤害的，应当视为工作原因，但参加与工作无关的活动除外。

五、职工因工作原因驻外，有固定的住所、有明确的作息时间，工伤认定时按照在驻在地当地正常工作的情形处理。

六、职工以上下班为目的、在合理时间内往返于工作单位和居住地之间的合理路线，视为上下班途中。

七、用人单位注册地与生产经营地不在同一统筹地区的，原则上应在注册地为职工参加工伤保险；未在注册地参加工伤保险的职工，可由用人单位在生产经营地为其参加工伤保险。

劳务派遣单位跨地区派遣劳动者，应根据《劳务派遣暂行规定》参加工伤保险。建筑施工企业按项目参保的，应在施工项目所在地参加工伤保险。

职工受到事故伤害或者患职业病后，在参保地进行工伤认定、劳动能力鉴定,并按照参保地的规定依法享受工伤保险待遇;未参加工伤保险的职工,应当在生产经营地进行工伤认定、劳动能力鉴定,并按照生产经营地的规定依法由用人单位支付工伤保险待遇。

八、有下列情形之一的,被延误的时间不计算在工伤认定申请时限内。

(一)受不可抗力影响的;

(二)职工由于被国家机关依法采取强制措施等人身自由受到限制不能申请工伤认定的;

(三)申请人正式提交了工伤认定申请,但因社会保险机构未登记或者材料遗失等原因造成申请超时限的;

(四)当事人就确认劳动关系申请劳动仲裁或提起民事诉讼的;

(五)其他符合法律法规规定的情形。

九、《工伤保险条例》第六十七条规定的"尚未完成工伤认定的",是指在《工伤保险条例》施行前遭受事故伤害或被诊断鉴定为职业病,且在工伤认定申请法定时限内(从《工伤保险条例》施行之日起算)提出工伤认定申请,尚未做出工伤认定的情形。

十、因工伤认定申请人或者用人单位隐瞒有关情况或者提供虚假材料,导致工伤认定决定错误的,社会保险行政部门发现后,应当及时予以更正。

本意见自发文之日起执行,此前有关规定与本意见不一致的,按本意见执行。执行中有重大问题,请及时报告我部。

工伤认定办法

(2010 年 12 月 31 日人力资源和社会保障部令第 8 号公布
自 2011 年 1 月 1 日起施行)

第一条 为规范工伤认定程序,依法进行工伤认定,维护当事人的合法权益,根据《工伤保险条例》的有关规定,制定本办法。

第二条　社会保险行政部门进行工伤认定按照本办法执行。

第三条　工伤认定应当客观公正、简捷方便，认定程序应当向社会公开。

第四条　职工发生事故伤害或者按照职业病防治法规定被诊断、鉴定为职业病，所在单位应当自事故伤害发生之日或者被诊断、鉴定为职业病之日起30日内，向统筹地区社会保险行政部门提出工伤认定申请。遇有特殊情况，经报社会保险行政部门同意，申请时限可以适当延长。

按照前款规定应当向省级社会保险行政部门提出工伤认定申请的，根据属地原则应当向用人单位所在地设区的市级社会保险行政部门提出。

第五条　用人单位未在规定的时限内提出工伤认定申请的，受伤害职工或者其近亲属、工会组织在事故伤害发生之日或者被诊断、鉴定为职业病之日起1年内，可以直接按照本办法第四条规定提出工伤认定申请。

第六条　提出工伤认定申请应当填写《工伤认定申请表》，并提交下列材料：

（一）劳动、聘用合同文本复印件或者与用人单位存在劳动关系（包括事实劳动关系）、人事关系的其他证明材料；

（二）医疗机构出具的受伤后诊断证明书或者职业病诊断证明书（或者职业病诊断鉴定书）。

第七条　工伤认定申请人提交的申请材料符合要求，属于社会保险行政部门管辖范围且在受理时限内的，社会保险行政部门应当受理。

第八条　社会保险行政部门收到工伤认定申请后，应当在15日内对申请人提交的材料进行审核，材料完整的，作出受理或者不予受理的决定；材料不完整的，应当以书面形式一次性告知申请人需要补正的全部材料。社会保险行政部门收到申请人提交的全部补正材料后，应当在15日内作出受理或者不予受理的决定。

社会保险行政部门决定受理的，应当出具《工伤认定申请受理决定书》；决定不予受理的，应当出具《工伤认定申请不予受理决定书》。

第九条　社会保险行政部门受理工伤认定申请后，可以根据需要对申请人提供的证据进行调查核实。

第十条　社会保险行政部门进行调查核实，应当由两名以上工作人员共同进行，并出示执行公务的证件。

第十一条　社会保险行政部门工作人员在工伤认定中，可以进行以下调

查核实工作:

(一)根据工作需要,进入有关单位和事故现场;

(二)依法查阅与工伤认定有关的资料,询问有关人员并作出调查笔录;

(三)记录、录音、录像和复制与工伤认定有关的资料。调查核实工作的证据收集参照行政诉讼证据收集的有关规定执行。

第十二条 社会保险行政部门工作人员进行调查核实时,有关单位和个人应当予以协助。用人单位、工会组织、医疗机构以及有关部门应当负责安排相关人员配合工作,据实提供情况和证明材料。

第十三条 社会保险行政部门在进行工伤认定时,对申请人提供的符合国家有关规定的职业病诊断证明书或者职业病诊断鉴定书,不再进行调查核实。职业病诊断证明书或者职业病诊断鉴定书不符合国家规定的要求和格式的,社会保险行政部门可以要求出具证据部门重新提供。

第十四条 社会保险行政部门受理工伤认定申请后,可以根据工作需要,委托其他统筹地区的社会保险行政部门或者相关部门进行调查核实。

第十五条 社会保险行政部门工作人员进行调查核实时,应当履行下列义务:

(一)保守有关单位商业秘密以及个人隐私;

(二)为提供情况的有关人员保密。

第十六条 社会保险行政部门工作人员与工伤认定申请人有利害关系的,应当回避。

第十七条 职工或者其近亲属认为是工伤,用人单位不认为是工伤的,由该用人单位承担举证责任。用人单位拒不举证的,社会保险行政部门可以根据受伤害职工提供的证据或者调查取得的证据,依法作出工伤认定决定。

第十八条 社会保险行政部门应当自受理工伤认定申请之日起60日内作出工伤认定决定,出具《认定工伤决定书》或者《不予认定工伤决定书》。

第十九条 《认定工伤决定书》应当载明下列事项:

(一)用人单位全称;

(二)职工的姓名、性别、年龄、职业、身份证号码;

(三)受伤害部位、事故时间和诊断时间或职业病名称、受伤害经过和核实情况、医疗救治的基本情况和诊断结论;

(四)认定工伤或者视同工伤的依据;

（五）不服认定决定申请行政复议或者提起行政诉讼的部门和时限；

（六）作出认定工伤或者视同工伤决定的时间。

《不予认定工伤决定书》应当载明下列事项：

（一）用人单位全称；

（二）职工的姓名、性别、年龄、职业、身份证号码；

（三）不予认定工伤或者不视同工伤的依据；

（四）不服认定决定申请行政复议或者提起行政诉讼的部门和时限；

（五）作出不予认定工伤或者不视同工伤决定的时间。

《认定工伤决定书》和《不予认定工伤决定书》应当加盖社会保险行政部门工伤认定专用印章。

第二十条　社会保险行政部门受理工伤认定申请后，作出工伤认定决定需要以司法机关或者有关行政主管部门的结论为依据的，在司法机关或者有关行政主管部门尚未作出结论期间，作出工伤认定决定的时限中止，并书面通知申请人。

第二十一条　社会保险行政部门对于事实清楚、权利义务明确的工伤认定申请，应当自受理工伤认定申请之日起15日内作出工伤认定决定。

第二十二条　社会保险行政部门应当自工伤认定决定作出之日起20日内，将《认定工伤决定书》或者《不予认定工伤决定书》送达受伤害职工（或者其近亲属）和用人单位，并抄送社会保险经办机构。

《认定工伤决定书》和《不予认定工伤决定书》的送达参照民事法律有关送达的规定执行。

第二十三条　职工或者其近亲属、用人单位对不予受理决定不服或者对工伤认定决定不服的，可以依法申请行政复议或者提起行政诉讼。

第二十四条　工伤认定结束后，社会保险行政部门应当将工伤认定的有关资料保存50年。

第二十五条　用人单位拒不协助社会保险行政部门对事故伤害进行调查核实的，由社会保险行政部门责令改正，处2000元以上2万元以下的罚款。

第二十六条　本办法中的《工伤认定申请表》、《工伤认定申请受理决定书》、《工伤认定申请不予受理决定书》、《认定工伤决定书》、《不予认定工伤决定书》的样式由国务院社会保险行政部门统一制定。

第二十七条　本办法自 2011 年 1 月 1 日起施行。劳动和社会保障部 2003 年 9 月 23 日颁布的《工伤认定办法》同时废止。

附件:(略)

工伤职工劳动能力鉴定管理办法

(2014 年 2 月 20 日人力资源和社会保障部、国家卫生和计划生育委员会令第 21 号公布　根据 2018 年 12 月 14 日人力资源社会保障部令第 38 号《关于修改部分规章的决定》修订)

第一章　总　　则

第一条　为了加强劳动能力鉴定管理,规范劳动能力鉴定程序,根据《中华人民共和国社会保险法》、《中华人民共和国职业病防治法》和《工伤保险条例》,制定本办法。

第二条　劳动能力鉴定委员会依据《劳动能力鉴定 职工工伤与职业病致残等级》国家标准,对工伤职工劳动功能障碍程度和生活自理障碍程度组织进行技术性等级鉴定,适用本办法。

第三条　省、自治区、直辖市劳动能力鉴定委员会和设区的市级(含直辖市的市辖区、县,下同)劳动能力鉴定委员会分别由省、自治区、直辖市和设区的市级人力资源社会保障行政部门、卫生计生行政部门、工会组织、用人单位代表以及社会保险经办机构代表组成。

承担劳动能力鉴定委员会日常工作的机构,其设置方式由各地根据实际情况决定。

第四条　劳动能力鉴定委员会履行下列职责:

(一)选聘医疗卫生专家,组建医疗卫生专家库,对专家进行培训和管理;

(二)组织劳动能力鉴定;

（三）根据专家组的鉴定意见作出劳动能力鉴定结论；

（四）建立完整的鉴定数据库，保管鉴定工作档案 50 年；

（五）法律、法规、规章规定的其他职责。

第五条　设区的市级劳动能力鉴定委员会负责本辖区内的劳动能力初次鉴定、复查鉴定。

省、自治区、直辖市劳动能力鉴定委员会负责对初次鉴定或者复查鉴定结论不服提出的再次鉴定。

第六条　劳动能力鉴定相关政策、工作制度和业务流程应当向社会公开。

第二章　鉴定程序

第七条　职工发生工伤，经治疗伤情相对稳定后存在残疾、影响劳动能力的，或者停工留薪期满（含劳动能力鉴定委员会确认的延长期限），工伤职工或者其用人单位应当及时向设区的市级劳动能力鉴定委员会提出劳动能力鉴定申请。

第八条　申请劳动能力鉴定应当填写劳动能力鉴定申请表，并提交下列材料：

（一）有效的诊断证明、按照医疗机构病历管理有关规定复印或者复制的检查、检验报告等完整病历材料；

（二）工伤职工的居民身份证或者社会保障卡等其他有效身份证明原件。

第九条　劳动能力鉴定委员会收到劳动能力鉴定申请后，应当及时对申请人提交的材料进行审核；申请人提供材料不完整的，劳动能力鉴定委员会应当自收到劳动能力鉴定申请之日起 5 个工作日内一次性书面告知申请人需要补正的全部材料。

申请人提供材料完整的，劳动能力鉴定委员会应当及时组织鉴定，并在收到劳动能力鉴定申请之日起 60 日内作出劳动能力鉴定结论。伤情复杂、涉及医疗卫生专业较多的，作出劳动能力鉴定结论的期限可以延长 30 日。

第十条　劳动能力鉴定委员会应当视伤情程度等从医疗卫生专家库中随机抽取 3 名或者 5 名与工伤职工伤情相关科别的专家组成专家组进行鉴定。

第十一条　劳动能力鉴定委员会应当提前通知工伤职工进行鉴定的时

间、地点以及应当携带的材料。工伤职工应当按照通知的时间、地点参加现场鉴定。对行动不便的工伤职工，劳动能力鉴定委员会可以组织专家上门进行劳动能力鉴定。组织劳动能力鉴定的工作人员应当对工伤职工的身份进行核实。

工伤职工因故不能按时参加鉴定的，经劳动能力鉴定委员会同意，可以调整现场鉴定的时间，作出劳动能力鉴定结论的期限相应顺延。

第十二条 因鉴定工作需要，专家组提出应当进行有关检查和诊断的，劳动能力鉴定委员会可以委托具备资格的医疗机构协助进行有关的检查和诊断。

第十三条 专家组根据工伤职工伤情，结合医疗诊断情况，依据《劳动能力鉴定 职工工伤与职业病致残等级》国家标准提出鉴定意见。参加鉴定的专家都应当签署意见并签名。

专家意见不一致时，按照少数服从多数的原则确定专家组的鉴定意见。

第十四条 劳动能力鉴定委员会根据专家组的鉴定意见作出劳动能力鉴定结论。劳动能力鉴定结论书应当载明下列事项：

（一）工伤职工及其用人单位的基本信息；

（二）伤情介绍，包括伤残部位、器官功能障碍程度、诊断情况等；

（三）作出鉴定的依据；

（四）鉴定结论。

第十五条 劳动能力鉴定委员会应当自作出鉴定结论之日起20日内将劳动能力鉴定结论及时送达工伤职工及其用人单位，并抄送社会保险经办机构。

第十六条 工伤职工或者其用人单位对初次鉴定结论不服的，可以在收到该鉴定结论之日起15日内向省、自治区、直辖市劳动能力鉴定委员会申请再次鉴定。

申请再次鉴定，应当提供劳动能力鉴定申请表，以及工伤职工的居民身份证或者社会保障卡等有效身份证明原件。

省、自治区、直辖市劳动能力鉴定委员会作出的劳动能力鉴定结论为最终结论。

第十七条 自劳动能力鉴定结论作出之日起1年后，工伤职工、用人单位或者社会保险经办机构认为伤残情况发生变化的，可以向设区的市级劳动能力鉴定委员会申请劳动能力复查鉴定。

对复查鉴定结论不服的,可以按照本办法第十六条规定申请再次鉴定。

第十八条 工伤职工本人因身体等原因无法提出劳动能力初次鉴定、复查鉴定、再次鉴定申请的,可由其近亲属代为提出。

第十九条 再次鉴定和复查鉴定的程序、期限等按照本办法第九条至第十五条的规定执行。

第三章 监督管理

第二十条 劳动能力鉴定委员会应当每3年对专家库进行一次调整和补充,实行动态管理。确有需要的,可以根据实际情况适时调整。

第二十一条 劳动能力鉴定委员会选聘医疗卫生专家,聘期一般为3年,可以连续聘任。

聘任的专家应当具备下列条件:

(一)具有医疗卫生高级专业技术职务任职资格;

(二)掌握劳动能力鉴定的相关知识;

(三)具有良好的职业品德。

第二十二条 参加劳动能力鉴定的专家应当按照规定的时间、地点进行现场鉴定,严格执行劳动能力鉴定政策和标准,客观、公正地提出鉴定意见。

第二十三条 用人单位、工伤职工或者其近亲属应当如实提供鉴定需要的材料,遵守劳动能力鉴定相关规定,按照要求配合劳动能力鉴定工作。

工伤职工有下列情形之一的,当次鉴定终止:

(一)无正当理由不参加现场鉴定的;

(二)拒不参加劳动能力鉴定委员会安排的检查和诊断的。

第二十四条 医疗机构及其医务人员应当如实出具与劳动能力鉴定有关的各项诊断证明和病历材料。

第二十五条 劳动能力鉴定委员会组成人员、劳动能力鉴定工作人员以及参加鉴定的专家与当事人有利害关系的,应当回避。

第二十六条 任何组织或者个人有权对劳动能力鉴定中的违法行为进行举报、投诉。

第四章 法律责任

第二十七条 劳动能力鉴定委员会和承担劳动能力鉴定委员会日常工

作的机构及其工作人员在从事或者组织劳动能力鉴定时，有下列行为之一的，由人力资源社会保障行政部门或者有关部门责令改正，对直接负责的主管人员和其他直接责任人员依法给予相应处分；构成犯罪的，依法追究刑事责任：

（一）未及时审核并书面告知申请人需要补正的全部材料的；

（二）未在规定期限内作出劳动能力鉴定结论的；

（三）未按照规定及时送达劳动能力鉴定结论的；

（四）未按照规定随机抽取相关科别专家进行鉴定的；

（五）擅自篡改劳动能力鉴定委员会作出的鉴定结论的；

（六）利用职务之便非法收受当事人财物的；

（七）有违反法律法规和本办法的其他行为的。

第二十八条 从事劳动能力鉴定的专家有下列行为之一的，劳动能力鉴定委员会应当予以解聘；情节严重的，由卫生计生行政部门依法处理：

（一）提供虚假鉴定意见的；

（二）利用职务之便非法收受当事人财物的；

（三）无正当理由不履行职责的；

（四）有违反法律法规和本办法的其他行为的。

第二十九条 参与工伤救治、检查、诊断等活动的医疗机构及其医务人员有下列情形之一的，由卫生计生行政部门依法处理：

（一）提供与病情不符的虚假诊断证明的；

（二）篡改、伪造、隐匿、销毁病历材料的；

（三）无正当理由不履行职责的。

第三十条 以欺诈、伪造证明材料或者其他手段骗取鉴定结论、领取工伤保险待遇的，按照《中华人民共和国社会保险法》第八十八条的规定，由人力资源社会保障行政部门责令退回骗取的社会保险金，处骗取金额2倍以上5倍以下的罚款。

第五章 附 则

第三十一条 未参加工伤保险的公务员和参照公务员法管理的事业单位、社会团体工作人员因工（公）致残的劳动能力鉴定，参照本办法执行。

第三十二条 本办法中的劳动能力鉴定申请表、初次（复查）鉴定结论书、再次鉴定结论书、劳动能力鉴定材料收讫补正告知书等文书基本样式由人力资源社会保障部制定。

第三十三条 本办法自2014年4月1日起施行。

附件:1. 劳动能力鉴定申请表(略)

2. 初次(复查)鉴定结论书(略)

3. 再次鉴定结论书(略)

4. 劳动能力鉴定材料收讫补正告知书(略)

劳动能力鉴定
——职工工伤与职业病致残等级

(2014年9月3日国家质量监督检验检疫总局、中国国家标准化管理委员会发布 GB/T 16180—2014(附录略)
自2015年1月1日起实施)

前 言

本标准按照GB/T 1.1—2009给出的规则起草。

本标准代替GB/T 16180—2006《劳动能力鉴定 职工工伤与职业病致残等级》,与GB/T 16180—2006相比,主要技术变化如下:

——将总则中的分级原则写入相应等级标准头条;

——对总则中4.1.4护理依赖的分级进一步予以明确;

——删除总则4.1.5心理障碍的描述;

——将附录中有明确定义的内容直接写进标准条款;

——在具体条款中取消年龄和是否生育的表述;

——附录B中增加手、足功能缺损评估参考图表;

——附录A中增加视力减弱补偿率的使用说明;

——对附录中外伤性椎间盘突出症的诊断要求做了调整；

——完善了对癫痫和智能障碍的综合评判要求；

——归并胸、腹腔脏器损伤部分条款；

——增加系统治疗的界定；

——增加四肢长管状骨的界定；

——增加了脊椎骨折的分型界定；

——增加了关节功能障碍的量化判定基准；

——增加“髌骨、跟骨、距骨、下颌骨或骨盆骨折内固定术后”条款；

——增加“四肢长管状骨骨折内固定术或外固定支架术后”条款；

——增加“四肢大关节肌腱及韧带撕裂伤术后遗留轻度功能障碍”条款；

——完善、调整或删除了部分不规范、不合理甚至矛盾的条款；

——取消了部分条款后缀中易造成歧义的“无功能障碍”表述；

——伤残条目由 572 条调整为 530 条。

本标准由中华人民共和国人力资源和社会保障部提出。

本标准由中华人民共和国人力资源和社会保障部归口。

本标准起草单位：上海市劳动能力鉴定中心。

本标准主要起草人：陈道莅、张岩、杨庆铭、廖镇江、曹贵松、眭述平、叶纹、周泽深、陶明毅、王国民、程瑜、周安寿、左峰、林景荣、姚树源、王沛、孔翔飞、徐新荣、杨小锋、姜节凯、方晓松、刘声明、章艾武、李怀侠、姚凰。

本标准所代替标准的历次版本发布情况为：

——GB/T 16180—1996、GB/T 16180—2006。

1　范　　围

本标准规定了职工工伤与职业病致残劳动能力鉴定原则和分级标准。

本标准适用于职工在职业活动中因工负伤和因职业病致残程度的鉴定。

2　规范性引用文件

下列文件对于本文件的应用是必不可少的。凡是注日期的引用文件，仅注日期的版本适用于本文件。凡是不注日期的引用文件，其最新版本（包括所有的修改单）适用于本文件。

GB/T 4854(所有部分)　声学　校准测听设备的基准零级
GB/T 7341(所有部分)　听力计
GB/T 7582—2004　声学　听阈与年龄关系的统计分布
GB/T 7583　声学　纯音气导听阈测定　保护听力用
GB 11533　标准对数视力表
GBZ 4　职业性慢性二硫化碳中毒诊断标准
GBZ 5　职业性氟及无机化合物中毒的诊断
GBZ 7　职业性手臂振动病诊断标准
GBZ 9　职业性急性电光性眼炎(紫外线角膜结膜炎)诊断标准
GBZ 12　职业性铬鼻病诊断标准
GBZ 24　职业性减压病诊断标准
GBZ 35　职业性白内障诊断标准
GBZ 45　职业性三硝基甲苯白内障诊断标准
GBZ 49　职业性噪声聋诊断标准
GBZ 54　职业性化学性眼灼伤诊断标准
GBZ 57　职业性哮喘诊断标准
GBZ 60　职业性过敏性肺炎诊断标准
GBZ 61　职业性牙酸蚀病诊断标准
GBZ 70　尘肺病诊断标准
GBZ 81　职业性磷中毒诊断标准
GBZ 82　职业性煤矿井下工人滑囊炎诊断标准
GBZ 83　职业性砷中毒的诊断
GBZ 94　职业性肿瘤诊断标准
GBZ 95　放射性白内障诊断标准
GBZ 96　内照射放射病诊断标准
GBZ 97　放射性肿瘤诊断标准
GBZ 101　放射性甲状腺疾病诊断标准
GBZ 104　外照射急性放射病诊断标准
GBZ 105　外照射慢性放射病诊断标准
GBZ 106　放射性皮肤疾病诊断标准
GBZ 107　放射性性腺疾病的诊断

GBZ 109 放射性膀胱疾病诊断标准

GBZ 110 急性放射性肺炎诊断标准

GBZ/T 238 职业性爆震聋的诊断

3 术语和定义

下列术语和定义适用于本文件。

3.1 劳动能力鉴定 identify work ability

法定机构对劳动者在职业活动中因工负伤或患职业病后,根据国家工伤保险法规规定,在评定伤残等级时通过医学检查对劳动功能障碍程度(伤残程度)和生活自理障碍程度做出的技术性鉴定结论。

3.2 医疗依赖 medical dependence

工伤致残于评定伤残等级技术鉴定后仍不能脱离治疗。

3.3 生活自理障碍 ability of living independence

工伤致残者因生活不能自理,需依赖他人护理。

4 总 则

4.1 判断依据

4.1.1 综合判定

依据工伤致残者于评定伤残等级技术鉴定时的器官损伤、功能障碍及其对医疗与日常生活护理的依赖程度,适当考虑由于伤残引起的社会心理因素影响,对伤残程度进行综合判定分级。

附录A为各门类工伤、职业病致残分级判定基准。

附录B为正确使用本标准的说明。

4.1.2 器官损伤

器官损伤是工伤的直接后果,但职业病不一定有器官缺损。

4.1.3 功能障碍

工伤后功能障碍的程度与器官缺损的部位及严重程度有关,职业病所致的器官功能障碍与疾病的严重程度相关。对功能障碍的判定,应以评定伤残等级技术鉴定时的医疗检查结果为依据,根据评残对象逐个确定。

4.1.4 医疗依赖

医疗依赖判定分级：

a)特殊医疗依赖：工伤致残后必须终身接受特殊药物、特殊医疗设备或装置进行治疗；

b)一般医疗依赖：工伤致残后仍需接受长期或终身药物治疗。

4.1.5 生活自理障碍

生活自理范围主要包括下列五项：

a)进食：完全不能自主进食，需依赖他人帮助；

b)翻身：不能自主翻身；

c)大、小便：不能自主行动，排大、小便需依靠他人帮助；

d)穿衣、洗漱：不能自己穿衣、洗漱，完全依赖他人帮助；

e)自主行动：不能自主走动。

生活自理障碍程度分三级：

a)完全生活自理障碍：生活完全不能自理，上述五项均需护理；

b)大部分生活自理障碍：生活大部分不能自理，上述五项中三项或四项需要护理；

c)部分生活自理障碍：生活部分不能自理，上述五项中一项或两项需要护理。

4.2 晋级原则

对于同一器官或者系统多处损伤，或一个以上器官不同部位同时受到损伤者，应先对单项伤残程度进行鉴定。如果几项伤残等级不同，以重者定级；如果两项及以上等级相同，最多晋升一级。

4.3 对原有伤残及合并症的处理

在劳动能力鉴定过程中，工伤或职业病后出现合并症，其致残等级的评定以鉴定时实际的致残结局为依据。

如受工伤损害的器官原有伤残或疾病史，即：单个或双器官（如双眼、四肢、肾脏）或系统损伤，本次鉴定时应检查本次伤情是否加重原有伤残，若加重原有伤残，鉴定时按实际的致残结局为依据；若本次伤情轻于原有伤残，鉴定时则按本次工伤伤情致残结局为依据。

对原有伤残的处理适用于初次或再次鉴定，复查鉴定不适用本规则。

4.4 门类划分

按照临床医学分科和各学科间相互关联的原则,对残情的判定划分为5个门类:

a)神经内科、神经外科、精神科门。

b)骨科、整形外科、烧伤科门。

c)眼科、耳鼻喉科、口腔科门。

d)普外科、胸外科、泌尿生殖科门。

e)职业病内科门。

4.5 条目划分

按照4.4中的5个门类,以附录C中表C.1~C.5及一至十级分级系列,根据伤残的类别和残情的程度划分伤残条目,共列出残情530条。

4.6 等级划分

根据条目划分原则以及工伤致残程度,综合考虑各门类间的平衡,将残情级别分为一至十级。最重为第一级,最轻为第十级。对未列出的个别伤残情况,参照本标准中相应定级原则进行等级评定。

5 职工工伤与职业病致残等级分级

5.1 一 级

5.1.1 定级原则

器官缺失或功能完全丧失,其他器官不能代偿,存在特殊医疗依赖,或完全或大部分或部分生活自理障碍。

5.1.2 一级条款系列

凡符合5.1.1或下列条款之一者均为工伤一级。

1)极重度智能损伤;

2)四肢瘫肌力≤3级或三肢瘫肌力≤2级;

3)重度非肢体瘫运动障碍;

4)面部重度毁容,同时伴有表C.2中二级伤残之一者;

5)全身重度瘢痕形成,占体表面积≥90%,伴有脊柱及四肢大关节活动功能基本丧失;

6)双肘关节以上缺失或功能完全丧失;

7）双下肢膝上缺失及一上肢肘上缺失；

8）双下肢及一上肢瘢痕畸形，功能完全丧失；

9）双眼无光感或仅有光感但光定位不准者；

10）肺功能重度损伤和呼吸困难Ⅳ级，需终生依赖机械通气；

11）双肺或心肺联合移植术；

12）小肠切除≥90%；

13）肝切除后原位肝移植；

14）胆道损伤原位肝移植；

15）全胰切除；

16）双侧肾切除或孤肾切除术后，用透析维持或同种肾移植术后肾功能不全尿毒症期；

17）尘肺叁期伴肺功能重度损伤及（或）重度低氧血症〔PO_2 <5.3kPa（<40mmHg）〕；

18）其他职业性肺部疾患，伴肺功能重度损伤及（或）重度低氧血症〔PO_2 <5.3kPa（<40mmHg）〕；

19）放射性肺炎后，两叶以上肺纤维化伴重度低氧血症〔PO_2 <5.3kPa（<40mmHg）〕；

20）职业性肺癌伴肺功能重度损伤；

21）职业性肝血管肉瘤，重度肝功能损害；

22）肝硬化伴食道静脉破裂出血，肝功能重度损害；

23）肾功能不全尿毒症期，内生肌酐清除率持续<10mL/min，或血浆肌酐水平持续>707μmol/L（8mg/dL）。

5.2 二 级

5.2.1 定级原则

器官严重缺损或畸形，有严重功能障碍或并发症，存在特殊医疗依赖，或大部分或部分生活自理障碍。

5.2.2 二级条款系列

凡符合5.2.1或下列条款之一者均为工伤二级。

1）重度智能损伤；

2）三肢瘫肌力3级；

3）偏瘫肌力≤2级；

4）截瘫肌力≤2 级；

5）双手全肌瘫肌力≤2 级；

6）完全感觉性或混合性失语；

7）全身重度瘢痕形成，占体表面积≥80%，伴有四肢大关节中 3 个以上活动功能受限；

8）全面部瘢痕或植皮伴有重度毁容；

9）双侧前臂缺失或双手功能完全丧失；

10）双下肢瘢痕畸形，功能完全丧失；

11）双膝以上缺失；

12）双膝、双踝关节功能完全丧失；

13）同侧上、下肢缺失或功能完全丧失；

14）四肢大关节（肩、髋、膝、肘）中 4 个及以上关节功能完全丧失者；

15）一眼有或无光感，另眼矫正视力≤0.02，或视野≤8%（或半径≤5°）；

16）无吞咽功能，完全依赖胃管进食；

17）双侧上颌骨或双侧下颌骨完全缺损；

18）一侧上颌骨及对侧下颌骨完全缺损，并伴有颜面软组织损伤 $>30cm^2$；

19）一侧全肺切除并胸廓成形术，呼吸困难Ⅲ级；

20）心功能不全三级；

21）食管闭锁或损伤后无法行食管重建术，依赖胃造瘘或空肠造瘘进食；

22）小肠切除 3/4，合并短肠综合症；

23）肝切除 3/4，合并肝功能重度损害；

24）肝外伤后发生门脉高压三联症或发生 Budd－chiari 综合征；

25）胆道损伤致肝功能重度损害；

26）胰次全切除，胰腺移植术后；

27）孤肾部分切除后，肾功能不全失代偿期；

28）肺功能重度损伤及（或）重度低氧血症；

29）尘肺叁期伴肺功能中度损伤及（或）中度低氧血症；

30）尘肺贰期伴肺功能重度损伤及（或）重度低氧血症〔PO_2 < 5.3kPa（40mmHg）〕；

31）尘肺叁期伴活动性肺结核；

32）职业性肺癌或胸膜间皮瘤；

33）职业性急性白血病；

34）急性重型再生障碍性贫血；

35）慢性重度中毒性肝病；

36）肝血管肉瘤；

37）肾功能不全尿毒症期，内生肌酐清除率持续 < 25mL/min，或血浆肌酐水平持续 > 450μmol/L（5mg/dL）；

38）职业性膀胱癌；

39）放射性肿瘤。

5.3　三　　级

5.3.1　定级原则

器官严重缺损或畸形，有严重功能障碍或并发症，存在特殊医疗依赖，或部分生活自理障碍。

5.3.2　三级条款系列

凡符合 5.3.1 或下列条款之一者均为工伤三级。

1）精神病性症状，经系统治疗 1 年后仍表现为危险或冲动行为者；

2）精神病性症状，经系统治疗 1 年后仍缺乏生活自理能力者；

3）偏瘫肌力 3 级；

4）截瘫肌力 3 级；

5）双足全肌瘫肌力≤2 级；

6）中度非肢体瘫运动障碍；

7）完全性失用、失写、失读、失认等具有两项及两项以上者；

8）全身重度瘢痕形成，占体表面积≥70%，伴有四肢大关节中 2 个以上活动功能受限；

9）面部瘢痕或植皮≥2/3 并有中度毁容；

10）一手缺失，另一手拇指缺失；

11）双手拇、食指缺失或功能完全丧失；

12）一手功能完全丧失，另一手拇指功能完全丧失；

13）双髋、双膝关节中，有一个关节缺失或功能完全丧失及另一关节重度功能障碍；

14）双膝以下缺失或功能完全丧失；

15）一侧髋、膝关节畸形，功能完全丧失；

16）非同侧腕上、踝上缺失；

17）非同侧上、下肢瘢痕畸形，功能完全丧失；

18）一眼有或无光感，另眼矫正视力≤0.05 或视野≤16%（半径≤10°）；

19）双眼矫正视力 <0.05 或视野≤16%（半径≤10°）；

20）一侧眼球摘除或眼内容物剜出，另眼矫正视力 <0.1 或视野≤24%（或半径≤15°）；

21）呼吸完全依赖气管套管或造口；

22）喉或气管损伤导致静止状态下或仅轻微活动即有呼吸困难；

23）同侧上、下颌骨完全缺损；

24）一侧上颌骨或下颌骨完全缺损，伴颜面部软组织损伤 >30cm²；

25）舌缺损 > 全舌的 2/3；

26）一侧全肺切除并胸廓成形术；

27）一侧胸廓成形术，肋骨切除 6 根以上；

28）一侧全肺切除并隆凸切除成形术；

29）一侧全肺切除并大血管重建术；

30）Ⅲ度房室传导阻滞；

31）肝切除 2/3，并肝功能中度损害；

32）胰次全切除，胰岛素依赖；

33）一侧肾切除，对侧肾功能不全失代偿期；

34）双侧输尿管狭窄，肾功能不全失代偿期；

35）永久性输尿管腹壁造瘘；

36）膀胱全切除；

37）尘肺叁期；

38）尘肺贰期伴肺功能中度损伤及（或）中度低氧血症；

39）尘肺贰期合并活动性肺结核；

40）放射性肺炎后两叶肺纤维化，伴肺功能中度损伤及（或）中度低氧血症；

41）粒细胞缺乏症；

42）再生障碍性贫血；

43）职业性慢性白血病；

44）中毒性血液病，骨髓增生异常综合征；

45）中毒性血液病，严重出血或血小板含量$\leqslant 2\times 10^{10}/L$；

46）砷性皮肤癌；

47）放射性皮肤癌。

5.4　四　　级

5.4.1　定级原则

器官严重缺损或畸形，有严重功能障碍或并发症，存在特殊医疗依赖，或部分生活自理障碍或无生活自理障碍。

5.4.2　四级条款系列

凡符合 5.4.1 或下列条款之一者均为工伤四级。

1）中度智能损伤；

2）重度癫痫；

3）精神病性症状，经系统治疗 1 年后仍缺乏社交能力者；

4）单肢瘫肌力≤2 级；

5）双手部分肌瘫肌力≤2 级；

6）脑脊液漏伴有颅底骨缺损不能修复或反复手术失败；

7）面部中度毁容；

8）全身瘢痕面积≥60%，四肢大关节中 1 个关节活动功能受限；

9）面部瘢痕或植皮≥1/2 并有轻度毁容；

10）双拇指完全缺失或功能完全丧失；

11）一侧手功能完全丧失，另一手部分功能丧失；

12）一侧肘上缺失；

13）一侧膝以下缺失，另一侧前足缺失；

14）一侧膝以上缺失；

15）一侧踝以下缺失，另一足畸形行走困难；

16）一眼有或无光感，另眼矫正视力＜0.2 或视野≤32%（或半径≤20°）；

17）一眼矫正视力＜0.05，另眼矫正视力≤0.1；

18）双眼矫正视力＜0.1 或视野≤32%（或半径≤20°）；

19）双耳听力损失≥91dB；

20）牙关紧闭或因食管狭窄只能进流食；
21）一侧上颌骨缺损1/2，伴颜面部软组织损伤 > $20cm^2$；
22）下颌骨缺损长6cm以上的区段，伴口腔、颜面软组织损伤 > $20cm^2$；
23）双侧颞下颌关节骨性强直，完全不能张口；
24）面颊部洞穿性缺损 > $20cm^2$；
25）双侧完全性面瘫；
26）一侧全肺切除术；
27）双侧肺叶切除术；
28）肺叶切除后并胸廓成形术后；
29）肺叶切除并隆凸切除成形术后；
30）一侧肺移植术；
31）心瓣膜置换术后；
32）心功能不全二级；
33）食管重建术后吻合口狭窄，仅能进流食者；
34）全胃切除；
35）胰头、十二指肠切除；
36）小肠切除3/4；
37）小肠切除2/3，包括回盲部切除；
38）全结肠、直肠、肛门切除，回肠造瘘；
39）外伤后肛门排便重度障碍或失禁；
40）肝切除2/3；
41）肝切除1/2，肝功能轻度损害；
42）胆道损伤致肝功能中度损害；
43）甲状旁腺功能重度损害；
44）肾修补术后，肾功能不全失代偿期；
45）输尿管修补术后，肾功能不全失代偿期；
46）永久性膀胱造瘘；
47）重度排尿障碍；
48）神经原性膀胱，残余尿≥50mL；
49）双侧肾上腺缺损；
50）尘肺贰期；

51）尘肺壹期伴肺功能中度损伤及（或）中度低氧血症；

52）尘肺壹期伴活动性肺结核；

53）病态窦房结综合征（需安装起搏器者）；

54）放射性损伤致肾上腺皮质功能明显减退；

55）放射性损伤致免疫功能明显减退。

5.5　五　　级

5.5.1　定级原则

器官大部缺损或明显畸形，有较重功能障碍或并发症，存在一般医疗依赖，无生活自理障碍。

5.5.2　五级条款系列

凡符合5.5.1或下列条款之一者均为工伤五级。

1）四肢瘫肌力4级；

2）单肢瘫肌力3级；

3）双手部分肌瘫肌力3级；

4）一手全肌瘫肌力≤2级；

5）双足全肌瘫肌力3级；

6）完全运动性失语；

7）完全性失用、失写、失读、失认等具有一项者；

8）不完全性失用、失写、失读、失认等具有多项者；

9）全身瘢痕占体表面积≥50%，并有关节活动功能受限；

10）面部瘢痕或植皮≥1/3并有毁容标准中的一项；

11）脊柱骨折后遗30°以上侧弯或后凸畸形，伴严重根性神经痛；

12）一侧前臂缺失；

13）一手功能完全丧失；

14）肩、肘关节之一功能完全丧失；

15）一手拇指缺失，另一手除拇指外三指缺失；

16）一手拇指功能完全丧失，另一手除拇指外三指功能完全丧失；

17）双前足缺失或双前足瘢痕畸形，功能完全丧失；

18）双跟骨足底软组织缺损瘢痕形成，反复破溃；

19）一髋（或一膝）功能完全丧失；

20）四肢大关节之一人工关节术后遗留重度功能障碍；

21)一侧膝以下缺失;

22)第Ⅲ对脑神经麻痹;

23)双眼外伤性青光眼术后,需用药物控制眼压者;

24)一眼有或无光感,另眼矫正视力≤0.3或视野≤40%(或半径≤25°);

25)一眼矫正视力<0.05,另眼矫正视力≤0.2;

26)一眼矫正视力<0.1,另眼矫正视力等于0.1;

27)双眼视野≤40%(或半径≤25°);

28)双耳听力损失≥81dB;

29)喉或气管损伤导致一般活动及轻工作时有呼吸困难;

30)吞咽困难,仅能进半流食;

31)双侧喉返神经损伤,喉保护功能丧失致饮食呛咳、误吸;

32)一侧上颌骨缺损>1/4,但<1/2,伴软组织损伤>$10cm^2$,但<$20cm^2$;

33)下颌骨缺损长4cm以上的区段,伴口腔、颜面软组织损伤>$10cm^2$;

34)一侧完全面瘫,另一侧不完全面瘫;

35)双肺叶切除术;

36)肺叶切除术并大血管重建术;

37)隆凸切除成形术;

38)食管重建术后吻合口狭窄,仅能进半流食者;

39)食管气管或支气管瘘;

40)食管胸膜瘘;

41)胃切除3/4;

42)小肠切除2/3,包括回肠大部;

43)肛门、直肠、结肠部分切除,结肠造瘘;

44)肝切除1/2;

45)胰切除2/3;

46)甲状腺功能重度损害;

47)一侧肾切除,对侧肾功能不全代偿期;

48)一侧输尿管狭窄,肾功能不全代偿期;

49)尿道瘘不能修复者;

50)两侧睾丸、附睾缺损；

51)放射性损伤致生殖功能重度损伤；

52)阴茎全缺损；

53)双侧卵巢切除；

54)阴道闭锁；

55)会阴部瘢痕挛缩伴有阴道或尿道或肛门狭窄；

56)肺功能中度损伤或中度低氧血症；

57)莫氏Ⅱ型Ⅱ度房室传导阻滞；

58)病态窦房结综合征(不需安起搏器者)；

59)中毒性血液病,血小板减少($\leqslant 4\times10^{10}$/L)并有出血倾向；

60)中毒性血液病,白细胞含量持续$<3\times10^{9}$/L($<3\ 000/mm^3$)或粒细胞含量$<1.5\times10^{9}$/L($1\ 500/mm^3$)；

61)慢性中度中毒性肝病；

62)肾功能不全失代偿期,内生肌酐清除率持续<50mL/min,或血浆肌酐水平持续>177μmol/L(2mg/dL)；

63)放射性损伤致睾丸萎缩；

64)慢性重度磷中毒；

65)重度手臂振动病。

5.6　六　　级

5.6.1　定级原则

器官大部缺损或明显畸形,有中等功能障碍或并发症,存在一般医疗依赖,无生活自理障碍。

5.6.2　六级条款系列

凡符合5.6.1或下列条款之一者均为工伤六级。

1)癫痫中度；

2)轻度智能损伤；

3)精神病性症状,经系统治疗1年后仍影响职业劳动能力者；

4)三肢瘫肌力4级；

5)截瘫双下肢肌力4级伴轻度排尿障碍；

6)双手全肌瘫肌力4级；

7)一手全肌瘫肌力3级；

8)双足部分肌瘫肌力≤2 级;
9)单足全肌瘫肌力≤2 级;
10)轻度非肢体瘫运动障碍;
11)不完全性感觉性失语;
12)面部重度异物色素沉着或脱失;
13)面部瘢痕或植皮≥1/3;
14)全身瘢痕面积≥40%;
15)撕脱伤后头皮缺失 1/5 以上;
16)一手一拇指完全缺失,连同另一手非拇指二指缺失;
17)一拇指功能完全丧失,另一手除拇指外有二指功能完全丧失;
18)一手三指(含拇指)缺失;
19)除拇指外其余四指缺失或功能完全丧失;
20)一侧踝以下缺失;或踝关节畸形,功能完全丧失;
21)下肢骨折成角畸形>15°,并有肢体短缩 4cm 以上;
22)一前足缺失,另一足仅残留拇趾;
23)一前足缺失,另一足除拇趾外,2~5 趾畸形,功能完全丧失;
24)一足功能完全丧失,另一足部分功能丧失;
25)一髋或一膝关节功能重度障碍;
26)单侧跟骨足底软组织缺损瘢痕形成,反复破溃;
27)一侧眼球摘除;或一侧眼球明显萎缩,无光感;
28)一眼有或无光感,另一眼矫正视力≥0.4;
29)一眼矫正视力≤0.05,另一眼矫正视力≥0.3;
30)一眼矫正视力≤0.1,另一眼矫正视力≥0.2;
31)双眼矫正视力≤0.2,或视野≤48%(或半径≤30°);
32)第Ⅳ或第Ⅵ对脑神经麻痹,或眼外肌损伤致复视的;
33)双耳听力损失≥71dB;
34)双侧前庭功能丧失,睁眼行走困难,不能并足站立;
35)单侧或双侧颞下颌关节强直,张口困难Ⅲ度;
36)一侧上颌骨缺损 1/4,伴口腔颜面软组织损伤>$10cm^2$;
37)面部软组织缺损>$20cm^2$,伴发涎瘘;
38)舌缺损>舌的 1/3,但<舌的 2/3;

39）双侧颧骨并颧弓骨折，伴有开口困难Ⅱ度以上及颜面部畸形经手术复位者；

40）双侧下颌骨髁状突颈部骨折，伴有开口困难Ⅱ度以上及咬合关系改变，经手术治疗者；

41）一侧完全性面瘫；

42）肺叶切除并肺段或楔形切除术；

43）肺叶切除并支气管成形术后；

44）支气管（或气管）胸膜瘘；

45）冠状动脉旁路移植术；

46）大血管重建术；

47）胃切除 2/3；

48）小肠切除 1/2，包括回盲部；

49）肛门外伤后排便轻度障碍或失禁；

50）肝切除 1/3；

51）胆道损伤致肝功能轻度损伤；

52）腹壁缺损面积≥腹壁的 1/4；

53）胰切除 1/2；

54）甲状腺功能中度损害；

55）甲状旁腺功能中度损害；

56）肾损伤性高血压；

57）尿道狭窄经系统治疗 1 年后仍需定期行扩张术；

58）膀胱部分切除合并轻度排尿障碍；

59）两侧睾丸创伤后萎缩，血睾酮低于正常值；

60）放射性损伤致生殖功能轻度损伤；

61）双侧输精管缺损，不能修复；

62）阴茎部分缺损；

63）女性双侧乳房切除或严重瘢痕畸形；

64）子宫切除；

65）双侧输卵管切除；

66）尘肺壹期伴肺功能轻度损伤及（或）轻度低氧血症；

67）放射性肺炎后肺纤维化（＜两叶），伴肺功能轻度损伤及（或）轻度低氧血症；

68）其他职业性肺部疾患，伴肺功能轻度损伤；

69）白血病完全缓解；

70）中毒性肾病，持续性低分子蛋白尿伴白蛋白尿；

71）中毒性肾病，肾小管浓缩功能减退；

72）放射性损伤致肾上腺皮质功能轻度减退；

73）放射性损伤致甲状腺功能低下；

74）减压性骨坏死Ⅲ期；

75）中度手臂振动病；

76）氟及其无机化合物中毒慢性重度中毒。

5.7 七 级

5.7.1 定级原则

器官大部缺损或畸形，有轻度功能障碍或并发症，存在一般医疗依赖，无生活自理障碍。

5.7.2 七级条款系列

凡符合 5.7.1 或下列条款之一者均为工伤七级。

1）偏瘫肌力 4 级；

2）截瘫肌力 4 级；

3）单手部分肌瘫肌力 3 级；

4）双足部分肌瘫肌力 3 级；

5）单足全肌瘫肌力 3 级；

6）中毒性周围神经病致深感觉障碍；

7）人格改变或边缘智能，经系统治疗 1 年后仍存在明显社会功能受损者；

8）不完全性运动性失语；

9）不完全性失用、失写、失读和失认等具有一项者；

10）符合重度毁容标准中的两项者；

11）烧伤后颅骨全层缺损≥$30cm^2$，或在硬脑膜上植皮面积≥$10cm^2$；

12）颈部瘢痕挛缩，影响颈部活动；

13）全身瘢痕面积≥30%；

14）面部瘢痕、异物或植皮伴色素改变占面部的 10% 以上；

15）骨盆骨折内固定术后，骨盆环不稳定，骶髂关节分离；

16）一手除拇指外，其他2～3指（含食指）近侧指间关节离断；

17）一手除拇指外，其他2～3指（含食指）近侧指间关节功能完全丧失；

18）肩、肘关节之一损伤后遗留关节重度功能障碍；

19）一腕关节功能完全丧失；

20）一足1～5趾缺失；

21）一前足缺失；

22）四肢大关节之一人工关节术后，基本能生活自理；

23）四肢大关节之一关节内骨折导致创伤性关节炎，遗留中重度功能障碍；

24）下肢伤后短缩>2cm，但≤4cm者；

25）膝关节韧带损伤术后关节不稳定，伸屈功能正常者；

26）一眼有或无光感，另眼矫正视力≥0.8；

27）一眼有或无光感，另一眼各种客观检查正常；

28）一眼矫正视力≤0.05，另眼矫正视力≥0.6；

29）一眼矫正视力≤0.1，另眼矫正视力≥0.4；

30）双眼矫正视力≤0.3，或视野≤64%（或半径≤40°）；

31）单眼外伤性青光眼术后，需用药物控制眼压者；

32）双耳听力损失≥56dB；

33）咽成形术后，咽下运动不正常；

34）牙槽骨损伤长度≥8cm，牙齿脱落10个及以上；

35）单侧颧骨并颧弓骨折，伴有开口困难Ⅱ度以上及颜面部畸形经手术复位者；

36）双侧不完全性面瘫；

37）肺叶切除术；

38）限局性脓胸行部分胸廓成形术；

39）气管部分切除术；

40）食管重建术后伴反流性食管炎；

41）食管外伤或成形术后咽下运动不正常；

42）胃切除1/2；

43）小肠切除1/2；

44)结肠大部分切除;

45)肝切除1/4;

46)胆道损伤,胆肠吻合术后;

47)脾切除;

48)胰切除1/3;

49)女性两侧乳房部分缺损;

50)一侧肾切除;

51)膀胱部分切除;

52)轻度排尿障碍;

53)阴道狭窄;

54)尘肺壹期,肺功能正常;

55)放射性肺炎后肺纤维化(<两叶),肺功能正常;

56)轻度低氧血症;

57)心功能不全一级;

58)再生障碍性贫血完全缓解;

59)白细胞减少症,含量持续 $<4\times10^9/L(4\,000/mm^3)$;

60)中性粒细胞减少症,含量持续 $<2\times10^9/L(2\,000/mm^3)$;

61)慢性轻度中毒性肝病;

62)肾功能不全代偿期,内生肌酐清除率<70mL/min;

63)三度牙酸蚀病。

5.8 八级

5.8.1 定级原则

器官部分缺损,形态异常,轻度功能障碍,存在一般医疗依赖,无生活自理障碍。

5.8.2 八级条款系列

凡符合5.8.1或下列条款之一者均为工伤八级。

1)单肢体瘫肌力4级;

2)单手全肌瘫肌力4级;

3)双手部分肌瘫肌力4级;

4)双足部分肌瘫肌力4级;

5)单足部分肌瘫肌力≤3级;

6)脑叶部分切除术后;

7)符合重度毁容标准中的一项者;

8)面部烧伤植皮≥1/5;

9)面部轻度异物沉着或色素脱失;

10)双侧耳廓部分或一侧耳廓大部分缺损;

11)全身瘢痕面积≥20%;

12)一侧或双侧眼睑明显缺损;

13)脊椎压缩性骨折,椎体前缘高度减少1/2以上者或脊椎不稳定性骨折;

14)3个及以上节段脊柱内固定术;

15)一手除拇、食指外,有两指近侧指间关节离断;

16)一手除拇、食指外,有两指近侧指间关节功能完全丧失;

17)一拇指指间关节离断;

18)一拇指指间关节畸形,功能完全丧失;

19)一足拇趾缺失,另一足非拇趾一趾缺失;

20)一足拇趾畸形,功能完全丧失,另一足非拇趾一趾畸形;

21)一足除拇趾外,其他三趾缺失;

22)一足除拇趾外,其他四趾瘢痕畸形,功能完全丧失;

23)因开放骨折感染形成慢性骨髓炎,反复发作者;

24)四肢大关节之一关节内骨折导致创伤性关节炎,遗留轻度功能障碍;

25)急性放射皮肤损伤Ⅳ度及慢性放射性皮肤损伤手术治疗后影响肢体功能;

26)放射性皮肤溃疡经久不愈者;

27)一眼矫正视力≤0.2,另眼矫正视力≥0.5;

28)双眼矫正视力等于0.4;

29)双眼视野≤80%(或半径≤50°);

30)一侧或双侧睑外翻或睑闭合不全者;

31)上睑下垂盖及瞳孔1/3者;

32)睑球粘连影响眼球转动者;

33)外伤性青光眼行抗青光眼手术后眼压控制正常者;

34)双耳听力损失≥41dB或一耳≥91dB;

35）喉或气管损伤导致体力劳动时有呼吸困难；

36）喉源性损伤导致发声及言语困难；

37）牙槽骨损伤长度≥6cm，牙齿脱落8个及以上者；

38）舌缺损＜舌的1/3；

39）双侧鼻腔或鼻咽部闭锁；

40）双侧颞下颌关节强直，张口困难Ⅱ度；

41）上、下颌骨骨折，经牵引、固定治疗后有功能障碍者；

42）双侧颧骨并颧弓骨折，无开口困难，颜面部凹陷畸形不明显，不需手术复位；

43）肺段切除术；

44）支气管成形术；

45）双侧≥3根肋骨骨折致胸廓畸形；

46）膈肌破裂修补术后，伴膈神经麻痹；

47）心脏、大血管修补术；

48）心脏异物滞留或异物摘除术；

49）肺功能轻度损伤；

50）食管重建术后，进食正常者；

51）胃部分切除；

52）小肠部分切除；

53）结肠部分切除；

54）肝部分切除；

55）腹壁缺损面积＜腹壁的1/4；

56）脾部分切除；

57）胰部分切除；

58）甲状腺功能轻度损害；

59）甲状旁腺功能轻度损害；

60）尿道修补术；

61）一侧睾丸、附睾切除；

62）一侧输精管缺损，不能修复；

63）脊髓神经周围神经损伤，或盆腔、会阴手术后遗留性功能障碍；

64）一侧肾上腺缺损；

65)单侧输卵管切除；

66)单侧卵巢切除；

67)女性单侧乳房切除或严重瘢痕畸形；

68)其他职业性肺疾患，肺功能正常；

69)中毒性肾病，持续低分子蛋白尿；

70)慢性中度磷中毒；

71)氟及其无机化合物中毒慢性中度中毒；

72)减压性骨坏死Ⅱ期；

73)轻度手臂振动病；

74)二度牙酸蚀。

5.9 九 级

5.9.1 定级原则

器官部分缺损，形态异常，轻度功能障碍，无医疗依赖或者存在一般医疗依赖，无生活自理障碍。

5.9.2 九级条款系列

凡符合5.9.1或下列条款之一者均为工伤九级。

1)癫痫轻度；

2)中毒性周围神经病致浅感觉障碍；

3)脑挫裂伤无功能障碍；

4)开颅手术后无功能障碍；

5)颅内异物无功能障碍；

6)颈部外伤致颈总、颈内动脉狭窄，支架置入或血管搭桥手术后无功能障碍；

7)符合中度毁容标准中的两项或轻度毁容者；

8)发际边缘瘢痕性秃发或其他部位秃发，需戴假发者；

9)全身瘢痕占体表面积≥5%；

10)面部有≥8cm² 或3处以上≥1cm² 的瘢痕；

11)两个以上横突骨折；

12)脊椎压缩骨折，椎体前缘高度减少小于1/2者；

13)椎间盘髓核切除术后；

14)1~2节脊柱内固定术；

15)一拇指末节部分1/2缺失;

16)一手食指2~3节缺失;

17)一拇指指间关节僵直于功能位;

18)除拇指外,余3~4指末节缺失;

19)一足拇趾末节缺失;

20)除拇趾外其他二趾缺失或瘢痕畸形,功能不全;

21)跖骨或跗骨骨折影响足弓者;

22)外伤后膝关节半月板切除、髌骨切除、膝关节交叉韧带修补术后;

23)四肢长管状骨骨折内固定或外固定支架术后;

24)髌骨、跟骨、距骨、下颌骨或骨盆骨折内固定术后;

25)第V对脑神经眼支麻痹;

26)眶壁骨折致眼球内陷、两眼球突出度相差>2mm或错位变形影响外观者;

27)一眼矫正视力≤0.3,另眼矫正视力>0.6;

28)双眼矫正视力等于0.5;

29)泪器损伤,手术无法改进溢泪者;

30)双耳听力损失≥31dB或一耳损失≥71dB;

31)喉源性损伤导致发声及言语不畅;

32)铬鼻病有医疗依赖;

33)牙槽骨损伤长度>4cm,牙脱落4个及以上;

34)上、下颌骨骨折,经牵引、固定治疗后无功能障碍者;

35)一侧下颌骨髁状突颈部骨折;

36)一侧颧骨并颧弓骨折;

37)肺内异物滞留或异物摘除术;

38)限局性脓胸行胸膜剥脱术;

39)胆囊切除;

40)一侧卵巢部分切除;

41)乳腺成形术;

42)胸、腹腔脏器探查术或修补术后。

5.10 十 级

5.10.1 定级原则

器官部分缺损，形态异常，无功能障碍或轻度功能障碍，无医疗依赖或者存在一般医疗依赖，无生活自理障碍。

5.10.2 十级条款系列

凡符合5.10.1或下列条款之一者均为工伤十级。

1）符合中度毁容标准中的一项者；

2）面部有瘢痕，植皮，异物色素沉着或脱失 $>2cm^2$；

3）全身瘢痕面积<5%，但≥1%；

4）急性外伤导致椎间盘髓核突出，并伴神经刺激征者；

5）一手指除拇指外，任何一指远侧指间关节离断或功能丧失；

6）指端植皮术后（增生性瘢痕 $1cm^2$ 以上）；

7）手背植皮面积 $>50cm^2$，并有明显瘢痕；

8）手掌、足掌植皮面积>30%者；

9）除拇趾外，任何一趾末节缺失；

10）足背植皮面积 $>100cm^2$；

11）膝关节半月板损伤、膝关节交叉韧带损伤未做手术者；

12）身体各部位骨折愈合后无功能障碍或轻度功能障碍；

13）四肢大关节肌腱及韧带撕裂伤术后遗留轻度功能障碍；

14）一手或两手慢性放射性皮肤损伤Ⅱ度及Ⅱ度以上者；

15）一眼矫正视力≤0.5，另一眼矫正视力≥0.8；

16）双眼矫正视力≤0.8；

17）一侧或双侧睑外翻或睑闭合不全行成形手术后矫正者；

18）上睑下垂盖及瞳孔1/3行成形手术后矫正者；

19）睑球粘连影响眼球转动行成形手术后矫正者；

20）职业性及外伤性白内障术后人工晶状体眼，矫正视力正常者；

21）职业性及外伤性白内障Ⅰ度～Ⅱ度（或轻度、中度），矫正视力正常者；

22）晶状体部分脱位；

23）眶内异物未取出者；

24）眼球内异物未取出者；

25)外伤性瞳孔放大;
26)角巩膜穿通伤治愈者;
27)双耳听力损失≥26 dB,或一耳≥56 dB;
28)双侧前庭功能丧失,闭眼不能并足站立;
29)铬鼻病(无症状者);
30)嗅觉丧失;
31)牙齿除智齿以外,切牙脱落1个以上或其他牙脱落2个以上;
32)一侧颞下颌关节强直,张口困难Ⅰ度;
33)鼻窦或面颊部有异物未取出;
34)单侧鼻腔或鼻孔闭锁;
35)鼻中隔穿孔;
36)一侧不完全性面瘫;
37)血、气胸行单纯闭式引流术后,胸膜粘连增厚;
38)腹腔脏器挫裂伤保守治疗后;
39)乳腺修补术后;
40)放射性损伤致免疫功能轻度减退;
41)慢性轻度磷中毒;
42)氟及其无机化合物中毒慢性轻度中毒;
43)井下工人滑囊炎;
44)减压性骨坏死Ⅰ期;
45)一度牙酸蚀病;
46)职业性皮肤病久治不愈。

附录 A、B、C(略)

因工死亡职工供养亲属范围规定

（2003 年 9 月 23 日劳动和社会保障部令第 18 号公布
自 2004 年 1 月 1 日起施行）

第一条 为明确因工死亡职工供养亲属范围，根据《工伤保险条例》第三十七条第一款第二项的授权，制定本规定。

第二条 本规定所称因工死亡职工供养亲属，是指该职工的配偶、子女、父母、祖父母、外祖父母、孙子女、外孙子女、兄弟姐妹。

本规定所称子女，包括婚生子女、非婚生子女、养子女和有抚养关系的继子女，其中，婚生子女、非婚生子女包括遗腹子女；

本规定所称父母，包括生父母、养父母和有抚养关系的继父母；

本规定所称兄弟姐妹，包括同父母的兄弟姐妹、同父异母或者同母异父的兄弟姐妹、养兄弟姐妹、有抚养关系的继兄弟姐妹。

第三条 上条规定的人员，依靠因工死亡职工生前提供主要生活来源，并有下列情形之一的，可按规定申请供养亲属抚恤金：

（一）完全丧失劳动能力的；

（二）工亡职工配偶男年满 60 周岁、女年满 55 周岁的；

（三）工亡职工父母男年满 60 周岁、女年满 55 周岁的；

（四）工亡职工子女未满 18 周岁的；

（五）工亡职工父母均已死亡，其祖父、外祖父年满 60 周岁，祖母、外祖母年满 55 周岁的；

（六）工亡职工子女已经死亡或完全丧失劳动能力，其孙子女、外孙子女未满 18 周岁的；

（七）工亡职工父母均已死亡或完全丧失劳动能力，其兄弟姐妹未满 18 周岁的。

第四条 领取抚恤金人员有下列情形之一的，停止享受抚恤金待遇：

（一）年满 18 周岁且未完全丧失劳动能力的；

（二）就业或参军的；

（三）工亡职工配偶再婚的；

（四）被他人或组织收养的；

（五）死亡的。

第五条 领取抚恤金的人员，在被判刑收监执行期间，停止享受抚恤金待遇。刑满释放仍符合领取抚恤金资格的，按规定的标准享受抚恤金。

第六条 因工死亡职工供养亲属享受抚恤金待遇的资格，由统筹地区社会保险经办机构核定。

因工死亡职工供养亲属的劳动能力鉴定，由因工死亡职工生前单位所在地设区的市级劳动能力鉴定委员会负责。

第七条 本办法自 2004 年 1 月 1 日起施行。

非法用工单位伤亡人员一次性赔偿办法

（2010 年 12 月 31 日人力资源和社会保障部令第 9 号公布
自 2011 年 1 月 1 日起施行）

第一条 根据《工伤保险条例》第六十六条第一款的授权，制定本办法。

第二条 本办法所称非法用工单位伤亡人员，是指无营业执照或者未经依法登记、备案的单位以及被依法吊销营业执照或者撤销登记、备案的单位受到事故伤害或者患职业病的职工，或者用人单位使用童工造成的伤残、死亡童工。

前款所列单位必须按照本办法的规定向伤残职工或者死亡职工的近亲属、伤残童工或者死亡童工的近亲属给予一次性赔偿。

第三条 一次性赔偿包括受到事故伤害或者患职业病的职工或童工在

治疗期间的费用和一次性赔偿金。一次性赔偿金数额应当在受到事故伤害或者患职业病的职工或童工死亡或者经劳动能力鉴定后确定。

劳动能力鉴定按照属地原则由单位所在地设区的市级劳动能力鉴定委员会办理。劳动能力鉴定费用由伤亡职工或童工所在单位支付。

第四条 职工或童工受到事故伤害或者患职业病,在劳动能力鉴定之前进行治疗期间的生活费按照统筹地区上年度职工月平均工资标准确定,医疗费、护理费、住院期间的伙食补助费以及所需的交通费等费用按照《工伤保险条例》规定的标准和范围确定,并全部由伤残职工或童工所在单位支付。

第五条 一次性赔偿金按照以下标准支付:

一级伤残的为赔偿基数的 16 倍,二级伤残的为赔偿基数的 14 倍,三级伤残的为赔偿基数的 12 倍,四级伤残的为赔偿基数的 10 倍,五级伤残的为赔偿基数的 8 倍,六级伤残的为赔偿基数的 6 倍,七级伤残的为赔偿基数的 4 倍,八级伤残的为赔偿基数的 3 倍,九级伤残的为赔偿基数的 2 倍,十级伤残的为赔偿基数的1 倍。

前款所称赔偿基数,是指单位所在工伤保险统筹地区上年度职工年平均工资。

第六条 受到事故伤害或者患职业病造成死亡的,按照上一年度全国城镇居民人均可支配收入的 20 倍支付一次性赔偿金,并按照上一年度全国城镇居民人均可支配收入的 10 倍一次性支付丧葬补助等其他赔偿金。

第七条 单位拒不支付一次性赔偿的,伤残职工或者死亡职工的近亲属、伤残童工或者死亡童工的近亲属可以向人力资源和社会保障行政部门举报。经查证属实的,人力资源和社会保障行政部门应当责令该单位限期改正。

第八条 伤残职工或者死亡职工的近亲属、伤残童工或者死亡童工的近亲属就赔偿数额与单位发生争议的,按照劳动争议处理的有关规定处理。

第九条 本办法自 2011 年 1 月 1 日起施行。劳动和社会保障部 2003 年 9 月 23 日颁布的《非法用工单位伤亡人员一次性赔偿办法》同时废止。

六、失 业 保 险

失业保险条例

(1999 年 1 月 22 日国务院令第 258 号发布施行)

第一章 总 则

第一条 为了保障失业人员失业期间的基本生活,促进其再就业,制定本条例。

第二条 城镇企业事业单位、城镇企业事业单位职工依照本条例的规定,缴纳失业保险费。

城镇企业事业单位失业人员依照本条例的规定,享受失业保险待遇。

本条所称城镇企业,是指国有企业、城镇集体企业、外商投资企业、城镇私营企业以及其他城镇企业。

第三条 国务院劳动保障行政部门主管全国的失业保险工作。县级以上地方各级人民政府劳动保障行政部门主管本行政区域内的失业保险工作。劳动保障行政部门按照国务院规定设立的经办失业保险业务的社会保险经办机构依照本条例的规定,具体承办失业保险工作。

第四条 失业保险费按照国家有关规定征缴。

第二章 失业保险基金

第五条 失业保险基金由下列各项构成:

(一)城镇企业事业单位、城镇企业事业单位职工缴纳的失业保险费;

(二)失业保险基金的利息;

(三)财政补贴;

（四）依法纳入失业保险基金的其他资金。

第六条 城镇企业事业单位按照本单位工资总额的百分之二缴纳失业保险费。城镇企业事业单位职工按照本人工资的百分之一缴纳失业保险费。城镇企业事业单位招用的农民合同制工人本人不缴纳失业保险费。

第七条 失业保险基金在直辖市和设区的市实行全市统筹；其他地区的统筹层次由省、自治区人民政府规定。

第八条 省、自治区可以建立失业保险调剂金。

失业保险调剂金以统筹地区依法应当征收的失业保险费为基数，按照省、自治区人民政府规定的比例筹集。

统筹地区的失业保险基金不敷使用时，由失业保险调剂金调剂、地方财政补贴。

失业保险调剂金的筹集、调剂使用以及地方财政补贴的具体办法，由省、自治区人民政府规定。

第九条 省、自治区、直辖市人民政府根据本行政区域失业人员数量和失业保险基金数额，报经国务院批准，可以适当调整本行政区域失业保险费的费率。

第十条 失业保险基金用于下列支出：

（一）失业保险金；

（二）领取失业保险金期间的医疗补助金；

（三）领取失业保险金期间死亡的失业人员的丧葬补助金和其供养的配偶、直系亲属的抚恤金；

（四）领取失业保险金期间接受职业培训、职业介绍的补贴，补贴的办法和标准由省、自治区、直辖市人民政府规定；

（五）国务院规定或者批准的与失业保险有关的其他费用。

第十一条 失业保险基金必须存入财政部门在国有商业银行开设的社会保障基金财政专户，实行收支两条线管理，由财政部门依法进行监督。

存入银行和按照国家规定购买国债的失业保险基金，分别按照城乡居民同期存款利率和国债利息计息。失业保险基金的利息并入失业保险基金。

失业保险基金专款专用，不得挪作他用，不得用于平衡财政收支。

第十二条 失业保险基金收支的预算、决算，由统筹地区社会保险经办机构编制，经同级劳动保障行政部门复核、同级财政部门审核，报同级人民政府审批。

第十三条　失业保险基金的财务制度和会计制度按照国家有关规定执行。

第三章　失业保险待遇

第十四条　具备下列条件的失业人员，可以领取失业保险金：

（一）按照规定参加失业保险，所在单位和本人已按照规定履行缴费义务满1年的；

（二）非因本人意愿中断就业的；

（三）已办理失业登记，并有求职要求的。

失业人员在领取失业保险金期间，按照规定同时享受其他失业保险待遇。

第十五条　失业人员在领取失业保险金期间有下列情形之一的，停止领取失业保险金，并同时停止享受其他失业保险待遇：

（一）重新就业的；

（二）应征服兵役的；

（三）移居境外的；

（四）享受基本养老保险待遇的；

（五）被判刑收监执行或者被劳动教养的；

（六）无正当理由，拒不接受当地人民政府指定的部门或者机构介绍的工作的；

（七）有法律、行政法规规定的其他情形的。

第十六条　城镇企业事业单位应当及时为失业人员出具终止或者解除劳动关系的证明，告知其按照规定享受失业保险待遇的权利，并将失业人员的名单自终止或者解除劳动关系之日起7日内报社会保险经办机构备案。

城镇企业事业单位职工失业后，应当持本单位为其出具的终止或者解除劳动关系的证明，及时到指定的社会保险经办机构办理失业登记。失业保险金自办理失业登记之日起计算。

失业保险金由社会保险经办机构按月发放。社会保险经办机构为失业人员开具领取失业保险金的单证，失业人员凭单证到指定银行领取失业保险金。

第十七条 失业人员失业前所在单位和本人按照规定累计缴费时间满1年不足5年的，领取失业保险金的期限最长为12个月；累计缴费时间满5年不足10年的，领取失业保险金的期限最长为18个月；累计缴费时间10年以上的，领取失业保险金的期限最长为24个月。重新就业后，再次失业的，缴费时间重新计算，领取失业保险金的期限可以与前次失业应领取而尚未领取的失业保险金的期限合并计算，但是最长不得超过24个月。

第十八条 失业保险金的标准，按照低于当地最低工资标准、高于城市居民最低生活保障标准的水平，由省、自治区、直辖市人民政府确定。

第十九条 失业人员在领取失业保险金期间患病就医的，可以按照规定向社会保险经办机构申请领取医疗补助金。医疗补助金的标准由省、自治区、直辖市人民政府规定。

第二十条 失业人员在领取失业保险金期间死亡的，参照当地对在职职工的规定，对其家属一次性发给丧葬补助金和抚恤金。

第二十一条 单位招用的农民合同制工人连续工作满1年，本单位并已缴纳失业保险费，劳动合同期满未续订或者提前解除劳动合同的，由社会保险经办机构根据其工作时间长短，对其支付一次性生活补助。补助的办法和标准由省、自治区、直辖市人民政府规定。

第二十二条 城镇企业事业单位成建制跨统筹地区转移，失业人员跨统筹地区流动的，失业保险关系随之转迁。

第二十三条 失业人员符合城市居民最低生活保障条件的，按照规定享受城市居民最低生活保障待遇。

第四章 管理和监督

第二十四条 劳动保障行政部门管理失业保险工作，履行下列职责：

（一）贯彻实施失业保险法律、法规；

（二）指导社会保险经办机构的工作；

（三）对失业保险费的征收和失业保险待遇的支付进行监督检查。

第二十五条 社会保险经办机构具体承办失业保险工作，履行下列职责：

（一）负责失业人员的登记、调查、统计；

（二）按照规定负责失业保险基金的管理；

（三）按照规定核定失业保险待遇，开具失业人员在指定银行领取失业保险金和其他补助金的单证；

（四）拨付失业人员职业培训、职业介绍补贴费用；

（五）为失业人员提供免费咨询服务；

（六）国家规定由其履行的其他职责。

第二十六条 财政部门和审计部门依法对失业保险基金的收支、管理情况进行监督。

第二十七条 社会保险经办机构所需经费列入预算，由财政拨付。

第五章 罚 则

第二十八条 不符合享受失业保险待遇条件，骗取失业保险金和其他失业保险待遇的，由社会保险经办机构责令退还；情节严重的，由劳动保障行政部门处骗取金额1倍以上3倍以下的罚款。

第二十九条 社会保险经办机构工作人员违反规定向失业人员开具领取失业保险金或者享受其他失业保险待遇单证，致使失业保险基金损失的，由劳动保障行政部门责令追回；情节严重的，依法给予行政处分。

第三十条 劳动保障行政部门和社会保险经办机构的工作人员滥用职权、徇私舞弊、玩忽职守，造成失业保险基金损失的，由劳动保障行政部门追回损失的失业保险基金；构成犯罪的，依法追究刑事责任；尚不构成犯罪的，依法给予行政处分。

第三十一条 任何单位、个人挪用失业保险基金的，追回挪用的失业保险基金；有违法所得的，没收违法所得，并入失业保险基金；构成犯罪的，依法追究刑事责任；尚不构成犯罪的，对直接负责的主管人员和其他直接责任人员依法给予行政处分。

第六章 附 则

第三十二条 省、自治区、直辖市人民政府根据当地实际情况，可以决定本条例适用于本行政区域内的社会团体及其专职人员、民办非企业单位及其职工、有雇工的城镇个体工商户及其雇工。

第三十三条 本条例自发布之日起施行。1993年4月12日国务院发布的《国有企业职工待业保险规定》同时废止。

失业保险金申领发放办法

（2000年10月26日劳动和社会保障部令第8号公布
根据2018年12月14日人力资源社会保障部令第38号
《关于修改部分规章的决定》修订）

第一章　总　　则

第一条　为保证失业人员及时获得失业保险金及其他失业保险待遇，根据《失业保险条例》（以下简称《条例》），制定本办法。

第二条　参加失业保险的城镇企业事业单位职工以及按照省级人民政府规定参加失业保险的其他单位人员失业后（以下统称失业人员），申请领取失业保险金、享受其他失业保险待遇适用本办法；按照规定应参加而尚未参加失业保险的不适用本办法。

第三条　劳动保障行政部门设立的经办失业保险业务的社会保险经办机构（以下简称经办机构）按照本办法规定受理失业人员领取失业保险金的申请，审核确认领取资格，核定领取失业保险金、享受其他失业保险待遇的期限及标准，负责发放失业保险金并提供其他失业保险待遇。

第二章　失业保险金申领

第四条　失业人员符合《条例》第十四条规定条件的，可以申请领取失业保险金，享受其他失业保险待遇。其中，非因本人意愿中断就业的是指下列人员：

（一）终止劳动合同的；

（二）被用人单位解除劳动合同的；

（三）被用人单位开除、除名和辞退的；

（四）根据《中华人民共和国劳动法》第三十二条第二、三项与用人单位解除劳动合同的；

（五）法律、行政法规另有规定的。

第五条 失业人员失业前所在单位，应将失业人员的名单自终止或者解除劳动合同之日起7日内报受理其失业保险业务的经办机构备案，并按要求提供终止或解除劳动合同证明、参加失业保险及缴费情况证明等有关材料。

第六条 失业人员应在终止或者解除劳动合同之日起60日内到受理其单位失业保险业务的经办机构申领失业保险金。

第七条 失业人员申领失业保险金应填写《失业保险金申领表》，并出示下列证明材料：

（一）本人身份证明；

（二）所在单位出具的终止或者解除劳动合同的证明；

（三）失业登记；

（四）省级劳动保障行政部门规定的其他材料。

第八条 失业人员领取失业保险金，应由本人按月到经办机构领取，同时应向经办机构如实说明求职和接受职业指导、职业培训情况。

第九条 失业人员在领取失业保险金期间患病就医的，可以按照规定向经办机构申请领取医疗补助金。

第十条 失业人员在领取失业保险金期间死亡的，其家属可持失业人员死亡证明、领取人身份证明、与失业人员的关系证明，按规定向经办机构领取一次性丧葬补助金和其供养配偶、直系亲属的抚恤金。失业人员当月尚未领取的失业保险金可由其家属一并领取。

第十一条 失业人员在领取失业保险金期间，应积极求职，接受职业指导和职业培训。失业人员在领取失业保险金期间求职时，可以按规定享受就业服务减免费用等优惠政策。

第十二条 失业人员在领取失业保险金期间或期满后，符合享受当地城市居民最低生活保障条件的，可以按照规定申请享受城市居民最低生活保障待遇。

第十三条 失业人员在领取失业保险金期间，发生《条例》第十五条规定情形之一的，不得继续领取失业保险金和享受其他失业保险待遇。

第三章 失业保险金发放

第十四条 经办机构自受理失业人员领取失业保险金申请之日起10日

内,对申领者的资格进行审核认定,并将结果及有关事项告知本人。经审核合格者,从其办理失业登记之日起计发失业保险金。

第十五条 经办机构根据失业人员累计缴费时间核定其领取失业保险金的期限。失业人员累计缴费时间按照下列原则确定:

(一)实行个人缴纳失业保险费前,按国家规定计算的工龄视同缴费时间,与《条例》发布后缴纳失业保险费的时间合并计算。

(二)失业人员在领取失业保险金期间重新就业后再次失业的,缴费时间重新计算,其领取失业保险金的期限可以与前次失业应领取而尚未领取的失业保险金的期限合并计算,但是最长不得超过 24 个月。失业人员在领取失业保险金期间重新就业后不满一年再次失业的,可以继续申领其前次失业应领取而尚未领取的失业保险金。

第十六条 失业保险金以及医疗补助金、丧葬补助金、抚恤金、职业培训和职业介绍补贴等失业保险待遇的标准按照各省、自治区、直辖市人民政府的有关规定执行。

第十七条 失业保险金应按月发放,由经办机构开具单证,失业人员凭单证到指定银行领取。

第十八条 对领取失业保险金期限即将届满的失业人员,经办机构应提前一个月告知本人。

失业人员在领取失业保险金期间,发生《条例》第十五条规定情形之一的,经办机构有权即行停止其失业保险金发放,并同时停止其享受其他失业保险待遇。

第十九条 经办机构应当通过准备书面资料、开设服务窗口、设立咨询电话等方式,为失业人员、用人单位和社会公众提供咨询服务。

第二十条 经办机构应按规定负责失业保险金申领、发放的统计工作。

第四章 失业保险关系转迁

第二十一条 对失业人员失业前所在单位与本人户籍不在同一统筹地区的,其失业保险金的发放和其他失业保险待遇的提供由两地劳动保障行政部门进行协商,明确具体办法。协商未能取得一致的,由上一级劳动保障行政部门确定。

第二十二条 失业人员失业保险关系跨省、自治区、直辖市转迁的,失业保险费用应随失业保险关系相应划转。需划转的失业保险费用包括失业保险金、医疗补助金和职业培训、职业介绍补贴。其中,医疗补助金和职业培训、职业介绍补贴按失业人员应享受的失业保险金总额的一半计算。

第二十三条 失业人员失业保险关系在省、自治区范围内跨统筹地区转迁,失业保险费用的处理由省级劳动保障行政部门规定。

第二十四条 失业人员跨统筹地区转移的,凭失业保险关系迁出地经办机构出具的证明材料到迁入地经办机构领取失业保险金。

第五章 附 则

第二十五条 经办机构发现不符合条件,或以涂改、伪造有关材料等非法手段骗取失业保险金和其他失业保险待遇的,应责令其退还;对情节严重的,经办机构可以提请劳动保障行政部门对其进行处罚。

第二十六条 经办机构工作人员违反本办法规定的,由经办机构或主管该经办机构的劳动保障行政部门责令其改正;情节严重的,依法给予行政处分;给失业人员造成损失的,依法赔偿。

第二十七条 失业人员因享受失业保险待遇与经办机构发生争议的,可以向主管该经办机构的劳动保障行政部门申请行政复议。

第二十八条 符合《条例》规定的劳动合同期满未续订或者提前解除劳动合同的农民合同制工人申领一次性生活补助,按各省、自治区、直辖市办法执行。

第二十九条 《失业保险金申领表》的样式,由劳动和社会保障部统一制定。

第三十条 本办法自二〇〇一年一月一日起施行。

附件:(略)

优化失业保险经办业务流程指南

（2006年9月11日劳动和社会保障部办公厅发布
劳社厅发〔2006〕24号）

第一章　总　　则

一、为加强失业保险业务管理，进一步优化失业保险经办业务流程，根据《失业保险条例》及有关法规规章，制定本指南。

二、劳动保障部门经办失业保险业务的机构（以下简称经办机构）适用本指南。

三、失业保险经办业务分为失业保险登记管理、失业保险费征收、缴费记录、待遇审核与支付、财务管理、稽核监督等。

第二章　失业保险登记管理

失业保险登记管理包括参保登记、变更登记、注销登记和登记证件管理等。

由税务机关征收失业保险费的地区，经办机构应当按月向税务机关提供参保单位失业保险参保登记、变更登记及注销登记情况。

第一节　参 保 登 记

一、经办机构为依法申报参加失业保险的单位办理参加失业保险登记手续，要求其填写《社会保险登记表》（表2－1），并出示以下证件和资料：

（一）营业执照、批准成立证件或其他核准执业证件；

（二）国家质量技术监督部门颁发的组织机构统一代码证书；

（三）经办机构规定的其他有关证件和资料。

已经参加养老、医疗等社会保险的，参保单位只提交社会保险登记证，填写《社会保险登记表》及《参加失业保险人员情况表》(表2-2)。

二、经办机构对参保单位填报的《社会保险登记表》、《参加失业保险人员情况表》及相关证件和资料即时受理,并在自受理之日起10个工作日内审核完毕。

审核通过的,经办机构应为参保单位及其职工个人建立基本信息,并将有关资料归档。已参加养老、医疗等社会保险的,在其社会保险登记证上标注失业保险项目。首次参加社会保险的,发给社会保险登记证。

未通过审核的,经办机构应向申报单位说明原因。

第二节 变更登记

一、参保单位在以下社会保险登记事项之一发生变更时,应依法向原经办机构申请办理变更登记:

(一)单位名称;

(二)住所或地址;

(三)法定代表人或负责人;

(四)单位类型;

(五)组织机构统一代码;

(六)主管部门;

(七)隶属关系;

(八)开户银行账号;

(九)经办机构规定的其他事项。

二、申请变更登记单位应按规定提供以下相关证件和资料:

(一)变更社会保险登记申请书;

(二)工商变更登记表和工商执照或有关机关批准或宣布变更证明;

(三)社会保险登记证;

(四)经办机构规定的其他资料。

三、申请变更登记单位提交资料齐全的,经办机构发给《社会保险变更登记表》(表2-3),并由申请变更登记单位依法如实填写,经办机构进行审核后,归入参保单位社会保险登记档案。

社会保险变更登记的内容涉及社会保险登记证件的内容需作变更的,经办机构收回原社会保险登记证,并按更改后的内容重新核发社会保险登记证。

第三节　注销登记

一、参保单位发生以下情形之一时，经办机构为其办理注销登记手续：

（一）参保单位发生解散、破产、撤销、合并以及其他情形，依法终止缴费义务；

（二）参保单位营业执照注销或被吊销；

（三）单位因住所变动或生产、经营地址变动而涉及改变登记机构；

（四）国家法律、法规规定的其他情形。

二、参保单位在办理注销社会保险登记前，应当结清应缴纳的失业保险费、滞纳金和罚款，并填写《社会保险注销登记表》（表 2－4），提交相关法律文书或其他有关注销文件。经办机构予以核准，办理社会保险注销登记手续，并缴销社会保险登记证件。

三、经办机构办理注销登记手续后，在信息系统内进行标注，并封存其参保信息及有关档案资料。

第四节　登记证件管理

经办机构对已核发的社会保险登记证件，实行定期验证和换证制度，按规定为参保单位办理验证或换证手续。

一、经办机构定期进行失业保险登记验证，参保单位应在规定时间内填报《社会保险验证登记表》（表 2－5），并提供以下证件和资料：

（一）社会保险登记证；

（二）营业执照、批准成立证件或其他核准执业证件；

（三）组织机构统一代码证书；

（四）经办机构规定的其他证件和资料。

二、经办机构对参保单位提供的证件和资料进行审核，审核的主要内容包括：

（一）办理社会保险登记、变更登记、上年度验证等情况；

（二）参保人数增减变化情况；

（三）申报缴费工资、缴纳失业保险费情况；

（四）经办机构规定的其他内容。

三、审核通过的，经办机构在信息系统内进行标注，并在社会保险登记证上加注核验标记或印章，期满时予以换证。社会保险登记证由参保单位保管。

四、参保单位如果遗失社会保险登记证件，应及时向原办理社会保险登记的经办机构报告，并按规定申请补办。经办机构应及时受理，并按相关规定程序补发社会保险登记证。

第三章　失业保险费征收

失业保险费征收包括缴费申报受理、缴费核定、费用征收与收缴欠费等。

失业保险费由税务机关征收的地区，经办机构应与税务机关建立信息沟通机制，并将税务机关提供的缴费信息及时记录。

第一节　申报受理

一、参保单位按规定定期办理缴费申报，经办机构予以受理。参保单位需填报《社会保险费申报表》（表3－1），并提供失业保险费代扣代缴明细表、劳动工资统计月（年）报表及经办机构规定的其他相关资料。

二、参保单位人员发生变化时，应按规定及时到经办机构进行人员变动缴费申报，填报《参保单位职工人数增减情况申报表》（表3－2），并提供相关证明和资料，办理缴费申报手续，经办机构予以受理。

三、实行社会保险费统一征收的地区，应当建立各项社会保险缴费申报的联动机制。经办机构在受理参保单位申报缴纳基本养老保险费、基本医疗保险费的同时，应当要求其必须申报缴纳失业保险费，并为其办理失业保险费缴费申报手续。

未实行社会保险费统一征收的地区，应积极创造条件，逐步实现统一征收，以提高工作效率，简化缴费申报手续，减少缴费申报环节。

第二节　缴费核定

一、经办机构审核参保单位填报的《社会保险费申报表》（表3－1）及有关资料，确定单位缴费金额和个人缴费金额。在审核缴费基数时，可根据参保单位性质与其申报基本养老保险、基本医疗保险的缴费基数相对照。审核通过后，在《社会保险费申报表》相应栏目内盖章，并由经办机构留存。

二、对未按规定申报的参保单位，经办机构暂按其上年（月）缴费数额的110%确定应缴数额；没有上年（月）缴费数额的，经办机构可暂按该单位的经营状况、职工人数等有关情况确定应缴数额。参保单位补办申报手续并按核定数额缴纳失业保险费后，经办机构再按规定进行结算。

三、办理参保人员增减变动缴费申报的，经办机构根据参保单位申报参保人员变动情况，核定其当期缴费基数和应征数额，同时办理其他相关手续，并为新增参保人员记录相关信息。

四、经办机构根据缴费核定结果，形成《失业保险缴费核定汇总表》（表3－3），并以此作为征收失业保险费的依据。

五、由税务机关征收失业保险费的地区，经办机构应将参保单位申报缴费的审核结果制成《失业保险费核定征收计划表》（表3－4）提供给税务机关。

第三节 费用征收

一、经办机构应以《失业保险缴费核定汇总表》作为征收失业保险费的依据。采取委托收款方式的，开具委托收款书，送"收入户存款"开户银行；采取其他方式征收的，以支票或其他方式实施收款。经办机构依据实际到账情况入账，开具基金专用收款凭证，并及时记录单位和个人缴费情况。

二、对中断或终止缴费的人员，经办机构应记录中断或终止缴费的日期、原因等信息，并办理相关手续。

三、由税务机关征收失业保险费的地区，经办机构要与税务机关建立信息沟通机制。经办机构按月向税务机关提供核定的参保单位和参保个人的应缴费数额及其他相关情况，并根据税务机关提供失业保险费的到账信息，做入账处理。

第四节 收缴欠费

一、参保单位办理申报后未及时缴纳失业保险费的，经办机构应向其发出《失业保险费催缴通知书》（表3－5），通知其在规定时间内补缴欠费。对拒不执行的，提请劳动保障行政部门要求参保单位限期改正；对逾期仍不缴纳的，除要求补缴欠缴数额外，从欠缴之日起，按规定加收滞纳金。收缴的滞纳金并入失业保险基金。

二、对因筹资困难,无法一次足额缴清欠费的企业,经办机构与其签定补缴协议。如欠费企业发生被兼并、分立等情况时,按下列方法签订补缴协议:

(一)欠费企业被兼并的,与兼并方签订补缴协议;

(二)欠费企业分立的,与分立各方分别签订补缴协议;

(三)欠费企业被拍卖、出售或实行租赁的,应在拍卖、出售、租赁协议或合同中明确补缴欠费的办法,并签订补缴协议。

三、破产的企业,其欠费按有关规定,在资产变现收入中予以清偿;无法完全清偿欠费的部分,经经办机构提出,劳动保障部门审核,财政部门复核,报当地人民政府批准后可以核销。

四、失业保险费由税务机关征收的地区,经办机构根据税务机关提供的参保单位失业保险费欠费变动情况,及时调整其欠费数据信息。

五、经办机构根据税务机关提供的补缴欠费到账信息和劳动保障行政部门提供的核销处理信息,编制参保单位缴费台账,调整参保单位或个人欠费信息。

第四章 缴 费 记 录

缴费记录包括建立记录、转出记录、转入记录、停保和续保记录及缴费记录查询等。

第一节 建 立 记 录

一、经办机构负责建立参保单位及其职工个人基本信息及缴费信息。实行社会保险费统一征收的地区,经办机构应对参保单位及其职工个人缴纳的社会保险费根据规定的各险种费率按比例进行分账,并根据失业保险费的缴纳情况进行详细、完整的记录。

二、失业保险费由税务机关征收的地区,经办机构根据税务机关提供的参保单位及其职工个人缴费信息为其建立缴费记录。经办机构应与税务机关建立定期对账制度。

三、缴费记录的主要内容

(一)参保单位记录的主要内容包括:单位编码、单位类型、单位名称、法定代表人或负责人、单位性质、组织机构统一代码、主管部门、所属行业、所属地区、开户银行账号、职工人数、工资总额、参保时间、缴费起始时间、缴费终止时间、单位应缴金额、个人应缴金额、单位实缴金额、个人实缴金额、单位欠费金额、单位欠费时间、个人欠费金额、个人欠费时间等。

（二）个人缴费记录的基本内容包括：单位编码、单位类型、单位名称、姓名、性别、出生年月、社会保障号码（或居民身份证号码）、民族、户口所在地、用工形式、参加失业保险时间、个人缴费起始时间、缴费终止时间、缴费年限（视同缴费年限、累计缴费年限）、个人应缴金额、个人实缴金额、个人欠费金额、个人欠费时间等。

第二节 转出记录

一、参保单位成建制跨统筹地区转移或职工个人在职期间跨统筹地区转换工作单位的，经办机构负责为其办理失业保险关系转迁手续。

二、参保单位成建制跨统筹地区转移的，转出地经办机构向转入地经办机构出具《参保单位失业保险关系转迁证明》（表4－1），并提供转迁参保单位及其职工个人的相关信息资料。

三、参保职工个人在职期间跨统筹地区转换工作单位的，转出地经办机构向转入地经办机构出具《参保人员失业保险关系转迁证明》（表4－2），并提供转迁职工个人相关信息资料。

第三节 转入记录

经办机构应及时为转入的参保单位及其职工个人接续失业保险关系。

一、转入地经办机构根据转入的参保单位的相关信息为该单位及其职工个人建立缴费记录。

二、城镇企业事业单位成建制跨统筹地区转移的，转入地经办机构根据转入单位提供的《参保单位失业保险关系转迁证明》、单位基本信息及缴费信息资料记录转入参保单位及其职工个人的基本信息和缴费情况。

三、参保职工个人在职期间跨统筹地区转换工作单位的，转入地经办机构根据转入职工个人提供的《参保人员失业保险关系转迁证明》、个人基本信息及缴费信息资料，记录转入职工个人的基本信息和缴费情况。

四、职工由机关进入企业或事业单位工作的，从工资发放之月起，所在参保单位应为其申报缴纳失业保险费。经办机构应按规定为职工个人核定视同缴费年限，建立缴费记录。

第四节 停保和续保记录

一、参保人员因出国(境)定居、退休、死亡等原因中断或终止缴费,经办机构根据变动信息,及时确认个人缴费记录,并将个人缴费记录予以注销或封存。

二、参保人员中断缴费后又续缴的,经办机构根据其所在单位提供的参保人员增加信息,并在确认以前其个人缴费记录信息后,继续进行个人缴费记录。

第五节 缴费记录查询

一、经办机构通过设立服务窗口、咨询电话等方式负责向参保单位及其职工个人提供缴费情况的查询服务。参保单位或职工个人对查询结果提出异议的,应根据参保单位和职工个人提供的有关资料予以复核,如需调整的,报经办机构负责人批准后予以修改,并保留调整前的记录。同时,将复核结果通知查询单位或职工个人。

二、经办机构应于缴费年度初向社会公布上一年度参保单位的缴费情况。经办机构应至少每年一次将个人缴费记录信息反馈给职工个人,以接受参保人员监督。

第五章 待遇审核与支付

待遇审核与支付包括失业保险金等待遇审核与支付、职业培训和职业介绍补贴审核与支付、农民合同制工人一次性生活补助审核与支付、失业人员失业保险关系转迁后的待遇审核与支付,以及待遇支付记录等。

第一节 失业保险金等待遇审核与支付

一、失业保险金审核与支付

(一)失业人员失业前所在单位,应将失业人员的名单自终止或解除劳动合同之日起 7 日内报经办机构备案,并按要求提供有关终止或解除劳动合同、参加失业保险及缴费情况等材料。

(二)失业人员应在终止或解除劳动合同之日起 60 日内到经办机构按规定办理申领失业保险金手续。失业人员申领失业保险金应填写《失业保

险金申领表》(表5－1),并出示以下证明材料:

1. 本人身份证明;

2. 所在单位出具的终止或解除劳动合同的证明;

3. 失业登记及求职证明;

4. 经办机构规定的其他材料。

(三)经办机构自受理失业人员领取失业保险金申请之日起10日内,对申领者的资格进行审核认定。对审核符合领取失业保险金条件的,按规定计算申领者领取失业保险金的数额和期限,在《失业保险金申领表》上填写审核意见和核定金额,并建立失业保险金领取台账,同时将审核结果告知失业人员,发给领取失业保险待遇证件。对审核不符合领取失业保险金条件的,也应告知失业人员,并说明原因。

(四)失业保险金应按月发放,由经办机构开具单证,失业人员凭单证到指定银行领取。

失业人员领取失业保险金,经办机构应要求本人按月办理领取手续,同时向经办机构如实说明求职和接受职业指导和职业培训情况。

对领取失业保险金期限即将届满的失业人员,经办机构应提前一个月告知本人。

失业人员在领取失业保险金期间,发生《失业保险条例》第十五条规定情形之一的,经办机构有权即行停止发放失业保险金、支付其他失业保险待遇。

二、医疗补助金审核与支付

失业人员在领取失业保险金期间,可以按照规定向经办机构申领医疗补助金。

经办机构对失业人员按规定提供的相关资料进行审核,确认享受医疗补助金的资格及医疗补助金数额,并按规定计发。

三、丧葬补助金和抚恤金审核与支付

(一)对失业人员在领取失业保险金期间死亡的,参照当地对在职职工的规定,对其家属发放一次性丧葬补助金和抚恤金。

(二)经办机构对死亡失业人员的家属提出享受丧葬补助金和抚恤金的申请予以办理,并要求其出示下列相关材料:

1. 失业人员死亡证明;

2. 失业人员身份证明；

3. 与失业人员的关系证明；

4. 经办机构规定的其他材料。

（三）经办机构对上述材料审核无误后按规定确定补助标准，并据此开具补助金和抚恤金单证，一次性计发。

第二节 职业培训和职业介绍补贴审核与支付

一、劳动保障部门认定的再就业培训或创业培训定点机构按相关规定对失业人员开展职业培训后，由培训机构提出申请，并提供培训方案、教学计划、失业证件复印件、培训合格失业人员花名册等相关材料。经办机构进行审核后，按规定向培训机构拨付职业培训补贴。

二、劳动保障部门认定的职业介绍机构按相关规定对失业人员开展免费职业介绍后，由职业介绍机构提出申请，并提供失业人员求职登记记录、失业证件复印件、用人单位劳动合同复印件、介绍就业人员花名册等相关材料。经办机构进行审核后，按规定向职业介绍机构拨付职业介绍补贴。

三、失业人员在领取失业保险金期间参加职业培训的，可以按规定申领职业培训补贴。失业人员应提供经经办机构批准的本人参加职业培训的申请报告、培训机构颁发的结（毕）业证明和本人支付培训费用的有效票据。经办机构进行审核后，按规定计算应予报销的数额，予以报销。

第三节 农民合同制工人一次性生活补助审核与支付

一、参保单位招用的农民合同制工人终止或解除劳动关系后申领一次性生活补助时，经办机构应要求其填写一次性生活补助金申领核定表，并提供以下证件和资料：

（一）本人居民身份证件；

（二）与参保单位签定的劳动合同；

（三）参保单位出具的终止或解除劳动合同证明；

（四）经办机构规定的其他证件和资料。

二、经办机构根据提供的资料，以及参保单位缴费情况记录进行审核。经确认后，按规定支付一次性生活补助。

第四节　失业人员失业保险关系转迁后的待遇审核与支付

一、领取失业保险金的失业人员跨统筹地区流动的，转出地经办机构审核通过后，应及时为其办理失业保险关系转迁手续，开具《失业人员失业保险关系转迁证明》（表5-2）及其他相关证明材料交失业人员本人。其中，失业人员跨省、自治区、直辖市流动的，转出地经办机构还应按规定将失业保险金、医疗补助金和职业培训、职业介绍补贴等失业保险费用随失业保险关系相应划转。失业人员失业保险关系在省、自治区范围内跨统筹地区流动的，失业保险费用的处理由省级劳动保障行政部门规定。

二、转入地经办机构对失业人员提供的《失业人员失业保险关系转迁证明》等其他相关证明材料进行审核，并按规定支付失业保险待遇。

第五节　待遇支付记录

经办机构在支付失业保险金、医疗补助金、丧葬补助金和抚恤金、职业培训和职业介绍补贴，以及一次性生活补助后，应将支付的相关信息作相应记录。

第六章　财 务 管 理

失业保险基金实行收支两条线管理，会计核算采用收付实现制。财务管理包括收入、支出、会计核算、预算、决算等。

经办机构应定期与税务机关、财政部门和银行对账。对账有差异的，须逐笔查清原因，予以调节，做到账账、账款、账实相符。

第一节　收　　入

一、经办机构对失业保险基金收入、上级补助收入、下级上解收入、转移收入等到账信息予以确认，并按规定进行相应记录。

二、经办机构应按规定将收入户存款于每月月末全部转入财政专户。

三、对参保单位或职工个人在本省（自治区、直辖市）范围内成建制跨统筹地区转移或转换工作单位、按规定需要转移失业保险费的，对失业人员在领取失业保险金期间跨省（自治区、直辖市）流动的，经办机构根据失业保险费(费用)到账情况进行相应记录。

第二节　支　　出

一、经办机构根据失业保险基金支出计划,按月填写用款申请书,并注明支出项目,加盖本单位用款专用章,在规定时间内报送同级财政部门审核,并确认财政专户拨入支出户资金的到账情况。

二、经办机构对失业保险待遇支出核定汇总表等资料进行复核,复核无误后,将款项从支出户予以拨付。

三、参保单位或职工个人在本省(自治区、直辖市)范围内成建制跨统筹地区转移或转换工作单位、按规定需要转移失业保险费的,失业人员跨省(自治区、直辖市)流动的,经办机构根据《参保单位失业保险关系转迁证明》、《失业人员失业保险关系转迁证明》及相关材料,与转入地经办机构确认开户行、账号、机构名称后,从支出户支付有关失业保险费(费用)。

四、对转移支出、补助下级支出、上解上级支出等款项,经办机构根据有关规定或计划从支出户拨付。

第三节　会 计 核 算

一、经办机构根据基金收入情况,及时填制收入记账凭证。

(一)经办机构征收的失业保险费收入,根据银行出具的原始凭证、失业保险基金专用收款收据、《失业保险缴费核定汇总表》(表3－6)等,填制记账凭证。

税务机关征收的失业保险费收入,以财政部门出具的财政专户缴拨凭证或税务机关出具的税收通用缴款书或税收完税凭证等作为原始凭证,并根据税务机关提供的失业保险费实缴清单,填制记账凭证。

(二)"收入户存款"、"支出户存款"、"财政专户存款"、"债券投资"形成的利息,根据银行出具的原始凭证和财政部门出具的财政专户缴拨凭证及加盖专用印章的原始凭证复印件,填制记账凭证。

(三)划入财政专户的财政补贴收入,根据财政部门出具的财政专户缴拨凭证及加盖专用印章的原始凭证复印件,填制记账凭证。

(四)划入收入户或财政专户的转移收入,根据银行出具的原始凭证或财政部门出具的财政专户缴拨凭证等,填制记账凭证,同时登记备查。

（五）上级补助收入和下级上解收入，根据银行出具的原始凭证或财政部门出具的财政专户缴拨凭证等，填制记账凭证。

（六）滞纳金等其他收入，根据银行出具的原始凭证或财政部门出具的财政专户缴拨凭证等，填制记账凭证。

二、对发生的每笔基金支出，经办机构应按规定及时填制支出记账凭证。

（一）失业保险金、医疗补助金、丧葬抚恤补助、职业培训和职业介绍补贴、其他费用等项支出，根据转账支票存根和银行出具的原始凭证及相关发放资料等，填制记账凭证。基本生活保障补助支出，以财政部门出具的财政专户缴拨凭证填制记账凭证。

（二）转移支出，根据银行出具的原始凭证和《参保单位失业保险关系转迁证明》、《失业人员失业保险关系转迁证明》等，填制记账凭证。

（三）补助下级支出和上解上级支出，以银行出具的原始凭证或财政部门出具的财政专户缴拨凭证等，填制记账凭证。

（四）经财政部门核准开支的其他非失业保险待遇性质的支出（如临时借款利息等）在“其他支出”科目核算，从支出户或财政专户划转。经办机构以银行出具的原始凭证或财政部门出具的财政专户缴拨凭证等，填制记账凭证。

三、按规定用结余基金购买的国家债券或转存定期存款，经办机构以财政部门出具的财政专户缴拨凭证和加盖专用印章的原始凭证复印件填制记账凭证。

四、经办机构根据收付款凭证登记“现金日记账”、“收入户存款日记账”、“支出户存款日记账”和“财政专户存款日记账”。按科目分类汇总记账凭证，制作科目汇总表，登记总分类账。

五、经办机构应定期将“收入户存款日记账”、“支出户存款日记账”与“银行对账单”核对，将“财政专户存款日记账”与财政部门对账单核对。每月终了，收入户存款账面结余、支出户存款账面结余与银行对账单余额之间如有差额，财政专户失业保险基金存款账面结余与财政部门对账单余额之间如有差额，经办机构应按月编制银行收入户存款、银行支出户存款、财政专户存款余额调节表，调节相符。

六、经办机构根据总分类账、明细分类账等，定期编制会计报表。

第四节 预　　算

一、年度终了前，经办机构根据本年度基金预算执行情况和下年度基金收支预测，编制下年度基金预算草案，按程序报批。

二、经办机构根据批准的预算，填制预算报表，并根据基金收支情况，定期报告预算执行情况。

三、因特殊情况需要调整预算时，经办机构应编制预算调整方案，按程序报批。

第五节 决　　算

一、经办机构根据决算编制工作要求，于年度终了前核对各项收支，清理往来款项，同开户银行、财政专户、国库对账，并进行年终结账。

二、年度终了后，经办机构根据决算编制工作要求，编制资产负债表、基金收支表、有关附表以及财务情况说明书，对重要指标进行财务分析，形成年度基金财务报告，并按程序报批。

第七章 稽核监督

第一节 稽　　核

一、经办机构按照年度工作计划采取以下方式确定被稽核单位：

（一）根据参保单位的参保缴费信息异常情况确定；

（二）根据对参保单位参保缴费情况的举报确定；

（三）从数据库中随机抽取；

（四）根据有关规定确定；

（五）根据其他有关情况确定。

二、经办机构向被稽核单位发出《社会保险稽核通知书》（表7－1），进行实地稽核或书面稽核。稽核内容包括：

（一）核查参保单位申报的缴费人数、缴费基数是否符合国家规定；

（二）核查参保单位及其职工个人是否按时足额缴纳失业保险费；

（三）核查欠缴失业保险费的参保单位及其职工个人是否足额补缴欠费；

（四）国家规定的或者劳动保障行政部门交办的其他稽核事项。

三、经办机构根据稽核情况填写《社会保险稽核工作记录表》（表7－2），全面记录稽核中发现的问题及所涉及的凭证等资料。

四、对于经稽核未发现违反法规行为的被稽核单位，经办机构应当在稽核结束后5个工作日内书面告知其稽核结果。

五、发现被稽核单位在参加失业保险、缴纳失业保险费方面，存在违反法规行为，经办机构要据实填写《社会保险稽核整改意见书》（表7－3），并在稽核结束后10个工作日内送达被稽核单位限期予以改正。

六、对被稽核单位在规定时间内不按照《社会保险稽核整改意见书》予以整改、也未提出复查申请的，经办机构下达《失业保险费催缴通知书》。对拒不执行的，填制《社会保险稽核提请行政处罚建议书》（表7－4），送请劳动保障行政部门予以处罚。

七、经办机构应当对失业人员享受失业保险待遇情况进行核查，发现失业人员丧失享受待遇资格后继续享受待遇或以其他形式骗取待遇的，经办机构应当立即停止待遇的支付并责令退还；拒不退还的，由劳动保障行政部门依法处理。

第二节 内部监督

一、稽核监督单位依据拟订的工作计划、群众举报等确定内审对象，按程序报批。

二、工作计划批准后组织实施。内审内容主要包括：

（一）抽查参保单位申报缴费的有关原始资料，验证对参保单位申报缴费人数、缴费基数的审核是否真实；

（二）抽查参保单位及个人缴费情况，验证是否按核定基数征收、个人缴费记录是否准确；

（三）抽查对失业人员享受失业保险待遇资格审核的有关材料，验证审核是否按规定办理；

（四）抽查失业人员享受失业保险待遇有关材料，验证是否按规定支付待遇；

（五）抽查失业保险基金收入、支出账目凭证，验证基金收入、支出是否符合规定；

（六）依据有关规定，需内部监督的其他内容。

三、经办机构对检查中发现的问题进行整改。

第八章 附 则

一、参保单位和个人填写的原始表格，需经办机构有关人员签字或签章，并注明经办日期；经办机构内部或相互之间传递信息的表格，在转出、转入时须认真复核，确保无误，有关人员均需签字盖章。

二、经办机构应按有关规定对档案资料进行分类整理，确定密级，妥善保管，并做好电子文档的备份工作。

三、经办机构要加强和规范票据管理，按照规定进行票据的印刷、填写、整理、保管、销毁等工作。

四、各地可参考本指南优化本地区业务流程。

失业保险经办业务用表目录

1. 社会保险登记表（表 2－1）（略）
2. 参加失业保险人员情况表（表 2－2）（略）
3. 社会保险变更登记表（表 2－3）（略）
4. 社会保险注销登记表（表 2－4）（略）
5. 社会保险验证登记表（表 2－5）（略）
6. 社会保险费申报表（表 3－1）（略）
7. 参保单位职工人数增减情况申报表（表 3－2）（略）
8. 失业保险缴费核定汇总表（表 3－3）（略）
9. 失业保险费核定征收计划表（表 3－4）（略）
10. 失业保险费催缴通知书（表 3－5）（略）
11. 参保单位失业保险关系转迁证明（表 4－1）（略）
12. 参保人员失业保险关系转迁证明（表 4－2）（略）
13. 失业保险金申领表（表 5－1）（略）
14. 失业人员失业保险关系转迁证明（表 5－2）（略）
15. 社会保险稽核通知书（表 7－1）（略）

16. 社会保险稽核工作记录表（表 7－2）（略）

17. 社会保险稽核整改意见书（表 7－3）（略）

18. 社会保险稽核提请行政处罚意见书（表 7－4）（略）

图书在版编目(CIP)数据

中华人民共和国社会保险法注释本 / 法律出版社法规中心编. -- 4 版. -- 北京：法律出版社，2019
(法律单行本注释本系列)
ISBN 978 - 7 - 5197 - 3555 - 5

Ⅰ. ①中… Ⅱ. ①法… Ⅲ. ①社会保险法－法律解释－中国 Ⅳ. ①D922.555

中国版本图书馆 CIP 数据核字(2019)第 114397 号

中华人民共和国社会保险法注释本
ZHONGHUA RENMIN GONGHEGUO SHEHUI BAOXIANFA ZHUSHIBEN

法律出版社法规中心 编

责任编辑 张发靖 陈 熙
装帧设计 李 瞻

出版 法律出版社
总发行 中国法律图书有限公司
经销 新华书店
印刷 三河市兴达印务有限公司
责任印制 吕亚莉

编辑统筹 法规出版分社
开本 850 毫米×1168 毫米 1/32
印张 10.5
字数 326 千
版本 2019 年 8 月第 4 版
印次 2019 年 8 月第 1 次印刷

法律出版社/北京市丰台区莲花池西里 7 号(100073)
网址/www.lawpress.com.cn
投稿邮箱/info@lawpress.com.cn
举报维权邮箱/jbwq@lawpress.com.cn
销售热线/400 - 660 - 8393
咨询电话/010 - 63939796

中国法律图书有限公司/北京市丰台区莲花池西里 7 号(100073)
全国各地中法图分、子公司销售电话：
统一销售客服/400 - 660 - 8393/6393
第一法律书店/010 - 83938432/8433
西安分公司/029 - 85330678
重庆分公司/023 - 67453036
上海分公司/021 - 62071639/1636
深圳分公司/0755 - 83072995

书号：ISBN 978 - 7 - 5197 - 3555 - 5
定价：29.00 元
(如有缺页或倒装，中国法律图书有限公司负责退换)